Adele Cambria

DAS GEHEIME ITALIEN DER FRAUEN

ADELE CAMBRIA

DAS GEHEIME ITALIEN DER FRAUEN

Aus dem Italienischen von Gerda Glück

PROMEDIA

CIP–Titelaufnahme der Deutschen Bibliothek

Cambria, Adele:
Das geheime Italien der Frauen / Adele Cambria.
Aus dem Ital. von Gerda Glück. –
Wien: Promedia–Verl.-Ges., 1991.
Einheitssacht.: L'Italia segreta delle donne <dt.>
ISBN 3-900478-41-4

Titel der italienischen Originalausgabe:
Adele Cambria: L'Italia segreta delle donne

Aus dem Italienischen von Gerda Glück
Umschlaggestaltung: Gisela Scheubmayr
Druck: Fuldaer Verlagsanstalt, Fulda
Printed in Germany
ISBN 3-900-478-41-4

Inhaltsverzeichnis

I. Vom Mythos zur Geschichte: Göttinnen, Nymphen, Zauberinnen, Sirenen und Vorfahrinnen

LOCRI EPIZEFIRIA
Die Gründerinnen

Ein leichter Südwestwind streifte unsere Körper und füllte unsere Augen mit Sand. Es war kein schöner Tag am Ionischen Meer. Das blaue Meer war wild bewegt, das Gleißen des weißglühenden Himmels blendete die Sicht auf den Strand und auf das weiße Säulenfundament zwischen den indischen Feigenbäumen, das Kühle unter einem Wirtshaus-Strohdach vortäuscht. In diesem Augenblick waren wir (drei) am Strand eigenartigerweise alle Frauen. Die Freundinnen aus Neapel, ich und eine Frau, die sich uns neugierig aus dem Schatten näherte, eine imposante Frau in weiten langen Röcken, wie sie noch (und das scheint uns unglaublich) die alten Fischerinnen tragen. Sie schaute uns gutgelaunt an und fragte im Dialekt: „Also wie, lauter Frauen?" „Wir sind Feministinnen ...". Diese Antwort (das haben wir sofort erkannt) konnte nach einer unerträglich elitären, fast rassistischen Arroganz klingen. Doch sie blieb ganz ruhig und sprach jetzt auf Italienisch: „Das war gescheit von Euch, hierher nach Capo Zeffirio zu kommen. Hier waren die Frauen, die alles gemacht haben, wißt Ihr nicht? Die griechischen Frauen, die ihrer Männer müde waren, weil sie sie vernachlässigten, um auf den Platz zu gehen und dort zu politisieren; wißt Ihr, was sie eines Tages gemacht haben? Sie haben sich die schönsten, mutigsten, jüngsten Sklaven ausgesucht, haben sich eingeschifft und sind hier gelandet ... Und sie haben ihre Stadt gegründet, wo sie dann regiert haben". So erzählte im heutigen Kalabrien eine Frau anderen Frauen die Geschichte von Locri Epizefiria.

Robert Graves schreibt: „Scheinbar haben sich auch die Prinzessinnen im alten Griechenland gerne Männer unter den Sklaven ausgesucht, vorausgesetzt, daß die hundert Häuser von Locri und Locri Epizefiria keine Ausnahme sind". Ein Punkt, in welchem viele Autoren übereinstimmen, ist die Existenz von matriarchalischen Einrichtungen in Locri Epizefiria, also in jener nicht weit vom Strand von Capo Zeffirio gegründeten Stadt, wo wir an diesem Tage gewesen waren. (Die Frau bezeichnete sie weiterhin mit dem antiken Namen, auch wenn der Ort in den heutigen Landkarten Capo Bruzzano heißt.)

Das Matriarchat von Locri, des ersten und des zweiten kalabrischen Locri (nach drei oder vier Jahren wurde die Stadt scheinbar weiter nach Norden versetzt, an die Abhänge des Hügels Epopi) ist weder von den antiken Historikern (Strabo, Polybios, Timaios, Aristoteles) noch von den zeitgenössischen Gelehrten bezweifelt worden. Eigenartig – und für uns Frauen sehr bezeichnend – ist hingegen die Geisteshaltung, mit welcher die Autoren von gestern und heute (außer Robert Graves) sich gegenüber dieser geschichtlichen Situation verhalten: In der Tat hat schon Aristoteles die Einwohner von Locri in Kalabrien als „Abkömmlinge von geflüchteten Sklaven, Ehebrechern und Räubern" beleidigt. Also, wenn ein Land von Frauen regiert wurde, mußten die Männer ihrer Umgebung offenbar miese Leute sein! Auch Polybios meinte, daß die Locreser in Italien Nachkommen von Sklaven waren, welche sich mit den Frauen ihrer Herren zusammengetan hatten, und betonte die „Abstammung von Dienstboten" dieser Bevölkerung. Doch am besten ist, daß Jean Bérard, einer der größten zeitgenössischen Gelehrten über Großgriechenland, obwohl er vorsichtig, als Wissenschaftler, darauf aufmerksam macht, daß die „Sache natürlich im Dunkeln bleibt", daraus schließt, daß „die These, daß die Einwohner von Locri Epizefiria von Sklaven abstammen, (scheinbar) mit den bei ihnen herrschenden matriarchalischen Gebräuchen in Beziehung zu setzen sind, und zwar so, daß diese Gebräuche eine Folge dieser Tatsache waren, *oder besser, daß diese These eine Rechtfertigung für diese Gebräuche sein wollte*".

Es ist erstaunlich, festzustellen, wie seit dem Morgengrauen der Geschichte bis zum heutigen Tag ein vielleicht unbewußter, doch eingefleischter Frauenhaß anhält, weshalb ein Mann, wenn er „sich von einer Frau etwas anschaffen läßt", nur ein verachtungswürdiges Individuum sein kann. Und doch klang in den Worten, mit denen die Kalabreserin aus Capo Zeffirio die Männer beschrieb, die die Griechinnen auf ihrer Reise begleitet hatten, keine Verachtung mit: „Sie haben sich die schönsten, mutigsten und jüngsten Sklaven ausgesucht ...". Was haben also unsere Vorfahrinnen gewählt? Das Abenteuer des Lebens – im Gegensatz zur Abstraktheit und der Langeweile der Politik, eine unendliche

Kritik an ihren Ehemännern –, die Solidarität mit anderen Menschen, die durch das Patriarchat, wie ja auch die Frauen (oder zumindest die Ehefrauen) ihrer Energien, der Freiheit, der Lebenslust beraubt worden sind. Dies sind vielleicht Phantasien, die durch die Begegnung von Frauen in der Augustsonne entstanden sind. Sicher ist, daß die „hundert Häuser" von Locri eine historische Realität sind, welche unter anderem auch durch die gleichnamigen archäologischen Ausgrabungen, die jetzt in dieser Gegend durchgeführt werden, bestätigt wird. Und Jean Bérard schreibt weiter in seinem Text „La Magna Graecia – Die Geschichte der griechischen Kolonien in Süditalien": „Laut Polybios wurden bei ihnen (den Einwohnern von Locri in Kalabrien) die von der weiblichen Linie der 'hundert Familien' abstammenden Bürger für adelig erachtet: die edelsten von Lokris vor der Abreise in die Kolonie waren jene, aus welchen die Jungfrauen ausgewählt wurden, die zur Sühne der Schuld des Ajax, so wie es das Orakel befahl, nach Troja geschickt wurden. Einige Frauen dieser Familien verließen (das griechische) Lokris, und ihre Nachkommen, die man als Mitglieder der hundert Familien bezeichnete, bildeten nun den Adel von Locri (in Italien)".

Doch was war das für eine „Schuld des Ajax", und worin bestand die vom Orakel vorgeschriebene Sühne? Da nicht nur von Bérard, sondern auch von anderen Autoren dieser den Jungfrauen anvertraute Ritus mit der in Locri (im großgriechischen Lokris) praktizierten sakralen Prostitution in Zusammenhang gebracht wird, müssen wir versuchen, klarer zu sehen.

Ajax (der kleine Ajax) war der mythische Held, von welchem die Locreser aus Opunzia ihre Herkunft ableiten. Graves schreibt dazu: „Gleich nach Beginn des Massakers in Troja flüchtete Kassandra in den Tempel der Athene und klammerte sich an das hölzerne Bild (der Göttin) (...). Der kleine Ajax fand sie an jenem heiligen Ort und versuchte, sie wegzuschleppen, doch Kassandra umarmte die Statue so fest, daß Ajax auch diese wegtragen mußte. Die Vermischung mit den griechischen Kriegern war das allgemeine Los der trojanischen Frauen". Also hätte es sich um eine klassische Vergewaltigung mit Kassandra als Opfer gehandelt.

„Doch der Zorn der Athene fiel auf Locri Opunzia, und das delphische Orakel verkündete, daß die alten Untergebenen des Ajax unentwegt von Hunger und Pest verfolgt würden, wenn sie nicht jedes Jahr zwei Mädchen nach Troja schickten, und das zweihundert Jahre lang.
Von diesem Tag an haben die vornehmsten hundert Familien von Locri diese Aufgabe als Zeichen ihres Adels auf sich genommen. Die Mädchen werden durch das Los gewählt und mitten in der Nacht auf das Reteo-Vorgebirge gebracht. (...) Verwandte, die das Gebiet gut kennen und sie heimlich in das Heiligtum der Athene geleiten können, begleiten sie. Wenn die Trojaner sie entdecken, steinigen und verbrennen sie sie und verstreuen ihre Asche. Doch wenn es ihnen gelingt, in den Tempel zu gelangen, sind sie gerettet. Sie bekommen dann eine Tonsur, ziehen sich Sklavinnen-Kleider an und verrichten im heiligen Bezirk niedrige Arbeiten (...)".

Dies ist Homers Erzählung, zusammengefaßt und kommentiert von Graves. Doch derselbe Autor hat Zweifel bezüglich dieses Gesetzes der Wiedervergeltung, dieser 'Vergewaltigung' gegen Vergewaltigung, dort eine trojanische Jungfrau (Kassandra), hier zwei Jungfrauen aus Locri, jedes Jahr, zweihundert Jahre lang. In Wirklichkeit ist, wie er behauptet, „die angebliche Schändung Kassandras durch den kleinen Ajax von den seriösesten Mythen-Überlieferern für eine Erfindung Homers gehalten worden". (Übrigens soll sie von Agamemnon vergewaltigt worden sein.)

„Die Sache der Mädchen aus Locri (die jedes Jahr heimlich nach Troja in den Tempel der Athene gebracht wurden) ist historisch erwiesen." Und hier glaubt Graves, daß es sich nicht um eine Sühne handle, sondern um ein *Recht*, – ein von den Locresern von Opunzia vor der Zerstörung Trojas erworbenes Recht –, jedes Jahr eine Anzahl an Priesterinnen für den, der Athene geweihten Tempel beizustellen. Laut Graves ist es klar, daß die Trojaner dieses Eindringen nicht gerne sahen, deshalb töteten sie sie wie Feindinnen oder beschränkten sich (aus Furcht vor dem Zorn der Göttin) darauf, sie wie Sklavinnen zu behandeln.

Doch hat dies alles mit unseren Ahnen von Capo Zeffirio zu tun? Das hat es, denn laut Bérard „wurde schon im Altertum eine Beziehung zwischen diesen Gebräuchen im italienischen Locri und dem Ajax-Kult gesehen". Die Gebräuche, auf die der Gelehrte anspielt, sind seiner Meinung nach „die matriarchalischen Bräuche, die ganz sicher irgendwie mit der auch in Locri praktizierten sakralen Prostitution in Zusammenhang zu bringen sind" (im italienischen Locri). Also verbindet Bérard das *Matriarchat* und die *sakrale Prostitution*, er betont, daß beide Institutionen zur Gesellschaft von Locri Epizefiria gehörten und führt sie auf den Ajax-Kult zurück.

Ist es möglich, frage ich mich, daß die Frauen, die die eigene Stadt beherrschten, verwalteten und lenkten, ihre jüngsten Töchter dazu verurteilten, durch sakrale Prostitution eine eindeutig männliche Schuld wie eine Vergewaltigung zu tilgen? Das Problem ist meiner Meinung nach das Verständnis der Bedeutung des Ausdruckes „heilige Prostitution": Es gibt darüber leider nicht viele Studien, doch könnte man die Hypothese wagen, daß es sich nicht um eine *Verurteilung zur Schändung* (ja sogar zur wahllosen Defloration) handelte, sondern eher um eine freie Initiation der Jungfrauen zur Sexualität.

Im übrigen berichtet Graves, daß die italischen Locreser in geschichtlicher Zeit „die voreheliche Promiskuität als eine Tugend betrieben (...) und eng dem System der mütterlichen Erbfolge verbunden blieben". Und nicht ohne Vergnügen (stelle ich mir zumindest vor) zitiert er verschiedene klassische Autoren, die sagen, daß die locresischen Adeligen 683 v. Chr. gezwungen wurden, aus Griechenland „wegen des durch die wahllosen Liebschaften ihrer Frauen mit den Sklaven verursachten Skandals" nach Locri auszuwandern.

Die Göttinnen

Die süßen Feigen trocknen in der Sonne auf einer Bank vor dem Wirtshaus mit dem Strohdach (ja, wir wissen, daß hier die neue Mafia wütet und die Umrisse der blauen, violetten und grünen Dörfer unerbittlich wie Bunker wachsen und die Strände besetzen – diese Strände des Ionischen Meeres von Gyssying – und massiv das Aussehen Kalabriens verändern. Und die in Bauvorhaben investierten Kapitalien sind mafiosen Ursprungs: Beschlagnahmen, Abgaben, Waffen und Drogen). Doch die Frau – sie hat auf wunderbare Weise überlebt, ein stolzes Relikt unserer Vorfahrinnen – bietet uns Feigen zum Essen an (sie sind nicht mehr frisch, aber noch nicht zur Gänze ausgetrocknet, sie haben den Geschmack beginnender Fäulnis und sind ausgezeichnet) und führt uns zu den Ruinen ...

Olivenbäume, Mauern, unpassende Gitterzäune, doch hier befinden sich die Ausgrabungen der hundert Zimmer und das kleine Museum, das zusammen mit dem in Reggio einen Teil der wundervollen Votivtafeln aus dem eben hier gelegenen Tempel der Persephone besitzt. Einer von vielen Tempeln in Großgriechenland, geweiht der der Mutter (Demeter) geraubten Tochter.

„Demeter verlor ihre ganze natürliche Heiterkeit, als ihre Tochter Kore, später Persephone genannt, geraubt wurde. Hades verliebte sich in Kore und begab sich zu Zeus, um ihn um Erlaubnis zu bitten, sie zu heiraten. Zeus fürchtete, den älteren Bruder zu beleidigen, wenn er ihm dies verweigerte, doch er wußte andererseits, daß es ihm Demeter nie verziehen hätte, wenn ihre Tochter im Tartarus eingesperrt würde; er antwortete deshalb diplomatisch, daß er seine Einwilligung weder geben noch verweigern könne. Hades fühlte sich daher ermächtigt, das Mädchen, als es gerade auf einer Wiese – wahrscheinlich in der Nähe von Enna in Sizilien – Blumen pflückte, zu entführen ... Demeter suchte Kore neun Tage und neun Nächte lang, sie aß und trank nichts und rief unentwegt ihren Namen (...). Sie war so wütend, daß sie, anstatt zum Olymp zurückzukehren, weiter auf der Erde herumstreifte und die Bäume am Früchtetragen und die Pflanzen am Wachsen hinderte, sodaß der Menschheit der Untergang drohte. Sie schwor, daß die Erde solange unfruchtbar bleiben würde, bis sie Kore zurückbekäme (...)". (Robert Graves: „Die griechischen Mythen".)

Man weiß, wie es ausging: Zeus „vermittelte" zwischen Hades und Demeter (eines der ersten Beispiele für den Zusammenhalt unter Männern) und es wurde vereinbart, daß Kore, als Königin des Tartarus, jedes Jahr drei Monate (die drei Wintermonate – Demeter hatte also nicht nachgegeben) in Gesellschaft des Hades verbringen sollte und die restlichen neun in Gesellschaft der Mutter.

Die herzzerreißende Trennung von Mutter und Tochter, von Demeter und Kore (oder Persephone), durch Einmischung des männlichen Elements in das symbiotische Mutter-Tochter-Verhältnis entstanden, zeigt wahrscheinlich den Moment des Überganges von der (vorhellenischen) Zeit, in welcher man auf der Erde nur die Göttin verehrte (die dreieinige Göttin, eine weibliche Heilige Dreifaltigkeit und keine männliche) zu der Epoche, in welcher sich der griechische* Mythos entwickeln und festigen sollte: „Das System der olympischen Religion", schreibt Graves, „wurde dann als Kompromiß zwischen der vorhellenischen und der hellenischen Zeit erachtet: Man hatte also eine heilige Familie mit sechs Göttern und sechs Göttinnen unter dem Vorsitz von Zeus und Hera (...); später wurde Hera dem Gatten untergeordnet, Athene stellte sich ganz auf die Seite des Vaters, und Dionysos (...) sicherte den männlichen Gottheiten die Überlegenheit im Rat. Jedenfalls wurden die Göttinnen, auch wenn sie in der Minderheit waren, niemals ausgeschlossen (...)".

Das Lächeln der Persephone sieht man heute im Nationalmuseum von Reggio Calabria (dasselbe Museum, das durch die Bronze-Statuen des Riace berühmt geworden ist und gemeinsam mit jenem in Neapel das bedeutendste für Großgriechenland ist). Auf der (auch für Laien erkennbar) schönsten Abbildung von Persephone, die im

---

* Es ist hier offenbar nicht der Ort für eine Diskussion über die große Frage: Hat es wirklich einmal eine weibliche Welt gegeben? Oft ist die Fragestellung schlecht: Man spricht vom „Matriarchat" als von einer dem Patriarchat parallelen und gleichwertigen Struktur, während man eher von der Macht der Frauen in den vorgeschichtlichen (oder a-historischen) Zeiten, von der Anerkennung (seitens der ganzen Gesellschaft) der Autorität und der Überlegenheit der Frau, wenn auch nur einer biologischen, sprechen sollte. Graves und Bérard, zwei oft von mir zitierte Autoren, die ich auch weiterhin zitieren werde, sehen keinerlei Schwierigkeit, weder eine Kultur des Weiblichen (oder eine matriarchalische Kultur), die vor der Kultur, in welcher wir heute leben, existiert hat, anzuerkennen, noch die Übergangszeit von der einen zu der anderen. Anderer Meinung ist jedoch Ida Magli: Sie schließt aus, daß die Religion der Göttin oder der Großen Mutter auch nur „im allergeringsten die Behauptung einer Beziehung zu einer bestimmten sozialen und politischen Ordnung bestätigen könne". Ida Magli ist daher der Meinung, daß „eine Verbindung zwischen der Muttergöttin und der Macht der Frauen niemals geschichtlich belegt worden ist". (Matriarchat und Macht der Frauen, von Ida Magli, Feltrinelli, 1978).

Tempel von Locri gefunden wurde, lächelt sie: Hier ist die Tochter Demeters von einer ganz modernen Schönheit, außer, daß sie vielleicht wegen ihres rätselhaften Lächelns und ihrer hohen Wangen aus rosigem Ton von keinem Fotomodell nachgeahmt werden könnte. Persephone trägt ein langes plissiertes Gewand, das ihre reizenden nackten Füße freiläßt, ihr Körper ist zart und blühend: Sie ist kein Mädchen mehr, sie ist nicht mehr Kore, sondern Persephone, die Gattin des Hades (Pluto), der sich mit wallendem Bart und väterlich lächelnd an ihrer Seite befindet. Beide sitzen auf königlichen Thronsesseln, der König und die Königin des Tartarus, des Reiches der Schatten, dargestellt als zwei friedliche Ehegatten (außer eben ihrem Lächeln), ein Paar reiche Grundbesitzer vom Lande, die Braut, wie es sich gehört, viel jünger, der Gatte weise und alt; zu ihren Füßen, auf ihrem Schoß und in den Händen alle Symbole der Fruchtbarkeit: Hähnchen, Kornähren, Ölzweige. Man sieht, daß sich das Volk zur Verehrung Persephone als Modell der postpatriarchalischen Frau ausgewählt hatte, schon – wie wir heute sagen würden – in der Sicht des Paares, schon dabei, von der Familie absorbiert zu werden, zu welcher sie grundlegend beitragen mußte, indem sie dem Gatten außer dem eigenen Körper auch andere Güter und Gaben mitbrachte; und man sieht auf den Votivbildern tatsächlich die Darstellung von Hochzeitszügen, wo die Frauen die Aussteuer der Braut auf dem Kopf zum Haus des Gatten tragen.
Und doch ist das Lächeln der Persephone hinterhältig (dies ist dann ihre Rettung): Sie ist eine Gattin „auf Zeit", drei Monate mit dem Gatten (in der Hölle?), neun in der Freiheit mit den Göttinnen.
Und es geschieht während eines dieser „getrennten Urlaube", daß Persephone noch einmal das Abenteuer kennenlernt. (Die Mythen, das ist bekannt, verflechten, verzweigen und verdoppeln das Symbol und bringen es in eine andere Richtung; es ist niemals eindeutig).

Aphrodite hatte ihr den Adonis, entsprungen der blutschänderischen Liebe zwischen der wunderschönen Smyrna und ihrem königlichen Vater, gleich nach dessen Geburt anvertraut; sie sollte ihn, versteckt in einer Kiste, in das Reich der Toten mitnehmen und ihn so dem Zorn des Vaters/Großvaters entziehen. Doch „Persephone, von Neugier besiegt, öffnete die Kiste und fand darin Adonis. Der Knabe war so schön, daß ihn Persephone in den Palast mitnahm. Aphrodite erfuhr davon und stieg sofort zum Tartarus hinab, um Adonis zurückzuverlangen. Als ihn Persephone ihr nicht überlassen wollte, weil sie schon seine Geliebte geworden war, wandte sich Aphrodite an Zeus (...). Zeus weigerte sich, den Fall zu entscheiden und übergab ihn einem Gericht unter dem Vorsitz der Muse Kalliope. Das Urteil der Kalliope lautete, daß Persephone und Aphrodite gleiches Anrecht auf Adonis hätten, denn Aphrodite hatte ihn im Augenblick seiner Geburt gerettet, Persephone danach (...). Jedenfalls muß man dem Jüngling kurze Ferien pro Jahr gewähren, daß er nicht immer den Liebesansprüchen der beiden unersättlichen Göttinnen unterliege (!!!)" (Robert Graves, zitiertes Werk).

Wenn man von den Ruinen von Locri Epizefiria auf dem honigfarbenen Strand (der noch bis vor einigen Jahren so unberührt war, daß man kilometerweit barfuß laufen konnte) in Richtung Reggio geht, kommt man nach Bova Marina: Hier wird euch nichts an die mythische Welt der Persephone und des Adonis erinnern (wenn nicht vielleicht der Anblick mancher braungebrannter, samthäutiger, drahtiger Burschen mit einem Kopfhörer-Radio im Haar), und doch wurde hier im Jahre 1906, zwei Jahre vor dem großen Erdbeben, an einer bestimmten Stelle am Strand in der Himmelfahrtsnacht ein eindeutig dem Adonis geweihtes Fest gefeiert. Ja, die Gärten des Adonis in Bova wurden für eine Nacht wieder lebendig, legitimiert vom Schatten einer kleinen Fischerkirche, die (wie unendlich viele andere) Madonna del Mare heißt (das Erdbeben von 1908 hat sie zerstört). Hier ist es laut Cav. Fortunato Lupis-Crisafi („Da Reggio a Metaponto") „alter Brauch, daß die Frauen des Dorfes, besonders die leichtfertigen, zum Baden kommen und die ganze Nacht lang Orgien feiern. Diese alte Tradition könnte an das Fest, das die griechischen Frauen im Frühling zu Ehren der Göttin Zyprinia (Aphrodite), der Proserpina (Persephone) und deren gemeinsamen Geliebten Adonis feierten, erinnern". Der Streit zwischen den beiden Göttinnen, denen Kalliope in zwei gesonderten Teilen des Jahres den „Genuß" des Adonis zugewiesen hatte, war also von den Frauen aus Locri überwunden worden? Und ihre Erbinnen in den ersten Jahren dieses Jahrhunderts, die einzigen, die jetzt berechtigt sind zum *Vergnügen* (das sind eben die leichtfertigen Frauen), wie machten sie für eine Nacht die kollektive Erinnerung an die Ahnen wieder lebendig? Adonis, sagt die Sage, wurde von Ares, der auf Aphrodite eifersüchtig war, getötet, und an der Stelle, an der er gestorben war, blühten rote Anemonen. Die „leichten" Frauen von Bova Marina der ersten Jahre des 20. Jahrhunderts (es ist erschreckend, sich vorzustellen, wie der Alltag einer „leichten" Frau im wirtschaftlichen Elend, das damals in den kleinen Dörfern des Südens herrschte, aussah) verstanden vielleicht in dieser Nacht den Sinn des Wortes „Lust" wieder, das im ermüdenden und demütigenden Alltag nur höhnisch gemeint sein konnte. Wie ihre Vergnügungen in der Himmelfahrtsnacht waren, kann uns Cav. Lupis-Crisafi, ein tugendhafter Wächter der öffentlichen Moral, nicht sagen: „Sie badeten", schreibt er: nächtliche Meeres-Geliebte des schönen Knaben Adonis, und wegen welchen Verbrechens, wenn nicht eines Vergehens gegen die „Ehre", konnten am Strand im Schatten der Kirche die roten Anemonen wachsen?

Die Adonis-Feste überlebten laut der weiblichen Lesart der Psychoanalyse (Silvia Vegetti-Finzi) das Matriarchat als eine „hysterische" Befreiung, welche im *physischen und äußeren* Bereich begann: Für die bereits in den häuslichen vier Wänden eingesperrten Frauen stellte Blumenpflücken (in den Gärten des Adonis) und Ins-Wasser-Springen eine völlige Ausschreitung dar, eine heftige Lust, aus der sich ein paroxystisches Verhalten entwickelte, und dennoch waren sie von der Gesellschaft, in der sie lebten, (einmal im Jahr) dazu berechtigt.

Von Caulonia nach Bagnara
Die Amazonenköniginnen

Die Figur der Kleta, der Amazone von Caulonia, gehört nicht zur geschichtlichen Kolonisierung, sondern eher zur „mythischen Kolonisierung". (Daß die Amazonen übrigens nicht nur Auswüchse der Phantasie aus kollektiven Ängsten oder Wünschen der frühen Menschheit sind – die uns die Mythen geschenkt hat –, sondern daß sie in jener Zeit, als das Matriarchat zum Patriarchat überging, in der man sich sogar wirkliche Kriege zwischen den Geschlechtern vorstellen kann, Fleisch und Blut geworden sind, ist eine heute von verschiedenen Autoren vertretene These). Jedenfalls beginnt die sogenannte Amazonen-Sage schon bei Diodoros Siculus und Herodot, welche von den lybischen Amazonen erzählen, die die Klippenstrände von Atlantis bewohnten. Die Bezeichnung „Amazone" soll nicht aus dem Griechischen (a-mazon, ohne Busen), sondern eher aus dem Armenischen stammen, und soll Mond-Frau bedeuten. Die Priesterinnen der Mondgöttin waren bewaffnet, während in der heutigen Krim (damals Bosporus Cymerios) die Priesterinnen der Artemis Männer wie die Stiere opferten. Die legendären Amazonen Penthesilea, Hippolyta, Antiope und andere erschienen als Verteidigerinnen ihrer Jungfräulichkeit, und die Kämpfe, die sie dabei durchzustehen hatten, bedeuteten in Wirklichkeit eine Rückkehr zum Matriarchat gegenüber dem sich vordrängenden phallozentrischen System. Laut Graves „entstand die Legende über die Hochzeitsprüfungen im Altertum, im nördlichen Griechenland" und, „wenn Admeta der Name der Prinzessin war, für welche Herakles die ihm vor der Hochzeit auferlegten Prüfungen bestehen sollte, müßte für ihn das Aufbinden ihres Gürtels im Hochzeitsgemach das Ende seiner Mühen bedeutet haben. Doch bevor sie sich ergab, hat Admeta wahrscheinlich mit dem Helden gekämpft, so wie dies auch Hippolyta tat und Penthesileia mit Achilles und Thetis mit Leleus (...)".

Die Reste der großgriechischen Stadt (weiße Überreste im goldgelben Getreide, wenige Meter vom Meer entfernt) befinden sich in der Nähe von Monasterace Marina zwischen Locri und Crotone. Und die Geschichte der Amazone Kleta, der Königin von Caulonia, wird vom Dichter Lykophron erzählt. Scheinbar hat Kassandra bei ihrer Prophezeiung Kleta, die Amme der Amazonenkönigin Penthesilea, bei der Landung in Italien nach dem Trojanischen Krieg und bei der Gründung einer Stadt ihres Namens gesehen.
Diese Stadt wurde von den Archäologen und den Historikern als das antike Caulonia identifiziert. Kleta soll später bei einer Auseinandersetzung mit den Bewohnern von Kroton getötet worden sein.

Die Überlieferung siedelt sogar eine Reihe von Amazonen-Köni-

Amazone, Stich von J. Petot nach einer Statue im Museo Capitolino

ginnen, alle Nachkommen der Kleta, in diesen Ortschaften an. Bérard schreibt: „Es ist über diese Reihe von Nachkommen der Amazone viel diskutiert worden, und es wurde die Frage gestellt, wie weit diese Tradition mit den matriarchalischen Institutionen von Locri in Beziehung zu setzen ist".
Geschichte, Mythos, Legende, alle Fäden verwirren sich. „Die Männer der Amazonen mußten die Hausarbeit verrichten, während die Frauen kämpften und regierten (...)". Dies ist ein Kommentar zum Text des Dichters Lykophron, der das Abenteuer Kletas auf der Flucht von Troja nach Caulonia überliefert. Doch die matriarchalischen Gebräuche berührten, von Griechenland ausgehend, irgendwie alle hellenischen Kolonien in Italien – und von Caulonia ausgehend Bagnara.

Die Frauen von Bagnara

Die Frauen von Bagnara waren mir in meiner Kindheit vertraut. Um drei Uhr nachmittags, im Schlaf der Augusthitze, der Ruf der Brombeer-Verkäuferin: „Frische Brombeeren". Ich schaute zum Fenster hinaus (eine Entschuldigung, nicht schlafen zu müssen), es war eine Bagnarota in stolzer aufrechter Haltung, den Korb mit den Brombeeren auf dem Kopf tragend, mit einem engen, unter dem Busen aufhörenden Mieder (später sollte ich dann lernen: eine Tracht kretischen Ursprungs), mit zehn übereinandergezogenen Rüschenröcken, unter welchen sie später – in Kriegszeiten – das im Bombenhagel über die Meeresenge von Messina geschmuggelte Salz verstecken sollte.

Graves schreibt: „Die Frauen von Bagnara ziehen barfuß los, um mit den Nachbardörfern Handel zu treiben; während ihrer Abwesenheit, die einige Tage dauert, passen ihre Ehemänner auf Haus und Kinder auf (...). Der Pfarrer des Ortes beklagt sich, weil sie viel mehr an die Jungfrau als an Jesus glauben: Die Jungfrau ist in der Tat die Nachfolgerin von Kore, jenes Mädchens, das in Locri einen Tempel hatte, der in der klassischen Zeit berühmt war".

Die Frauen von Bagnara sollen daher die einzigen Überlebenden der Dynastie der Amazonen-Königinnen sein, die von Kleta in Caulonia gegründet worden ist. (Caulonia befindet sich am Ioni-

schen Ufer Kalabriens, Bagnara am Tyrrhenischen Meer, doch es ist erwiesen, daß sich die ersten hellenischen Siedler sofort von einer Küste bis zur anderen ausbreiteten.)
„(...) Während die Frauen kämpften und regierten (...)", sagt Lykophrons Kommentator.
Die Bagnarote meiner Kindheit standen im Winter auf, als es noch dunkel war, trugen schrecklich schwere Lasten auf dem Kopf, gingen barfuß, und im Alter bekamen sie eine faltige Haut wie Baumrinden (...). Sie waren keine Königinnen. Bei Gesprächen mit ihnen, im Bezirk Marinella di Bagnara, fand ich unter anderem folgenden Daten heraus: Sechzig Prozent der Alten war noch nie im Kino gewesen, dreißig Prozent der Jungen waren emigriert.

Und doch wird das Bild wilder und kriegerischer Weiblichkeit der Frauen von Bagnara auch literarisch überliefert: im umfangreichen Roman von Stefano d'Arrigo *Horcynus Orca*. Hier versucht der sizilianische Schriftsteller, die Odyssee in unsere Zeit zu übertragen. Die Hauptfigur ist ein Matrose, der beim Zusammenbruch am 8. September 1943 Kalabrien zu Fuß bis zur Meeresenge von Messina durchquert. Er beschreibt auf einigen Seiten die Frauen von Bagnara (und ändert das Wort „bagnarote" zu *femminote*, d. h. „große Weiber"): „Als er genau zu den Pappeln hinsah (...), entdeckte er zuerst jene, die ihn angesprochen hatte, und dann bei ihr die anderen, ungefähr zehn; sie saßen herum, vorgelehnt, und sie waren überhaupt nicht neugierig auf ihn. Die langen Rücken waren gebeugt, von den aufgebauschten Röcken, die ihr Gesäß größer erscheinen ließen, bis zum langen unbedeckten Hals, bis zum Kopf mit dem rabenschwarzen Haar (...), das zu einem runden Knoten zusammengebunden war, um beim Gehen als Stütze für den Tragkorb zu dienen: Die Ellbogen auf den Schenkeln, die Beine gespreizt und die Röcke über die Knie hochgezogen, um sich darunter abzukühlen. Vereinzelt blitzte aus den zahlreichen Röcken ein flammend roter Saum hervor: Diese Entdeckung der roten Röcke zwischen den schwarzen, die sie nur aus Schönheitsgründen und als Banner tragen, hat ihm signalisiert, daß dies femminote waren: Er erkannte sie in dieser Pose als Zauberinnen in einem Versteck (...)".

Es folgt die Erzählung, in welcher die Femminote zuerst den schönen Matrosen verführen, wozu sie die schönste und jüngste von ihnen benutzten, und ihn dann fast vergewaltigen ... Männerphantasien, die den eigenen Trieb zu Vergewaltigung auf die Figur der Amazonenfrau „projizieren"? Oder atavistische Erinnerungen, die noch heute der Geschichte zugrunde liegen und Männer und Frauen dunkel daran erinnern, daß es eine Zeit der Amazonen gegeben hat?

Laut Kommentator des Lykophron wurden in den Amazonengesellschaften „den männlichen Kindern Arme und Beine gebrochen, damit sie nicht mehr in der Lage wären, zu verreisen oder Krieg zu führen". Zweifellos erscheint diese Maßnahme brutal, doch wer weiß, ob dies nicht ein Traum ist, den die Frauen immer geträumt haben: Daß sie selbst die Seefahrer des Odysseus sein könnten und dabei die Männer an den Sitz der Penelope zu binden. Doch andererseits verbrennen in der Sage die Trojanerinnen die Schiffe, um die Männer endlich zum Bleiben zu zwingen. Nun, vielleicht schwanken die Frauen gerade noch in diesem Spannungsfeld zwischen Abenteuer und Ruhe, der Emanzipationsbewegung und dem mütterlichen Nestbau.

CROTONE
Hera Lacinia

Es gibt nur eine Säule am Meer, die Zeugnis von der Göttin ablegt. Sie stammt von dem der Hera Lacinia geweihten Tempel in Capo Colonna, einige Kilometer südlich der Stadt Crotone (und wir sind wieder in Kalabrien). Eine sehr hohe, imposante, ausgekehlte (dorische) und in der Sonne ganz blonde Säule: Der Überrest, ja die Ruine ihres Kapitels ragt wie der Bug eines Schiffes zum Meer hin. Scheinbar ist die endgültige Verwüstung des Tempels durch die Römer erfolgt, und zwar ganz genau durch den Zensor Quintus Flaccus, der 173 v. Chr. die Marmorreste für den Bau eines Heiligtums der Göttin Fortuna nach Rom transportieren ließ. Plünderungen und Kriege, bei denen unter anderem Dionysos von Syrakus und Pyrrhus als Sieger hervorgingen, hatten bereits den sagenhaften Reichtum dem Erdboden gleichgemacht. Man sagt, daß der Votivaltar von einer Säule aus massivem Gold gestützt wurde und daß im Innern der krotonesische Maler Zeuxis eine wundervolle Helena gemalt hätte: Ja, gerade sie, den ersten Vamp aller Zeiten, sie, die den Trojanischen Krieg entfesselte. Der Kult der Helena in Crotone (dies wird von den Wissenschaftlern bestätigt) wird mit der Legende der außerordentlichen Schönheit der Frauen dieser Stadt verbunden: Zeuxis soll sich in der Tat als Modell für seine Helena eine junge Mitbürgerin genommen haben.

„Helena ist blond und hat einen feinen Tcint, weil sie aus einem Schwanenei geboren wurde. Sie kann sich rühmen, Zeus zum Vater zu haben; sie liebt die Jagd, alle Fürsten Griechenlands haben um ihre Hand angehalten, doch jetzt ist sie die Frau des Menelaos, des Königs von Sparta (...)". (Robert Graves, angegebenes Werk)

Mit diesen Worten beschreibt Aphrodite dem Paris die schöne Helena und verspricht ihm, daß sie bewirken würde, daß diese sich in ihn verliebe, wenn er ihr, der Göttin der Liebe, den goldenen Apfel gäbe, der sie zur schönsten aller Göttinnen weihen sollte. Paris geht den Pakt ein; Aphrodite gewinnt, und Hera und Athene, die von Zeus zusammen mit ihr zum ersten Schönheitswettbewerb der Weltgeschichte aufgestellt worden waren, schwören den Trojanern ewigen Haß; Paris, der strahlende Hirtenknabe vom Berge Ida, ist in Wirklichkeit der geheime Sohn des Priamos, des Königs von Troja, und Äneas ist, außer daß er Trojaner ist, nichts weniger als der Sohn der Aphrodite!

Es ist sehr schwer, sich dem Zauber einer romanhaften Lektüre der Mythen angesichts der wunderbaren Erzähltechnik, mit der die Szenen aufgebaut sind, die Abenteuer voll Pathos und Spannung, die sie von einer Fortsetzung zur nächsten versprechen, zu entziehen. Doch offenbar ist das, was sich hinter dem Plot (wie ein Fernsehserienregisseur sagen würde) befindet, der Sinn des Mythos: Was will also die Geschichte der Helena besagen? Nach Robert Graves ist Helena nichts anderes als die Metapher für ein Ereignis von zuerst umstrittenen und dann siegenden politischen Meinungen: Es handelte sich für die Griechen darum, „die freie Durchfahrt durch den Peloponnes zu erreichen, trotz der Verbote der Trojaner und ihrer asiatischen Verbündeten". Der Trojanische Krieg also als Expansion zwecks Eroberung neuer Märkte. Und als solcher, behauptet Graves, „ist der Trojanische Krieg eine historische Tatsache".

Doch wenn wir aus jeder Frauenfigur nur ein Gleichnis machen wollen, also etwas, das für etwas anderes steht, das etwas anderes darstellen soll, muß meiner Meinung nach die Sage der Helena auf verschiedenen Ebenen gelesen werden (die nicht ausschließlich wirtschaftliche und politische sein müssen). Helena ist irgendwie die erste Ehebrecherin der Geschichte: Auch wenn ihre Person nur in der Sage existiert und sie göttlicher Herkunft ist (sie wird aus dem Ei geboren, das Zeus im Federkleid eines Schwanes in den Schoß der widerstrebenden Leda legt), ist Helena jedenfalls als eine konkrete Königin eines griechischen Königreiches, nämlich Sparta, das es in der Geschichte konkret gibt, dargestellt. Nun, wie ist das vom Mythos ausgedrückte Verhalten gegenüber der Ehebrecherin? Klarer gesprochen: Wie dachten die Griechen über den Ehebruch einer Frau, und wie hätten die Römer als Erben ihrer Zivilisation darüber gedacht?

Mir scheint, daß es weder bei Homer noch bei Vergil eine wirkliche Verurteilung des Ehebruchs der Helena gibt: Homer läßt sie uns geradewegs wieder im Hause ihres Gatten, in der Königsburg des Menelaos, an seiner Seite und von allen geehrt, vorfinden. „Helena trat aus dem duftenden hohen Gemach heraus, ähnlich der Artemis mit dem goldenen Spinnrocken (...). Adrestes bot ihr einen Stuhl an, Alkippos brachte ihr einen weichen, mit Bildern verzierten Teppich (...)". *

Und als sie selbst auf den Trojanischen Krieg anspielte, legt ihr Homer bloß ein Adjektiv des Tadels in den Mund: „(...) als für mich die Achäer einen frechen und kühnen Krieg unter den hohen Mauern Trojas begannen (...)".

Vergil scheint viel „beschuldigender" und „terroristischer" in bezug auf die Schöne: Er läßt sie von Äneas in den Flammen Trojas auffinden, Helena versteckt sich zitternd im Tempel der Vesta: „Voll Angst vor den Trojanern, die sie hassen (...), voll

* Alle Zitate aus der Odyssee (außer zwei gesondert erwähnten) beruhen auf der Übersetzung von Giovanna Bemporad, Uri, 1970).

Furcht vor der Rache der Griechen und dem Zorn des betrogenen Ehegatten, vor den Erinnyen Trojas und auch denen ihres Vaterlandes, hatte sich Helena auf dem Altar versteckt. Ein Feuer erhitzte meine Seele. Die Wut trieb mich dazu, das zerstörte Vaterland mit dem Tod der Verbrecherin zu rächen (...), obwohl es nicht ehrenvoll ist, eine Frau zu bestrafen, werden sie mich sehr loben, daß ich ein solches Ungeheuer vernichtet habe (...)".

Man sieht, in diesen Versen des Vergil ist Helena die Erbin der Pandora, des Ursprungs aller Übel der Welt. (Auch den Mythos der Pandora müßte man analysieren, um den Versuch zu machen, herauszufinden, zu welchem Zeitpunkt in der Geschichte oder Vorgeschichte der Menschheit das Übel zur Frau wurde.)

Und dennoch wird Äneas das anmutige „Ungeheuer" nicht töten: Es ist Aphrodite selbst, die Mutter des Helden, die einschreitet, um ihn abzulenken. Eine Komplizenschaft zwischen Frauen im Schein einer sich verdoppelnden Verführungsstrategie („(...) meine heilige Mutter, prächtig, wie ich sie noch nie gesehen habe (...), hielt mich auf, indem sie mich packte, und mit ihrem rosigen Mund sprach sie zu mir (...)") – und der Held wurde abgelenkt und ging davon. Auch dieses imaginäre Kollektiv ist also eines Tages vor zweitausendsechshundert Jahren hier in Capo Colonna mit den Schiffen der griechischen Siedler (Achäer oder Dorer, die Meinungen der Gelehrten stimmen nicht überein), die die Stadt Kroton gründeten, gelandet.

Doch das Vorgebirge hatte damals einen anderen Namen, Lacinium – es gibt mehrere ineinander verwobene Legenden oder verschiedene „Lesarten" eines einzigen Mythos, und zwar der Sage von Herakles in Kroton, durch welchen diese blühende Stadt der Magna Graecia später legitimiert worden sein soll. Das Weibliche hier, die Anwesenheit der Göttin (die wir auf dieser Reise suchen), scheint jetzt zu verschwinden, doch: Wenn man aufmerksam die verflochtenen Fäden von Mythe, Legende und Geschichte verfolgt, gelangt man zum Ausgangspunkt zurück: zum Weiblichen. Nun, auf dem Vorgebirge sollen die Siedler schon einen Tempel oder zumindest ein primitives, einer weiblichen Gottheit geweihtes Heiligtum vorgefunden und an derselben Stelle den reichsten Hera-Tempel der ganzen Ionischen Küste zwischen Tarent und Reggio errichtet haben. Der Tempel wurde später der von den Italern aus Brutium (Kalabrien) bevorzugte Kult-Ort.

Die Legenden (oder der Mythos) in bezug auf die Gründung Crotones und auf den Kult der Hera Lacinia scheinen sich auf die vielleicht für die Männlichkeit sinnbildlichste Person des hellenischen Olymps zu konzentrieren, nämlich auf die Gestalt des Herakles, des durch seine Kraft und seinen Mut starken und unverwüstlichen Protagonisten der sagenhaften „zwölf Arbeiten". Man sagt, daß Herakles die Herde, welche er dem Hyeron (zehnte Arbeit) wegnahm, hierhertrieb: Hier gibt es eine „Deutung", die Herakles – „angeekelt" vom Anblick eines der Hera geweihten Tempels – wütend den Ort verlassen läßt, wo Lakynios (der der Göttin ergeben war) regierte. Auf der Flucht trifft Herakles einen Mann namens Kroton (ein Gott, Held oder Sterblicher), tötet ihn, ohne es zu wollen (also muß es sich um einen Sterblichen gehandelt haben), und begräbt ihn mit allen Ehren; dabei prophezeit er, daß hier eine große Stadt mit Namen Kroton entstehen würde.

Nach anderen Versionen war Kroton hingegen ein Held, der Bruder des Alkinoos (des Vaters der Nausikaa in der Odyssee), der am Vorgebirge landete und die Tochter des Lakinoos heiratete; später beherbergte er in seiner Burg Herakles, der ihn aber in einem Augenblick des Zornes tötete. Oder aber: Herakles, der Gast des Kroton, soll sowohl Lakinoos, der versucht hatte, ihm die Stiere der Herde zu rauben, als in seiner Wut auch Kroton getötet haben, nach der Tat aber sofort erkannt haben, daß dieser unschuldig war; deshalb hätte er ihm ein Grab errichtet und vorausgesagt, daß eine Stadt seines Namens berühmt werden sollte. Von den verschiedenen Versionen (deren Quellen auf viele Autoren von Diodoros Siculus bis Ovid zurückgehen) verweist nur die eine auf die Feindseligkeit des Herakles Hera gegenüber (die anderen sprechen einfach nicht davon, vielleicht, weil die Sache zu bekannt war, um sie zu erwähnen). Doch dies ist gerade das wesentliche Element bei unserer Reise durch das Weibliche: die Feindschaft zwischen der Göttin und dem typischsten männlichen Helden. Zum Versuch, die Bedeutungen einer ähnlichen Beziehung zu verstehen (die ja eine Haß-Liebe ist), ist es notwendig, im Sinne einer grundlegenden mythischen Darstellung auf die Gestalt der Hera zurückzugehen.

Wie in diesem Kapitel bereits angedeutet, signalisiert der Moment, in welchem die „olympische Familie" mit dem Paar Zeus-Hera (Mann und Frau) gegründet wurde, den Übergang vom vorhellenischen Kult der Mutter-Göttin zum klassischen griechischen Mythos, der auf einer Struktur basiert, die ab dann immer deutlicher eine patriarchalische Familie darstellt.

Zuerst war Hera die Mutter-Göttin, und *Held* wurde der Sohn der Göttin genannt (andere nennen ihn den heiligen König; er war ihr Geliebter): Er opferte sich jedenfalls für sie. Die „Lesarten" dieses „Opfers" sind verschieden, aber alle richten sich nach dem *Weiblichen* als oberstes Element der Weltanschauung. Das antike Europa, schreibt Graves, hatte keine Götter. „Die große Göttin wurde als Unsterbliche, Unveränderliche und Allmächtige verehrt, und der Begriff der Vaterschaft war noch nicht in den religiösen Gedanken eingedrungen. Die Göttin suchte sich Liebhaber, um ihre Lust zu befriedigen und nicht, um ihren Kindern einen Vater zu geben. Die Männer fürchteten die Matriarchin, sie huldigten und gehorchten ihr: Der Herd, den sie unterhielt (...), war ihr erstes soziales Zentrum, und die Mutterschaft ihr erstes Mysterium (...). Die drei Mondphasen spiegelten sich in den drei Lebensphasen der Matriarchin: Jungfrau, Nymphe und Greisin (Frühling, Sommer, Winter) (...). Jene, die an die Göttin glaubten, vergaßen jedenfalls nie, daß sie nur eine einzige war; doch in der klassischen Zeit war das Heiligtum von Stymphalos in Arkadien eines der wenigen, wo alle drei Personen der Dreiheit ein und denselben Namen trugen: Hera."

Heiliger König oder Held, Sohn oder Geliebter (und wahrscheinlich das eine und das andere gleichzeitig in der Gestalt des göttlichen Paraeders), das Schicksal des Mannes, der sich mit der Göttin vereinigt hat (und daher ist er der Bevorzugte unter ihren Liebhabern) oder der von ihr geboren wurde, ist identisch: Er wird sterben.

Der Tod des Helden oder des heiligen Königs wird durch sein Blut die Erde befruchten. Laut Graves gehört das männliche

Opfer schon zum *Nachher*: Und zwar zum Augenblick, in welchem die Männer entdecken, daß sie es sind, die die Frauen befruchten, und nicht das Wasser der Flüsse, des Meeres, oder die Winde. Jedenfalls ist es seltsam, festzustellen, daß sich seit dieser Entdeckung, wie Graves behauptet, „die Stellung des Mannes fühlbar gebessert hat", doch fortfährt mit der Erzählung der Opferung (zu Anfang nicht einmal symbolisch, sondern real) des bevorzugten Geliebten der Göttin (oder Nymphe). Zusammenhängender scheint mir die Lesart des Mythos' von Francoise d'Eaubonne zu sein: Ihrer Meinung nach handelt es sich nicht um die Tötung des Sohnes-Geliebten, sondern um seine Selbstkastration in einer Phase, in welcher das Matriarchat bereits in das Patriarchat übergeht: So ist also die Selbstkastration des Sohnes/Liebhabers der Göttin ein „verzweifelter Schrei der Liebe zu einer Welt, die im Begriff steht, unterzugehen", ein Schrei, den man so interpretieren könnte: „Eher den Tod als in die Welt des Vaters übergehen!"

Jedenfalls, zu Hera (der ersten Hera, der „totalen" Göttin) und zu ihrer Beziehung zum Helden zurückkehrend, ist es vielleicht der Mühe wert, auf eine originelle psychoanalytische Deutung dieses Mythos' durch James Hillman hinzuweisen: Für Hillman hat der Begriff des Heldentums – im Sinne des *männlichen* Hangs zum Kampf für unmögliche Ziele um jeden Preis, auch von Millionen Menschenleben – den Ursprung gerade in der Unersättlichkeit der Mutter-Göttin. Die Söhne, sagt Hillman, würden die Kriege entfesseln (alle Kriege, die wir in der Weltgeschichte registrieren), und gerade zu dem auf ewig gescheiterten Versuch, die Mutter zu befriedigen: Das Maximum an Virilismus, mit all seinen nunmehr verderblichen Folgen für das Überleben der Menschheit, soll durch die Unersättlichkeit des Mütterlich-Weiblichen berechtigt (und sogar provoziert) worden sein. Also sollen wir Frauen und Mütter die ersten Verantwortlichen für die Kriege sein: Und der oft unbewußte Widerstand von seiten der Frauen, bei pazifistischen Aktionen mitzumachen, soll diesen dunklen Ursprung haben.

Doch dieser Theorie, die das *Weibliche* „beschuldigt" (die x-Seite seit Bestehen der Psychoanalyse), könnte man das *Trauma* gegenüberstellen, von welchem hingegen d'Eaubonne spricht: Im Augenblick, in welchem sich die Göttin durch das Aufkommen des Patriarchats bedroht fühlt, wird ihr Verhältnis zum Sohn/Liebhaber, wie wir heute sagen würden: sadomasochistisch.

Jedenfalls scheint mir das mythische Verhältnis zwischen Herakles und der Hera Lacinia von Kroton erst später als das ursprüngliche, wo Hera mit der totalen und absoluten Göttin identifiziert worden ist, entstanden zu sein: Hier ist die Göttin, die mit Herakles „streitet", anfänglich eine durch die fortwährende Untreue des Gatten gedemütigte, querulant und zornig gewordene Gattin (und nur nach und nach, wie wir sehen werden, gewinnt Hera die Reste des Stolzes und der weiblichen Überlegenheit, die ihr vor Zeiten eigen waren, zurück).

Nun, in dieses Bild, sagen wir – des häuslichen Ehebruchs wird Herakles aus einer der so zahlreichen Betrügereien des Zeus hineingeboren: Dieser, der diesbezüglich eine ganz wilde Phantasie besaß, hält sogar den Lauf der Zeit an, um eine „Liebesnacht" mit Alkmene zu verbringen: Nicht zwölf Stunden, sondern sechsunddreißig wird die Umarmung des Herrn der Götter und der Alkmene, damals Gattin des Amphitryon, der Zeus in der Maske des rechtmäßig angetrauten Ehemannes erschien, dauern ... Neun Monate später wird als Frucht des doppelten Ehebruchs ein Sohn geboren, und Zeus beschließt mit der klassischen Feigheit des ungetreuen Ehemannes, ihn „zu Ehren der Hera" Herakles zu nennen! Man stelle sich Hera gegenüber einer solchen Schamlosigkeit vor! Sie schwört dem Kind ewigen Haß, dem Kind, dessen Geburt sie sogar durch verschiedene Vorwände verzögert hat, um es der Unsterblichkeit, die ihm Zeus schenken wollte, zu berauben. Zeus seinerseits wird zornig und verlangt, daß Hera dem armen Herakles wenigstens eine Chance geben möge, unsterblich zu werden (wenn ihm dies gelingt): Und deshalb wurden die berühmten Arbeiten des Herkules (die zehn hätten sein sollen, doch später dann zwölf geworden sind) erdacht.

So sind nun die Gründe für den Ekel, den Herakles auf dem Lacinischen Vorgebirge beim Anblick eines der Hera geweihten Heiligtums empfindet, voll und ganz erklärt: Nach Durchführung seiner Arbeiten hat sich der Held jedenfalls das Recht erkämpft, in den Olymp aufzusteigen: Und Zeus gelingt es, Hera zu überreden, ihn wie einen eigenen Sohn zu adoptieren. Übrigens behauptet eine andere Variante des Mythos', daß der kleine Herakles gleich nach seiner Geburt, da er von seiner Mutter aus Furcht vor Vergeltung verlassen worden war, von Hera, ohne daß sie irgend etwas davon wußte, gestillt wurde. Also hatte die Feindschaft schon mit Liebe zu tun (zu der es dann schließlich kommen sollte): Vielleicht waren ursprünglich Hera und Alkmene ein und dieselbe Person, und erst später sinkt ein „ruhmreiches" Mutter-Sohn-Verhältnis (Herakles heißt „Ruhm der Hera") zu einem (ganz patriarchalischen) Komplex von Geschichten mit Hörner-Aufsetzen und Früchten der Schuld ab. (Dies ist zum Teil die, wenn auch nur am Rande, von Graves präsentierte Hypothese, wenn er schreibt, daß „der Haß des Herakles gegenüber der Hera wahrscheinlich eine spätere Legende ist".)

Die göttlichen und auch wundertätigen Eigenschaften der Hera Lacinia scheinen auf jeden Fall beim Übergang vom Kult der Göttin zu dem jetzt noch bei den Frauen von Crotone für die Madonna Nera di Capo Colonna bestehenden auf wunderbare Weise lebendig zu sein. „(...) ein wunderbares Holzbild, das vom Evangelisten Lukas gemalt und dann vom Areopagiten Dionysos, der im ersten christlichen Jahrhundert den Glauben predigen kam, sein soll. Das Fest fällt auf den zweiten Sonntag im Mai." So schrieb 1906 Cav. Fortunato Lupis Crisafi mit devoter Feder eine der zahllosen Legenden über Schwarze- und Pilger-Madonnen, oder noch besser: Seefahrende Madonnen, die überall an den italienischen Küsten angesiedelt sind, den Übergang von den heidnischen zu den christlichen Riten überliefernd.

Im Heiligtum von Capo Colonna (einer winzigen Kirche am Meer auf dem anderen Abhang des Vorgebirges, von welchem sich die glänzende übriggebliebene Säule der Hera erhebt) wird das Fest der Schwarzen Madonna noch heute gefeiert. Vom Zentrum Crotones her bewegt sich ein bunter und festlicher Zug zum Vorgebirge hin. Es ist Sonnenuntergang, und wenn die Menge beim Meer ankommt, leuchten gleichzeitig die Sterne und die Fackeln auf. Hierher kommen die Frauen, um zur Schwarzen Madonna zu beten, daß sie ihnen die Geburten erleichtern und besonders, daß sie sie vor Frühgeburten bewahren möge. Und siehe da, kaum verändert durch die Übertragung vom heidnischen zum christlichen Kult, die Macht der Hera, welche die Geburt des Herakles verzögert hat. Manche beten zur Madonna (Hera), daß sie für ihren liederlichen Sohn eine gute Frau finden möge, und dies ist dann der häusliche, eheliche Aspekt der angerufenen Göttin; denn war Hera nicht, abgesehen von ihren Wutanfällen, dem Zeus eine gute, fügsame Ehefrau?

Die Schwarze Madonna von Capo Colonna wird schließlich und endlich auch als „Beschützerin der Milch" verehrt: Zahllos sind die in ganz Italien überlieferten Bräuche magischen und mythologischen Ursprungs, um die Milchproduktion bei den Wöchnerinnen anzuregen. In Capo Colonna scheint die Praxis direkt von Herakles, der von Hera gestillt worden ist, zu stammen: Die Gattin des Zeus soll dieses Kind, das ja nicht ihr gehörte, im Schlaf gestillt haben, weil es ihr der schlaue Gatte an die Brust gelegt hatte; doch als sie erwachte, schob es die Göttin mit einem Wutschrei von sich, und die Milch, die aus ihrem vollen marmorweissen Busen sprühte, ergoß sich über den nächtlichen Himmel und ließ dort die Milchstraße entstehen.

So gehen die Frauen, die ihre Kinder stillen wollen, bei Einbruch der Nacht, wenn das Fest im Fackelschein wieder auflebt, in die kleine Kirche der Schwarzen Madonna, knien vor dem Heiligenbild nieder, entblößen ihre Brüste und flehen zum „Licht der Sterne".

Ein anderer, viel intimerer Ritus, über den zu reden man die Frauen viel schwerer bewegen kann, verbindet sich hingegen unmittelbar mit der Revolte der Hera, wenn die Göttin auch zur Ehefrau „herabgemindert" ist, oder mit dem Überleben der Erinnerung an die ursprüngliche Vorherrschaft des *Weiblichen*: Und deshalb, so sagt man, haben die Frauen von Crotone alle drei Monate, und zwar am Ende jeder Jahreszeit – Frühling, Sommer, Herbst und Winter – für eine Nacht das Recht, sich dem Gatten zu verweigern. So lebt in dieser Verweigerung – von deren Rechtmäßigkeit jeder überzeugt ist, sich jedoch niemand an den Grund erinnert – die Verachtung der Hera gegen Zeus wieder auf. Dieser sagte als Rechtfertigung seiner unzähligen Betrügereien, daß er daran kein großes Vergnügen fände, im Gegensatz zu Hera, die es hingegen als Frau sehr genoß, wenn der Gatte mit ihr schlief: „Denn die Frauen erfahren durch den Sexualakt eine viel größere Lust als die Männer." Hera, über eine solche Täuschung indigniert, soll darauf mit der Bemerkung reagiert haben, daß dies absurd wäre: „Es geschieht gerade das Gegenteil, und du weißt es genau!" Nun befragte Zeus den Teiresias bezüglich des Streitfalles, und dieser, als guter Diener seines Herrn, antwortet gleich in Versen:

„Wenn wir die Lust an der Liebe in zehn Teile teilen,
gehen drei mal drei Teile an die Frau
und nur einer an den Mann."

Wenn wir nun aus der Lehrfabel einen aktuellen Sinn ableiten (der auch heute noch einen Sinn hat, das bestätigen die Frauen von Crotone), ist es sicher nicht der, daß die Frauen angeblich „frigide" sind; im Gegenteil, dies ist die Einschränkung einer innerhalb der subalternen Rolle der Ehefrau eingegrenzten Lust, die von Hera demaskiert wird, da es ursprünglich unter der Herrschaft der Großen Göttin die Frau war, die ihre Liebhaber wählte, und dies in einem Klima der Freiheit, das als solches die Lust garantierte.

SCILLA

„Skylla versteckt sich in einer dunklen Höhle, streckt den Kopf heraus und zieht die Schiffe zu den Klippen heran. Ihr Oberkörper hat ein menschliches Aussehen, bis zur Taille ist sie ein schönes Mädchen mit einem festen Busen: Der Rest ist ein Meeresungeheuer mit dem Schwanz eines Delphins und dem Leib eines Wolfes (...)".*

So beschreibt Vergil im dritten Gesang der Äneis die sagenhafte Erscheinung der Skylla, des Jahrhunderte währenden Schreckens der Seefahrer: Und tatsächlich gibt Homer in der Odyssee die erste literarische Beschreibung eines Mythos', der immerhin schon im längst vergangenen dichten Nebel der Zeit verwurzelt ist:

* Äneis, Übersetzung von Cesare Vivaldi.

„Dort drinnen wohnt Skylla, sie ist schrecklich abstoßend. Doch ihre Stimme gleicht der eines säugenden Welpen, doch sie ist ein fürchterliches Ungeheuer (...)".

Vom Ionischen Meer zum Tyrrhenischen, die Meeresenge von Messina und Reggio durchquerend, wo die mythische Präsenz des Weiblichen nur ein Gewissensbiß ist. Hierher kam Orest, um im Wasser der „sieben Flüsse" seine vom Blut der Mutter Klytämnestra geröteten Hände zu reinigen. (Oder viel später und auf wunderbare Weise kommt aus dem Norden die Legende der Fata Morgana, von der man in den klassischen Texten keine Spur mehr findet.)

Nicht so bei Skylla, die in der Phantasie der kollektiven Vorstellungswelt seit der Zeit gewohnt hat, in der die ersten Menschen, Helden oder Halbgötter begannen, sich dem Unbekannten und den Wagnissen der Schiffahrt zu stellen: Von den Argonauten bis zu Odysseus war die Skylla (mit ihrem „Zwilling" Charybdis) schon da, um sich als beunruhigendes Zeichen des *Weiblichen* zu zeigen (die Kehrseite der Handlung, der *Schatten*, würden die Jungianer sagen), das das Männliche in seinen Strudel hinabzieht (die „blinde Höhle" ist vielleicht die Vagina?) und es dann verschlingt.

Nach Graves ist die Skylla die Mond-Göttin, die den heiligen König verrät, indem sie ihm in einer Mittsommernacht eine Haarlocke abschneidet und diese ihrem neuen Liebhaber schenkt. Die Bestrafung der Verräterin, die in ein Ungeheuer verwandelt wurde, ist der erste Sieg des Patriarchats über die Herrschaft der Göttin, die ja das volle Recht hatte, ihren Geliebten zu wechseln, ja, im ursprünglichen Mythos hat sie ihn sogar zerstückelt (daher der Name der Skylla: „Die, welche vierteilt").
Diese Version des Mythos', Skylla als Mond-Göttin, die den alten mit dem neuen Liebhaber betrügt, scheint jedenfalls nicht die zu sein, an welche sich Homer und viel später Vergil halten: Die Mond-Skylla wird nicht in eine schreckliche Hündin verwandelt und auch nicht (wie Vergil fabuliert) in eine Sirene mit dem Leib eines Wolfes. Sie wird zum Vogel Kirris mit purpurroter Brust und ebensolchen Krallen. Und

diese Geschichte ist so schön (und herzzerreißend), daß sie verdient, erzählt zu werden.

Skylla war die Tochter Nisos, des Ägypters, und wohnte in der Stadt ihres Vaters, Nisa. Jeden Tag stieg die Prinzessin auf den Turm des Apollo, der sich in der Mitte der Stadt erhob und als Fundament einen musikalischen Stein hatte: Skylla ließ Steinchen darauffallen und lockte aus ihm wundervolle Töne hervor, sie verweilte lange Stunden dort oben, um der Musik zu lauschen.

Eines Tages kam Minos und belagerte die Stadt:
Skylla verliebte sich in den schönen kretischen Heerführer (den sie aus der Höhe des Turmes erblickte), und eines Nachts verschaffte sie sich Zugang zum Zimmer ihres schlafenden Vaters; sie schnitt ihm eine Haarlocke ab, um ihm zugleich mit der Macht das Leben zu nehmen. Dann stahl sie die Schlüssel der Stadt, öffnete die Tore, rannte zum Zelt des Minos und bot ihm das Königreich des Vaters und sich selbst an. In jener Nacht (sagt die Geschichte) liebten sich Skylla und Minos. Doch nachdem er Nisa ausgeplündert hatte, zeigte Minos kein Interesse mehr daran, dortzubleiben; so bestieg er sein Schiff, um nach Kreta zurückzukehren. Er wollte Skylla nicht mitnehmen, weil ihn der von ihr verübte Vatermord mit Entsetzen erfüllte. Skylla war verzweifelt, klammerte sich an die Bordwand des bereits die Wogen durchpflügenden Schiffes: Da stieß der Schatten des Niso in Gestalt eines Königsadlers auf sie herab, zerriß ihre Hände mit den Krallen und zwang sie so, loszulassen. Skylla ertrank vor den gleichgültigen Augen des Geliebten, und ihre Seele flog als purpurner Vogel davon.

Die alten Fischer von Scilla sagen, daß manchmal an sehr klaren Maitagen ein roter Vogel oberhalb des Felsens, beim Schloß, auftaucht. Er mischt sich unter die „Adorni" oder die kleinen Falken, die aus dem Schwarzen Wald in Ägypten kommen und auf welche die Jäger lauern (wer nicht wenigstens einen in seinem Leben erlegt hat, sagen sie, „ist kein Mann"): Doch der, der den roten Vogel trifft, wird innerhalb eines Jahres sterben.

Grüne Augen in der Bläue, das Meer von Scilla – das laueste, das aus den kalten Strömungen der Meeresenge austritt – überzeugt den Betrachter an einem Augusttag mit seinem breiten Strand von Marina Grande – der, wie man hier sagt, von „ausländischen" Stimmen widerhallt – schwerlich von seiner mythischen Schrecklichkeit. Nur wer es besser kennt, weiß zum Beispiel um die Hinterlist der „Garofali", die den Schwimmer auf den Grund hinabziehen, oder hat die wütenden Januarfluten erlebt, bei welchen „er" über die kleinen gehämmerten Eisenbalkone der Häuser von Chianalea einsteigt und, so sagt mir eine Frau, „imstande ist, das Ehebett mitsamt der Frau wegzutragen (!!!)".

Also ist es vielleicht Glaukos, der Meeresgott, der schäumend, unbeständig und sinnlich, eben wie ein Matrose, kommt. („Ein Mädchen in jedem Hafen" mußte schon sein Motto sein, da er jedes Frühjahr die Strände am Mittelmeer besuchte, Mädchen verführte und Orakel aussprach.) Glaukos, der kommt, um sich die durch die Eifersucht der Circe in eine schreckliche Hündin verwandelte Skylla wiederzuholen? Doch dies ist eine andere Geschichte, eine andere Version des Mythos' – und die dem Bild, das uns Homer vom Ungeheuer gibt, ähnlichste –, und auch diese bietet immerhin zwei Varianten. In beiden ist Skylla die Tochter des Forkis und der Krateis.

„(...) Er ruft Krateis, die Mutter der Skylla an, die den Sterblichen eine solche Geißel gebar, und sie wird sie also daran hindern, daß sie noch einmal auftaucht (...)".

So suggeriert Circe dem Odysseus auf zweideutige Weise, indem sie ihn auf die Gefahr aufmerksam macht, sie, die große Lügnerin, Zauberin oder nur die Unschuldige und „Geschwätzige"; es scheint, daß sie überhaupt nichts mit der bösen Verwandlung eines schönen Wesens in eine schreckliche Hündin zu schaffen hat. Das Ungeheuer ist von der Mutter erschaffen worden, und sie, die „Schuldige", muß versuchen, für die anderen das von ihr ausgehende Entsetzen und ihre Gefährlichkeit zu lindern. (Als mythischer Prototyp einer aktiven Verführerin, stolz und einsam, ohne Bindungen und Neigungen, wenn nicht jene der Sinne, hat Circe ein antagonistisches Verhältnis voll Verachtung, ja sogar voll Gleichgültigkeit zu jeglicher weiblichen Gestalt. Doch davon werden wir später reden.)

Also, wenn es nicht Circe war, die sich für den Verrat des Glaukos rächte, indem sie Skylla in ein Ungeheuer verwandelte, wer war es dann? Daß Skylla nicht mit „zwölf unförmigen Füßen und sechs langen Hälsen (...) und mit einem schrecklichen Haupt auf jedem (...)", wie sie Circe dem Odysseus beschreibt (und daß die Zauberin daher entweder eine große Lügnerin oder schlecht informiert war), geboren ist, beweist die zweite Version des Mythos': Skylla, die Tochter des Forkis und der Krateis, machte Poseidon, den König des Meeres, in sich verliebt, und es war dessen Frau Amphitrite, welche – rasend vor Eifersucht – das Wasser des Brunnens, in dem das junge Mädchen badete, vergiftete und aus ihrem wohlgestalteten Körper tierische Gliedmaßen wachsen ließ.

Doch wohlgemerkt, die eine und die andere Variante überlagern und vermischen sich: Poseidon und Glaukos verkörpern beide die göttliche Macht über das Meer (und sei es auch nur in einer anderen hierarchischen Abstufung, Poseidon, der König, Glaukos, ein Page, mehr oder weniger ein Schüler): Amphitrite und Circe, die weibliche Eifersucht.

Was mich anbelangt, ich ziehe die musizierende Skylla von Nisa und den purpurnen Vogel, der die Felsen der kalabrischen Stadt umkreist, vor.

Agrigento
Die Kulte der Persephone und der Demeter

Demeter, Kore und die göttlichen Mädchen ihres Gefolges stehen von ihrem Ursprung an bis zum Aufkommen des Christentums im Mittelpunkt der sizilianischen Religiosität. Das bedeutet, daß die Spuren, Fragmente und Überreste dieses Kultes überall auf der Insel verstreut sind – oder waren. Die hauptsächlich aus kleinen Terrakotta-Frauenbüsten bestehenden Votivgegenstände wurden zum Identifikationszeichen einer Reihe von sizilianischen Künstlern um das 5. Jhdt. v. Chr. Und der dramatische Ablauf des Raubes der Persephone wurde weiterhin auf den römischen Sarkophagen abgebildet. Jedenfalls findet man ihre Spuren – so als ob ein unausweichliches Schicksal die chthonischen Götter (oder Erdgötter) der Erde zurückgeben, verstecken

Die Ruinen von Agrigento (Girgento). Stich aus dem 19. Jhdt.

oder gleichsam wieder begraben hätte wollen – nie in der triumphierenden Schönheit eines wunderbarerweise intakten Tempels, wie es jener der Concordia im Tempeltal von Agrigento ist, und Demeter und Persephone erheben sich auch nicht rüstig und stolz am selben Ort, wo der Tempel der Juno Lacinia steht. Nein, ihr Kult erscheint – was davon übrig ist – unterirdisch, geheimnisvoll, täuschend schlicht. Laßt euch daher nicht vom sonnendurchfluteten Panorama der Tempel von Agrigento blenden, sucht sie nicht zwischen den vier kompakten dorischen Säulenreihen des Concordia-Tempels und auch nicht auf dem Gipfel, wo sich zwischen Mandel- und Olivenbäumen stolz die Ruine des Heiligtums der Juno Lacinia (wahrscheinlich in Nachahmung des krotonesischen so genannt) in der Sonne und im Wind erhebt.

Bleibt eher im Schatten jener vier (von den Archäologen wieder aufgestellten) Säulen stehen, die, übrigens getreu, den zerstörten Tempel von Kastor und Pollux „repräsentieren"; zündet euch eine Zigarette an, setzt euch auf eine der Stufen der Fundamente und schaut euch um: Das ist das archaische Heiligtum der chthonischen Gottheiten, übersät mit eigenartigen, niedrigen und runden Altären, Mühlsteinen ähnlich, die aber innen hohl sind. Sie wurden während der Riten mit Votivgegenständen angefüllt; und hier hat man vielleicht die Ährenpuppe verbrannt, die während des Winters vergraben war, um die Fruchtbarkeit der Felder zu erflehen; sie wurde bei Anbruch der schönen Jahreszeit ausgegraben und den Flammen übergeben (es war die Puppe der Demeter, das in den Tiefen vergrabene Bildnis der verlorenen Tochter, die jedoch mit der Mandelblüte wiederkehren wird).

Alles, was also als sichtbares Zeichen von Demeter und Persephone übrig ist, sind jene goldfarbenen Mauerreste (das antike Agrigent wurde aus muschelhältigem Sandstein-Tuff, einem Meeresgestein, erbaut).

Ein weiteres Heiligtum hatten die Göttinnen in der Stadt, und dieses ist unbekümmert von einer christlichen Kirche, der Kirche von San Biagio, verschlungen worden. Nun bleibt nur mehr, sich auf einem steilen Weg zum geheimnisvollsten aller den Erdgöttern geweihten Orte hinunterzuwagen: Dem felsigen Heiligtum der Demeter und der Persephone, das aus zwei großen, in den Felsen gemeißelte Galerien besteht, in welchen zahlreiche Votivgegenstände gefunden wurden; kleine Statuen und Büsten, Vasen und Lampen. In der rechten Galerie gibt es auch eine Leitung aus Terrakotta-Rohren, und vorne, auf einer Art trapezförmiger Terrasse, große Wannen zum Sammeln von Wasser, vielleicht für die Reinigungsriten.

Den Kult der weiblichen Erdgottheiten gab es jedenfalls nach Gelehrtenmeinung schon vor Ankunft der Griechen auf der Insel, es handelte sich daher um einen Kult der Einheimischen; so wie ein sehr verbreiteter Kult der Ureinwohner (der sich dann durch die Zeit der Kolonisation hindurch bis in die Zeit der Römer hielt) jener der Mütter war, die der Historiker Poseidonios Materas nennt und die Cicero später mit der Sanctissima Mater Idaea identifiziert.

Aiolische Inseln

Die sechs blutschänderischen Töchter des Aiolos

„Dann erreichten wir die Aiolische Insel,
wo der Sohn der Hippota, Aiolos, wohnte,
teuer den unsterblichen Göttern,
es ist eine schwimmende Insel,
und sie ist rundherum von einer Mauer
aus unzerstörbarer Bronze und einem glatten Felsen umgeben.
Die zwölf Kinder der Aiolos sind im Hause
mit ihm, sechs blühende Söhne und Töchter.
Hier gab er die Töchter den Söhnen zur Frau.
Und immer tafeln sie mit dem teuren
Vater und der erhabenen Mutter: vor ihnen
stehen unzählige Speisen, und es duftet das ganze
Haus, und der Tag ist voller Harmonie,
des nachts schlafen sie neben ihren keuschen Frauen
in Decken gehüllt, auf geschnitzten Betten".

So beschreibt Odysseus das glückliche Königreich des Aiolos auf den Aiolischen Inseln, wo er landet und bleibt, bevor er sich neuerlich aufs Meer begibt, um das dunkle Königreich der Circe zu entdecken. Die Beschreibung des unschuldigen Inzests zwischen den Söhnen und den Töchtern des Aiolos (die ein Teil der *Erzählungen des Alkinoos*, des ursprünglichen Kerns der Odyssee, ist) sagt klar, daß im heroischen Zeitalter der Inzest in keiner Weise als Verbrechen angesehen wurde; im Gegenteil, es ist ein glückliches Königreich, von dem Odysseus erzählt, wo die Liebe zwischen Brüdern und Schwestern als Tugend gepriesen wird (die „keuschen Frauen").

Erst viel später fügten die lateinischen Mythenerzähler der Sage des Aiolos einen moralisierenden und strafenden Nachsatz an; Ovid erzählt, daß jener König eines Tages die Liebesbeziehung seines Sohnes Makareos (auf griechisch heißt das „glücklich") mit seiner Tochter Kanake entdeckte.

Entsetzt warf er ihr Kind sofort nach der Geburt den Hunden zum Fraß vor und schenkte Kanake ein Schwert, mit welchem sie sich tötete. Doch später erkannte Aiolos, daß sich alle seine Söhne

und Töchter untereinander liebten und sie nicht wußten, daß der Inzest unter Sterblichen eine Beleidigung der Götter war (nur diese durften ihn praktizieren).
So trieb Aiolos alle ihm verbliebenen Töchter zum Selbstmord und schickte die Söhne in die Verbannung, die so ihre Königreiche in Reggio, an der Nordküste Siziliens, in Leontini, gründeten. Diese Überlieferung wird von Diodoros Siculus bestätigt, der erzählt, daß Aiolos, als er zu den Inseln kam, diese schon von König Liparos besetzt vorfand und er dessen Tochter Kyane heiratete.

Die Freiheit und die Unschuld des Inzests im heroischen Zeitalter ist zweifellos mit dem, wenn schon nicht vorherrschenden, so doch noch sehr bedeutenden Kult der weiblichen Gottheit verbunden. Die Göttin konnte in der Tat sowohl den Sohn als auch den Bruder lieben (und sie hatte keinen Vater, weil man noch nicht den Zusammenhang zwischen der Befruchtung durch den Mann und dem Werden im Leib der Frau kannte). Deshalb kann man, glaube ich, daraus ableiten, daß der Inzest zwischen Vater und Tochter erst in späterer Zeit eine Bedeutung bekam: Da wird der Körper der Tochter als Ware zwischen zwei Männern, Vater und Bräutigam oder Geliebter, ausgetauscht, und wenn sie selbst ihre Wahl trifft – siehe Skylla, Tochter des Niso – werden beide sie bestrafen.

Doch war Aiolos ein Sterblicher – wie Diodoros Siculus und Ovid zu behaupten scheinen – oder ein Gott? Aiolos wurde von den antiken Völkern als Gott der Winde verehrt: Tatsächlich erzählt Odysseus, daß Aiolos, als er und seine Gefährten beschlossen, die Aiolischen Inseln (Lipari oder Stromboli) wieder zu verlassen, „sich nicht entgegenstellte, er gab mir Geleit und einen Schlauch – aus der Haut eines neunjährigen Ochsen –, worin die heulenden Winde eingeschlossen waren (...)".

Der Gott der Winde also oder nur ein König? Die Unterscheidungen zwischen Göttern, namengebenden Heroen oder Gründern der Städte und Königreiche sind im überlieferten literarischen Schatz sehr schwankend. Übrigens sagt Odysseus, als er dem Alkinoos von jener glücklichen Insel, auf der er gelandet war, erzählte, daß Aiolos den „unsterblichen Göttern teuer ist": Daher ist er nicht selbst ein Gott. Und dennoch gibt er ihm zu seinem Schutz einen Schlauch mit den darin eingeschlossenen „heulenden Winden" mit.

Einige meinen, daß Aiolos nur der Verwalter der Winde wäre: Zeus habe sie ihm anvertraut, um sie der totalen Herrschaft der Hera zu entziehen, weil er fürchtete, daß sie (eine Frau ist immer eine Frau) sich ihrer eines Tages bedienen könnte, um die ganze Welt (und ihn selbst!) zu vernichten. Die besondere Bindung zwischen den Winden und der Frau ist ein Glaube, der mindestens bis ins Zeitalter der Hexen andauert: Im 16. und 17. Jahrhundert (nach Christus) rühmten sich die englischen, schottischen und bretonischen Hexen noch, daß sie ungünstige und günstige Winde wehen lassen könnten. Und andererseits bestätigt Diodoros Siculus, daß Aiolos sich darauf beschränkt, den Gebrauch der Segel zu lehren und aus bestimmten, im Feuer erscheinenden Zeichen vorauszusagen, welche Winde sich erheben werden.

Aiolos (der eponymische Vorfahr der Aioler, der Siedler der Aiolischen Inseln) wäre daher ein „den unsterblichen Göttern teurer" und von ihnen mit einigen Kräften ausgestatteter Sterblicher: Und daß Odysseus den aiolischen Inzest als offenkundige und gute Sache hingenommen hat, würde das vorher Gesagte bestätigen: die gehobene Bedeutung des *Weiblichen* im Reiche des Aiolos noch in homerischer Zeit.

Vielleicht könnte man eine Verbindung zwischen dem aiolischen Inzest – der ganz frei, legitim und rein war, wie ihn Odysseus beschreibt – und dem *aiolischen* oder liparotischen *Kommunismus,* der in geschichtlicher Zeit, zwischen dem 5. und 6. Jhdt. vor Christus, auf dem Archipel entstand, vermuten. Auf der einzigen damals bewohnten Insel, und zwar Lipari, bestanden die Einwohner aus *Seefahrern* und *Landbewohnern;* erstere mußten für den Fischfang sorgen und die Inseln vor den phönikischen und etruskischen Piraten verteidigen; zweitere, zu denen wahrscheinlich auch die Frauen gehörten, waren Bauern, Hirten, Konstrukteure und Schmiede. Die Schiffe und die Felder gehörten allen gemeinsam, Geld existierte nicht – erst im 3. Jahrhundert begann man, Münzen zu hämmern, die für den Austausch mit anderen Ortschaften verwendet wurden. Als dann die Ländereien durch das Los an Einzelne vergeben wurden, mußten sie nach zwanzig Jahren, und in einem besseren Zustand als zur Zeit der Vergabe, zurückerstattet werden. Diese Verpflichtung war heilig und wurde durch besondere Zeremonien und Votivgaben an die Götter besiegelt.

Nun scheint es mir, daß sich ein gemeinschaftliches Lebenssystem sehr gut mit dem Überleben der Frau als *Mittelpunkt* und *Autorität* auch in einem vorgerückten historischen Zeitalter verbinden läßt. Wo immer die Frauen sozial wichtig waren, blieb in der Tat das Eigentum an Gütern ungeteilt, und der Übergang zum privaten Eigentum hat sich vice versa mit dem Verlust der Macht der Frau und oft mit ihrer Unterdrückung gedeckt.

Sind also die Aiolischen Inseln den sizilianischen Inseln gleich, die ganz tief vom *Weiblichen* durchdrungen sind, wo es genügt, ein bißchen im Boden und in der Ahnen-Erinnerung zu schürfen, damit das Bild einer Frau (Göttin, Zauberin oder Ungeheuer) in all ihrem Glanz oder Schrecken ersteht?

Nein. Anscheinend werden diese Inseln von männlichen Kulten beherrscht: wegen des Vulkans, ja sogar der Vulkane, von denen einige so oder so noch tätig sind.
Und der Vulkan ist immer mit der Vorstellung der männlichen Macht und des männlichen Zornes assoziiert worden (erinnert euch, es sind die Giganten, die den Himmel belagern), und daß man den Ätna die Riesin nennt, ist nur ein Scherz. Auf den Aiolischen Inseln hatte der Gott Vulcanus (oder Hephaistos) seinen größten Tempel (einen Zwilling des Tempels auf dem Berg Lemnos in Griechenland): Das Heiligtum des hinkenden Gottes, des Gatten der Venus, erhob sich gerade auf der Insel, die als einzige von allen noch seinen Namen, Vulcano, trägt und die die Griechen das „heilige" Hiera nannten. Doch wenn Hephaistos die Kraft, auch die brutale Kraft des Männlichen symbolisiert, repräsentierte Apollo – die andere Gottheit dieser Inseln – deren Sublimierung, jene apollinische Intelligenz, also kühl, abstrakt, überlegen, die vor allem ein männliches Vorrecht und der Motor des Fortschrittes sein soll.

Wenn dies die Götter der Aiolen, der Siedler der sechs Inseln, waren, hat der „ganz zivilisierte" prähistorische Mensch von Capo Milazzese (auf Panarea) einzig und allein der Mutter-Göttin, der einen und dreifaltigen, geopfert.

Panarea ist von allen Inseln die frivolste. Ich möchte damit sagen, daß anderswo, und besonders auf Stromboli, der Schock, das Zusammenprallen mit dem Wesentlichen der Natur, entscheidend und unausweichlich ist: auch bei den drei Farben, dem Kalkweiß der Häuser, dem Schwarz der Lavastrände, dem Blau des Meeres. Und wenn die Nacht hereinsinkt, bleibt in der samtigen, tiefen, körperhaften Dunkelheit nur die rotglühende Spur der Rauchfahne, die der Vulkan ständig ausspeit. Panarea nicht, Panarea putzt sich heraus, ist voll blühender Bougainville in allen Farben von Orange bis Purpurrot und bis zum Kardinals-Violett, dort werden Olivenbäume gepflanzt und wird Öl gepreßt, es gibt (so scheint dir) in dieser Schönheit keine Tragödie. Doch es genügt ein Spaziergang nach Capo Milazzese, um dich auf schreckliche und doch bezaubernde Weise in die Prähistorie zu stürzen: Du fragst dich, wie sie es gemacht haben, in diesen 23 winzig kleinen runden Hütten zu leben, die doch den ganzen Kamm des sehr hohen und fast unbezwingbaren Vorgebirges bedecken, und wie sie es gemacht haben, sich hier auszuschiffen und den Gipfel über überhängende Wände aus schwarzem Fels, Lavaschichten und Ablagerungen – was einem den Atem raubt – zu erklimmen? Doch der Mensch von Capo Milazzese, der zwischen 1400 und 1250 vor Christus gelebt hat, war schon das kostbare Produkt einer langen Zivilisation der Bronzezeit, er trieb Handel mit Mykene (eine wundervolle mykenische Halskette ist im Museum von Lipari erhalten), er stellte Keramiken her, konnte lesen und schreiben und verehrte die Göttin; so sehr, daß er entweder seine Toten ihr anvertraute, zusammengekrümmt wie Föten im großen Mutterleib – das Eindrucksvollste unter den im Museo Eoliano befindlichen Fundgegenständen – oder aber diesen großen Schluchten. Und über die kleinen Votivbrunnen gebeugt (die man in Capo Milazzese und auch beim Castello von Lipari entdeckt hat), haben unsere Ahnen-Priesterinnen die Göttin der Unterwelt, die später zu Persephone geworden ist, angerufen. Genau so hat man auf den farbigen glühenden Steinen der Küste von Calcara (Achtung, nicht berühren, sie sind brennend heiß) die gemeinsamen Riten beim Kult der Mutter-Göttin abgehalten.

Li Galli, Ventotene, Capri, Sorrento
Der Mythos der Sirenen in Campania

Ja, die Definition des Begriffs Sirene ist nicht so einfach, wenigstens nicht in Homers Epos. „Zuerst wirst du zu den Sirenen kommen", so sagt „die erhabene Circe" ruhig und wachsam dem Odysseus voraus:

„(...) Diese bezaubern alle Männer, die zufällig zu ihnen kommen. Wenn sich unwissentlich ein Mann nähert und ihrem Gesang lauscht, dann schweben ihm nicht mehr Frau und Kinder, zärtlich und festlich bei seiner Rückkehr daheim vor, sondern mit dem klaren Gesang bezaubern ihn die Sirenen, die auf einer schönen Wiese sitzen (...)".

Und bis hierher ist die Beschreibung der Sirenen scheinbar die einer „moralischen" (und naiven) Mutter, die sie zum Schutz eines liederlichen Sohnes erfinden könnte: Daß er sich, um Gottes Willen, hüten möge vor diesem Meeres-Paradies der Sinnlichkeit. (Und der Sohn stürzt sich natürlich kopfüber hinein!) Doch die schreckliche Circe fährt fort: „(...) Sie sind umgeben von einem großen Haufen Knochen von verwesenden Männer, deren Haut auf den Gebeinen zusammenschrumpft (...)".

Malt die Zauberin der Begierde vor den Augen des Mannes das Bild des abgründigen und gefräßigen weiblichen Geschlechts? Und warum wäre ihr Geschlecht – Circes –, genauso voll Zauber wie das der Sirenen, für Odysseus weniger todbringend gewesen?

Laut Antonella Barina (Die Sirene in der Mythologie) „zeichnet das ambivalente Verhältnis von Begehren und Angst in bezug auf die Prostitution, welche als einzige Art der Sexualität übernommen wurde, diesen Mythos aus (...). In der attischen Komödie (...) werden die Kurtisanen Sirenen genannt, und die Kommentatoren der Odyssee unterlassen es nicht, gemeinsam mit anderen Interpretationen des Sirenen-Mythos', die Hypothese aufzustellen, daß diese dem Stand der Hetären angehörten. Dieser Stand, der vor Zeiten heilig war, würde auch erklären, daß man ihnen Allwissenheit zuschrieb (...)". Und in der Tat werden die Sirenen Odysseus, um ihn (jedoch vergeblich) zu verführen, „mehr Weisheit und Freude" versprechen und ihm dann noch versichern:

„Alles wissen wir darüber, wie Argivos und Teukros nach dem Willen der Götter im großen Troja gelitten haben, wir wissen, was auf der Erde, die viele Menschen ernährt, geschieht (...)".

Prophetinnen, Prostituierte, Menschenfresserinnen?

Ihr Mythos entsteht nach Barina auch durch den Zusammenbruch der ursprünglichen weiblichen Macht: Die Fisch-Frau (die der Vogel-Frau folgt) symbolisiert durch die *Tier-Werdung* des Unterleibs, wo sich die Geschlechtsorgane befinden, gleichzeitig den Verlust des Wertes des *Weiblichen* und den unkontrollierbaren und daher gefährlichen Charakter ihrer Sexualität.

Jedenfalls beschreiben weder Homer noch Vergil das Aussehen der Sirenen: Es ist daher nicht möglich, festzustellen, an welches Bild, ob dem älteren der Vogel-Frau oder dem der Fisch-Frau, die beiden Dichter anknüpfen. Laut klassischen Kommentatoren des Vergil sind die Sirenen (von denen Äneas kaum die Klippen in der später Palinuro genannten Bucht ausnimmt) zur Hälfte Vögel und zur Hälfte Fische (mit Frauengesichtern) – und auch sie von Beruf Huren.

Wunderschön sind die Verse Homers, die den Gesang der Sirenen und ihre Verführungskraft (über die von Odysseus und seinen Gefährten auf Anraten der Circe angewandte Verteidigungsstrategie hinaus) beschreiben:

„Inzwischen erreichte das gut gebaute Schiff mit schneller Fahrt die Insel der Sirenen (...). Sofort legte sich der Wind und das Meer beruhigte sich: Gott schläferte die Wellen ein (...). Und ich zerschnitt eine große Scheibe Wachs mit dem scharfen Bronze-Messer und quetschte es mit festen Händen in kleine Stücke. Sofort wurde das Wachs weich durch meine Kraft und durch den Strahl der königlichen Sonne (...). Ich verstrich es, bei einem nach dem anderen, auf den Ohren meiner Gefährten (...)".

So hatte Circe tatsächlich angeraten, daß Odysseus die Ohren seiner Seeleute mit Wachs verstopfen sollte, weil diese sicherlich nicht imstande waren, dem sinnlichen Gesang der Sirenen zu widerstehen: Doch Odysseus ...
Odysseus kann nicht der Erkenntnis beraubt werden, das weiß Circe (die ihn geliebt hat, die ihn liebt): „Du, wenn du das wünschst, höre sie hingegen (...)." Die *Erkenntnis* geteilt durch die *Erfahrung* ist das, was sich der *Homo sapiens* erlauben kann:

„(...) doch auf dem Schiff sollen dir die Deinen Hände und Füße binden und die Seile an den Mast binden, sodaß du hingerissen ihrem Gesang lauschen kannst (...)". Circe kennt den Zauber der Sirenen (und, da sie ihn zumindest zum Teil in ihrer Eigenschaft als Zauberin ihnen gemeinsam hat, kann sie nicht umhin, ihre hohe und in Ekstase versetzende Zaubermacht zu bekräftigen): Sie weiß, daß Odysseus ihr unterliegen würde, wenn auch nicht so blindlings wie seine Gefährten (wie dies übrigens ja schon auf der Insel geschehen war). Und nun, da diesmal kein Kraut *Moli* zur Rettung des Helden verfügbar ist, bleibt nur, ihm zu raten, sich ganz eng an den Hauptmast binden zu lassen und den Gefährten zu befehlen, (bevor sie zur Insel kämen) die Knoten zu verstärken, anstatt sie zu lösen, wenn er, vom Gesang hingerissen, sie anflehen würde, ihn zu befreien. Und alles geschieht genauso, wie es die Zauberin geweissagt hatte:

„Diese banden mir Hände und Füße,
auf dem Schiff, an den Mast,
sie umschlangen ihn mit Seilen und setzten sich,
sie ruderten durchs graue Meer (...).
Das schnelle Schiff entfloh nicht,
es näherte sich der Küste der Sirenen;
und diese intonierten einen klaren Gesang: 'Auf, komm her, ruhmreicher Odysseus,
großer Stolz der Achäer, halt das Schiff an
und lausche unserem Gesang: daß niemand
je hier vorübergekommen ist mit seinem schwarzen Schiff,
wenn er nicht vorher den Gesang gehört hat,
der süß von unseren Lippen klingt':
dann fährt er weiter, weiser und freudvoller (...)".

Sinnlichkeit, Wissen, Hellseherei: Ist es das, was sich der Mann vom weiblichen Zauber erwartet und was er befürchtet? Und ist es vielleicht deshalb, um diese unerhörten – ja, unerhörten, wie es der wunderbare Gesang der Sirenen ist – Kräfte zu exorzieren, daß er es vorzieht, sie auf dem Markt der Prostitution zu erwerben?

„So sagten sie, mit schönem weichem Klang, und mein Herz wollte gierig zuhören, und ich gebot den Gefährten durch ein Zeichen mit den Brauen, mich loszubinden: mit ganzer Kraft ruderten jene gebückt (...)"

Odysseus „wird sich" daher vor den Sirenen „retten": Doch welche ist die Insel, auf welcher Homer die Zauberinnen malt?

Auch hier ufert der Mythos aus, er ist ein Nomade, er gleitet auf mehrere Orte, und jeder möchte ihn für sich behalten. Nach Verwerfung der Lokalisierung in Capo Peloro bei der Mündung der Meeresenge von Messina, wo es auch keine Inseln gibt, wenn nicht die ziemlich weit entfernten des Aiolischen Archipels, würde die Suche nach der Identifizierungsmöglichkeit mit einer Blumenwiese auf dem Wasser im Bereich des Meeres von Neapel (und seiner Meeresbuchten) mit einer Abweichung zum Vorgebirge und zu den Gewässern von Gaeta hin (die übrigens bis zum Ende des Zweiten Weltkrieges zur Region Campania gehörten) aufhören: Denn Ventotene, eine der kleinen Satelliten-Inseln, hat gute Argumente, hauptsächlich die enge Nachbarschaft mit Ponza, als die glaubwürdigste *Insel der Circe*.

Und auch diesmal werde ich versuchen (ohne daß es mir gelingen wird?), unparteiisch zu sein, und ich werde sie alle streifen, diese wundervollen Orte – Capri, Sorrent, Ventotene und die Li Galli-Klippen –, ohne auch nur den Anschein zu erwecken, eine der anderen vorzuziehen, wenn nicht vielleicht durch eine zusätzliche Emotion oder eine Erinnerung.

Li Galli

Die von den Experten bevorzugte Lokalisierung ist bei den kleinen Li-Galli-Klippen vor Positano, an der Küste von Amalfi. „Das Refugium der Sirenen", schreibt Jean Bérard, „muß mit den Felsen der Galli im Süden der Halbinsel von Sorrent identifiziert werden". Und er bemerkt, wie man hier einen der wenigen geographischen Irrtümer, die Homer unterlaufen sind, feststellen kann: „(...) die Entfernung zwischen den Klippen der Sirenen von Skylla und Charybdis: Es würde laut Dichter scheinen, als ob sich Skylla und Charybdis ganz nahe bei den Orten, wo die Sirenen wohnen, befänden, da sich Odysseus gleich, nachdem er letztere aus den Augen verloren hatte, bei der Meeresenge befindet, an deren Ufern die beiden Ungeheuer wohnen. Nun sind es von der Halbinsel Sorrent bis zur Meeresenge von Messina in Luftlinie ungefähr zweihundertachtzig Kilometer (...). Solche Irrtümer versteht man, da Homer und seine ersten Zuhörer in keiner direkten Verbindung mit dem Okzident standen".

Die Li Galli-Klippen sind heute Privateigentum: Eine gehört dem berühmten russischen Choreographen und Tänzer Diaghilew, die andere Eduardo De Filippo.

Positano im Winter (nicht im Sommer, da explodiert es) mit seinen grün glasierten arabischen Kuppeln, den rosa Häuserfassaden, gewissen Innenhöfen, deren Portici voller rotlila Jasmin sind, der hier „der Neid des Sultans" heißt: Man steigt unzählige Stufen hinunter, man läuft zum Meer, zum Strand, wo in den fünfziger Jahren noch die letzte Generation der „Jungen Löwen" glänzte (der Schriftsteller Raffaele La Capria, der Schauspieler Vittorio Caprioli, der Komödien-Autor Patroni Griffi (...). Die Klippen der Sirenen sind da, es würden einige kräftige Schwimmtempi genügen, um hinzukommen, und doch bleiben sie unzugänglich, vielleicht nicht nur, weil sie durch das Recht des Privateigentums versiegelt sind, sondern weil sie eben eine Aura umgibt – Legende, Märchen, Geschichte –, die sie *uneinnehmbar* macht, sie entrückt, wenn auch im Benzingestank der Motorboote, die um sie herumwirbeln. „(...) Homer und Apollonius sprechen von einer Insel, und diese Bezeichnung könnte nie auf die Klippen von Gallo passen, wie einige unkorrekte Geographen glaubten (...)".

Ventotene

– so tönt gegen unsere Zuordnung der Sireneninsel zu den drei Klippen von Gallo unser köstlicher Giuseppe Triscoli. Erinnert ihr euch an seine *Monografia*? Ich riskiere keinen Groschen dafür, wie er gezeigt hat, daß Ponza das authentische und einzige Reich der Circe gewesen sei, Triscoli bemächtigt sich auch der homerischen Sirenen-Insel und läßt sie mit Ventotene zusammenfallen. Wie immer scheint er viele Belege dafür zu haben (soweit eine Nicht-Fachfrau wie ich das beurteilen kann), hat auch begründete Argumente. Hören wir ihn an: „Wenn man von Ponza wegfährt, kommt man notwendigerweise nach Ventotene (...). Dies dient zur Klarstellung, daß Homer Ventotene mit der Insel meinte, die er die Insel der Sirenen nannte, und davon überzeugen uns immer mehr Umstände: Daß es auf der Insel eine Wiese mit Blumen namens Artemvessa gab (was auf griechisch „blühender Ort" heißt), und tatsächlich ist diese Ebene sehr fruchtbar, bedeckt mit allen Arten von blühenden Kräutern; daß die Überreste ganz alter Bauwerke und anderer Denkmäler auf frühe Einwohner, die hier in der Abflachung des Vorgebirges von Eolo – sichtbar für jeden Seefahrer – wohnten, hinweisen. An den Außenhängen (des Vorgebirges) sieht man (...) durch Farbe und Beschaffenheit auf diesem heimgesuchten Boden wie *wirkliche Haufen unbeerdigter Gebeine* aussehende Strünke und Wurzeln fossiler Bäume (...). Diese werden von Theophrastos und Plinius erwähnt (...)".

Also, Triscoli ist überzeugt: Das kleine rauhe Ventotene war die Heimat der Sirenen, und diese waren nichts weiter als „Inselbewohnerinnen, die mit ihren Gesängen und ihrem sympathischen Benehmen ihren Köder nach den Seefahrern auslegten und auf diese Art eine solche Anziehungskraft ausübten, daß diese sich nicht leicht von den Fesseln befreien konnten (...)". So viel ist wahr, behauptet er, daß die Seeleute, nachdem sie sich mit den „sympathischen Huren – als solche werden sie von Eusebios, Rhodiginos, Palaiphatos und anderen bezeichnet – unterhalten hatten", „an einen dazu bestimmten Ort im kleinen Hafen gingen, um dort die Wäsche zu waschen (...)". Seeleute – Wäscher also; war das vielleicht der Preis (das Auf-sich-Nehmen der Hausarbeit), den die von den Sirenen geköderten Männer dafür zahlen mußten, daß sie ihren Hunger befriedigten, und um zu vermeiden, daß sie dann zu einem Häuflein Gebeine wurden?

Capri

Wer weiß? Doch fahren wir jetzt nach Capri, das von allen Reisebüro-Faltprospekten als „die Insel der Sirenen" bezeichnet wird; die Slogans sind nur die Vulgarisierung eines Mythos', der immerhin spät entstanden ist, nach Jahrhunderten im dunkeln, und dessen große „moderne" Protagonisten Goethe und Gregorovius waren; ersterer schrieb an den Freund Herder: „Man fühlt, daß hier die Odyssee des Homer lebendiges Wort ist", der zweite vergleicht bei der Beschreibung der weiblichen Bevölkerung von Capri, „sehr edel, mit glühenden schwarzen Augen, gelocktem Haar (...)", diese mit den Sirenen. Geographisch gesehen ist das Riff der Sirenen auf der Seite von Marina Piccola, dort steigt man zur Via di Tragrara, über Rampen und Stufen bis zum Meer hinab, wo die diskreten Strohschirme von „Luigi" noch (durch undurchsichtige Riten des Selbstbewußtseins) ausgesuchte Touristen aufnehmen: Das Aroma von Basilikum der besten Capri-Salate der Insel, vermischt mit dem schwereren Duft teurer Bräunungsöle, sind die sehr alltäglichen Gerüche, die heute den Orten der Sirenen entströmen. Was das homerische Zeitalter anbelangt, ist es nur möglich (glaube ich), es wieder aufleben zu lassen, wenn man ein Ruderboot mietet und (vier Stunden lang) die ganze Insel umrundet: Hier werden sich die unendlichen Wunder der vielen Grotten von Capri auftun (von welchen die Blaue Grotte nur die am meisten auf Postkarten abgebildete ist), und ich verweise euch – wie immer auf unserem Reiseplan „zum Weiblichen" – auf die Matromania-Grotte: Man kann sie auch von der Rampe des Arco Naturale aus zu Fuß erreichen; sie besteht aus einer riesigen Höhle, in welcher die Riten der Kybele (oder Demeter) abgehalten wurden. Die Römer richteten sie zu einem Wasserrosen-Teich und zu Luxusbädern her, von welchen die Fragmente der Stuckverzierung überlebt haben.

Übrigens ist Capri eine Insel, wo sich, *untergegangen* und *aufgetaucht*, Überreste oberhalb des Meeresspiegels und Überreste unter Wasser zu einem sagenhaften *Kontinuum* verbinden; Säulen, Bögen, Treppen erblickt man hier und dort durch das glitzernde oder dunkle Blau des Wassers: Und vielleicht liegt darin der weiblichste Charakterzug der Insel, ja sogar ihr Sirenen-Charakter: *aufgetaucht* – mit der üppigen nackten Büste, mit langen Haaren, mit harmonischer Stimme – und *untergegangen* mit dem Fischleib, der gewiß die Unterdrückung ausdrückt, aber auch ein beunruhigendes Geheimnis. Und spulen nicht gerade heute die Frauen ihren Existenzfaden vom *Untergegangenen* zum *Aufgetauchten*?

So kann die Insel Capri viele Phantasien und auch Allegorien über das *Weibliche* hervorrufen: Noch Gregorovius, einer ihrer vielen „deutschen Liebhaber" (denn mit der Romantik explodierte der „moderne" Kult der Insel), sah Capri als einen antiken Sarkophag, unbeweglich auf dem Wasser, bewacht und gehalten von den zerzausten Eumeniden (eine Art, das Weibliche als Alptraum zu sehen).

Was die ersten Bewohner der Insel anbelangt, meldet die Geschichte der mythischen Kolonisierung dieser Landschaft die Legende der Telebojer, die ungefähr in homerischer Zeit, von der hellenischen Halbinsel her kommend, angelegt haben sollen. Konkrete Funde von den ersten Bewohnern Capris (Paläolithikum und Neolithikum) sind nur, in Form von Waffen und Haushaltsgeräten, verarbeitete Kies-Steine und Keramiken verblieben (welche hier wie überall sonst von einer weiblichen Kunst herrühren).

Sorrento

Aber es waren nicht die Klippenriffe von Capri, von welchen die drei durch die Schlauheit des Odysseus besiegten Sirenen ins Wasser gesprungen sind, um sich umzubringen. Und damit ist eine andere Sage, die Homer nicht erzählt, verquickt: Das homerische Epos bringt uns tatsächlich nur einen Teil der Sage des Odysseus und der mit ihm verbundenen Personen zur Kenntnis. Im Kern der Odyssee sind Schichten anderer legendenartiger Erzählungen, welche uns nur manchmal durch spätere Schriftsteller erreicht haben. Jene über den Selbstmord der drei Sirenen Parthenope, Leukosia und Lygeia aus Enttäuschung darüber, daß es ihnen nicht gelungen ist, Odysseus gefangenzunehmen, ist auf dem Vorgebirge von Sorrent beheimatet: Wo tatsächlich ein den

Die Schlucht von Sorrento. Stich aus dem 19. Jhdt.

Sirenen geweihtes Heiligtum existierte, welches das Ziel von Pilgerfahrten der Bevölkerung der ganzen Umgebung war. Der Sieg über die Sirenen ist vielleicht der Sieg über den Eros des Wassers, des Meeres als Element der Lust; und seit dieser Sage wird endgültig die von mir angedeutete Verdrängung bestätigt: Odysseus, der Verstandesmensch, siegt, der Eros (der immerhin *Weisheit und Hellseherei* in sich trägt) geht für immer zugrunde.

Der Felsen, von dem die Legende will, daß sich dort die drei selbstmörderischen Sirenen hinabgestürzt hätten, ist jener, wo in römischer Zeit ein Venustempel entstand: Hier opferte Vergil, der gleichzeitig mit Augustus auf Urlaub war, der Göttin eine kleine Amor-Statue als Bitt-Geschenk, „um die Äneis glücklich zu Ende zu bringen".
Wenn man von der Piazza Vittoria unter dem Hotel Bellevue-Syrene hinuntergeht, sieht man auf den Felsen noch die Überreste des römisches Bauwerkes.

NEAPEL
Parthenope

Doch beim selbstmörderischen Sprung der drei Sirenen spielen noch andere Legenden mit. Parthenope, die Jungfräuliche, Leukosia, die Weiße, und Lygeia, die Stimmbegnadete, tauchen nach dem Sprung ins tiefe Wasser wieder auf: Leukosia wird zur Insel – ja, es ist gerade sie, die größte Klippe der drei (die alle klein sind), welche die Galli-Felsen oder Li Galli im offenen Meer vor Positano bilden –, Lygeia verwandelt sich in eine Nymphe, ändert ihren Namen, wird zu Terina und landet ziemlich weit weg, in Kalabrien, wo sie ihren Schutz einer Stadt widmet, eben Terina, welche von Kroton in der heute S. Eufemia Lamezia genannten Ebene gegründet worden ist. Und Parthenope? Parthenope wird zu Neapel, der reichsten, kultiviertesten und wundervollsten Hauptstadt Großgriechenlands. Zur Bestätigung der „Geschichtlichkeit" der Legende, welche erzählte, daß Parthenope von den Wellen an diesen Strand gespült worden sei, das blonde Haar wassergetränkt, die Lider gesenkt, das Gesicht marmorweiß, wurde 1524 in Neapel ein archaischer Frauenkopf gefunden, in welchem die Gelehrten den Kopf der Sirene erkannt haben: Die Skulptur wurde auf einen anderen Säulenstumpf aus Granit gestellt und im Hafenviertel in der Nähe des Meeres plaziert. Später wurde sie im Volksmund „a cappa é Napule" genannt, und diesen Namen trägt sie noch immer und blickt von der Höhe der großen Innenstiege des Rathauses (Palazzo San Giacomo) auf das dichtgedrängte Treiben und die theatralische Gestik ihrer Erben.

Sicher mußte in Neapel ein Grabmal der Sirene Parthenope existieren: Die Gelehrten haben lange versucht, es in diesem oder jenem antiken Viertel der Stadt zu lokalisieren. Der Kopf wurde in Anticaglia gefunden, doch fanden sich dort keine weiteren Fragmente weder der Statuen noch der Sarkophag der Sage. Es ist immerhin kurios, daran zu erinnern, daß im Hafenviertel, wo die gefundene Sirene zuerst aufgestellt war, noch in den ersten Jahren dieses Jahrhunderts die renommiertesten „Liebes-Verkäuferinnen" der Stadt waren: Auf sie spielt Benedetto Croce schamhaft und poetisch als „einige Frauenköpfe" an, die er von unten erblickt, „mit schwarzen Zöpfen und schwarzen, vor jugendlicher Erwartung weichen Augen (...)".

Strabo bestätigt die Existenz eines Monuments für die Sirene Parthenope in Neapel: Ihr zu Ehren, erzählt auch Diodoros Siculus, wurden alljährlich nächtliche Gymnastikfeste gefeiert, bei welchen die jungen Männer (und die Mädchen?) um die Wette liefen und dabei brennende Fackeln trugen. Es muß sehr schön gewesen sein, nachts am Meer, das Flackern der Fackeln und der Elan der jungen Körper beim Laufen im Feuerschein. Diese Tradition hat sich seit der Zeit erhalten, in der – noch zwischen Mythos und Geschichte – der erste Stadtkern namens Parthenope entstand bis zur Gründung von Neapolis und zu ihrer späteren Romanisierung.

Doch über die Ursprünge Neapels, so schreibt Jean Bérard, „ist eine ganze Literatur entstanden". Die verschiedenen klassischen Autoren stimmen jedenfalls in einem Punkt überein: Daß Neapel, das alte und das neue, auf Geheiß eines Orakels geschaffen wurde, das anordnete, den Körper der von den Wellen bis dorthin getragenen Sirene Parthenope zu begraben. Die Geschichte widerspricht dem Mythos nicht: Es scheint, daß der erste Stadtkern aus einer Wanderung der Einwohner von Cuma, denen sich vielleicht Athener zugesellt hatten, entstand. Die Stadt namens Parthenope blühte so sehr auf, daß die in den Phlägreischen Feldern verbliebenen Cumaner befürchteten, von der neu errichteten Stadt entweder vernichtet oder beherrscht zu werden, und so griffen sie Parthenope an und machten sie dem Erdboden gleich, doch eine schreckliche Pestseuche in ihren Reihen überzeugte sie, daß sie das Orakel beleidigt hatten. Sie bauten Parthenope daher wieder auf, gaben ihr den Namen Neapolis (Neue Stadt gegenüber der vorherigen, die so zur Paleopolis geworden war) und setzten dort den Kult der Sirene, den uns dann Strabo, Diodoros Siculus, Lykophron und andere überliefern sollten, fort.

Die erste Stadt entstand laut vorherrschender Meinung der zeitgenössischen Gelehrten ungefähr in der Mitte des 5. Jahrhunderts vor Christus zwischen Pizzofalcone (Monte Echia) und der kleinen (dann mit dem Festland verbundenen) Insel Castel dell'Ovo. Neapolis wurde hingegen zwischen Capodimonte und Mergellina errichtet.

Heute durch die mythische (und doch konkrete) Stadt der Sirene einen Wegplan zu machen, scheint ein unmögliches Unterfangen: So sehr ist Neapel hinauf- (und hinunter-)gewachsen, mit einer abnormen Vermehrung tausender Zellen, denen es jedoch nicht gelingt, den lebendigen Körper zu vernichten – die himmlische Schönheit –, auf dem sie so monströs Fuß gefaßt haben und sich entwickeln. So erscheint heute dieser Körper, der Körper der Sirene, bis hinein in seine intimsten Höhlungen der spanischen Viertel von einem Wald von Stahlpfeilern durchdrungen (die Innocenti-Rohre „nach dem Erdbeben"), die ihn sicherlich stützen sollen, jedoch eher eine ungeheure kollektive Schändung, einen kriegerischen, metallischen, für die Ewigkeit festgehaltenen Angriff symbolisieren.

Nun, beginnen wir hier, bei diesem Bauch Neapels, bis zum Rand voll mit einer chaotischen und faszinierenden Menge: Via Mezzocannone auf der Seite der alten Universität, Via del Duomo (vor San Gennaro, hier wurden Apollo und Neptun verehrt, und einige Säulen ihrer Tempel aus orientalischem Granit schmücken die Kathedrale) und besonders Via Tribunali, die auf den Spuren eines der griechisch-römischen „Decumani" (Kanäle) verläuft. Nicht weit von hier, in der Kirche San Lorenzo Maggiore, sind noch Ausgrabungen im Gange, die schon unter anderem Spuren von griechischen Bauten in Form von großen quadrischen Tuffblöcken zutage gebracht haben: Scheinbar sind dies die Reste der Stadtmauer von Neapolis, weitere Abschnitte dieser Mauern vermutet man rund um die alte Universität (Via Mezzocannone usw.). In der Via dell'Anticaglia – wo der Kopf der Sirene gefunden worden ist – gibt es weitere alte Spuren der Stadtmauer von Neapolis, doch hier sind auch Überreste sichtbar, die wir als „neu" oder besser „historisch" definieren könnten, weil sie wie die Reste des Römischen Theaters, das Nero für sein Debut als – wie wir heute sagen würden – Liedermacher ausgesucht hatte, weitgehend dokumentiert sind.

Doch dieses ganze wimmelnde Gewirr von Straßen, kleinen Plätzen und Gassen ist gewachsen, schwerer geworden, hat sich – besonders im Barockzeitalter – an der Nabelschnur des noch von der Sirene kündenden Meeres aufgebläht. Und die Römer, die 327 v. Chr. Neapel belagerten, bauten auf den griechischen Fundamenten, ohne die Struktur und das Bild der Stadt, die sie sogar als Perle der Magna Graecia aufwerten wollten, wesentlich zu verändern. Noch zur Zeit des Augustus gab es das Heiligtum der Sirenen. Vergil baute seine Villa in Posilippo, am Strand wurden auf griechische Art das Stadion, die Exedra und das Ephebikon (wo die jungen Männer ihre athletische Ausbildung bekamen) errichtet. (Leider existiert kein einziger Vermerk über eine Teilnahme von Frauen an den Spielen.) In der Stadt wurde die hohe philosophische Schule gepflegt, und Seneca beschreibt hier die Schule von Metranox, wo den aus Süditalien und Rom, aber auch aus Griechenland stammenden Schülern Rhetorik, Musik, Dichtkunst, Literatur und Architektur zugleich mit Philosophie beigebracht wurde.

Die Existenz, der Alltag in Neapel mußte zumindest für die privilegierten Stände überaus angenehm gewesen sein. Wieviel von dieser Campania Felix den Frauen gehörte, wissen wir nicht: Die Namen, auf welche uns die Geschichte jener Jahrhunderte zurückführt, sind, wie man gesehen hat und wie es die Regel ist, alle männlich: Kaiser Claudius, der in Neapel seine Komödie aufführte, die er anläßlich des Todes seines Bruders geschrieben hat, Kaiser Titus, der hier den Vorsitz bei den Olympischen Spielen (Agonotheta) hat, der Maler Zeuxis (wir haben ihn schon beim

Tempel der Hera Lacinia in Crotone getroffen), der im Stadion Fresken malt, zusammen mit zwei weiteren berühmten Künstlern, Apelles und Protogenos.

Von der Stadt, die ihren ersten Namen (und ihre Lebensberechtigung) von einer *jungfräulichen* Sirene hat – ein sonderbarer Kontrast, wenn man an den Wert des zensurierten oder abgeschafften Sexualsymbols denkt, welches man dem Mythos der Sirene zuschreibt –, erreichen uns weibliche Stimmen, wenigstens die aus der Anfangszeit, nur vermischt mit dem Rhythmus der Wellen. Wir kennen höchstens die Namen einiger Gesprächspartnerinnen von berühmten Literaten, die damals in Neapel gelebt haben: So jenen von Claudia, der Frau des neapolitanischen Dichters Statius, an welche von ihrem Gatten ein in Versen verfaßter Brief gerichtet wurde, um sie einzuladen, zu ihm in seine Geburtsstadt zu kommen. Ein Brief, dessen Beantwortung (wenn es überhaupt eine gegeben hat) sich niemand aufzuheben hätte träumen lassen, oder noch besser, dessen Antwort einfach und allein nur die gelehrige alltägliche Geste des Aufsichnehmens des Willens des anderen war: Von Rom abzureisen, zu ihm nach Neapel zu kommen, und das ist alles, die Antwort einfach und still gelebt. Doch für die anderen und von den anderen bleibt die Literatur: Und für die Frau die flatternde, ätherische Tunika der Muse. (Doch wenn dann – manchmal bekommt man Zweifel – Unisex-Jeans verlockender gewesen wären?)

Genießen wir also dieses Porträt der Sirenenstadt, vor zweitausend Jahren als Aquarell von einem Ehemann gemalt, um seine Frau zu überreden, ihm zu folgen.

„Du wirst noch Neapel sehen, mein süßes Nest (...)
Das der Parthenope Form, Namen und Ruhm gegeben hat –
Unter diesem Himmel solch angenehme Luft zu atmen lade ich dich ein, und ich bitte dich darum, Liebste!
Der Sommer ist noch sanft in seinen Farben.
Hier küßt die sanfte Meereswelle
die Pflanzen der stolzen Stadt,
hier ist der Frieden sicher, und hier genießt man
die Freuden eines bequemen Lebens,

und es gibt hier auch niemanden, der die Ruhe oder die Träume eines anderen stören würde (...)".

Es kann sein (die Meinungen der Fachleute widersprechen einander), daß uns von dieser Claudia ein Porträt erhalten ist: Es soll im deshalb Gemma genannten Haus in Herkulaneum ausgegraben worden sein, wo in einen wundervollen Bernstein (für die antiken Menschen ein kostbares Mineral, so wie Gold) das Profil einer Frau geschnitten ist, das man eben der Frau des Dichters Statius zuschreibt. Wenn dies wahr wäre – diese süße und überzeugende Einladung, die malerische Beschreibung der *glücklichen Stadt*, angeboten auf einem Silbertablett vom verliebten Dichter an seine Gattin –, hätte sie ein tragisches Ende genommen: Der Ausbruch des Vesuv im Jahre 79 v. Chr., der Herkulaneum und seine Villen am Meer mit ihren Gärten und blühenden Innenhöfen, wohin sich die reichen Neapolitaner im Sommer begaben, begrub.

Und noch heute, gerade während ich schreibe – und wird auch das ein Zeichen sein? –, setzen die Ruinen von Herkulaneum immer noch Überreste des Lebens frei, des Alltagslebens der Frauen, das durch die Jahrhunderte hindurch balsamiert worden ist. Die Mumie eines zwanzigjährigen Mädchens, der Körper angespannt in der Flucht zum Meer hin, der Leib, der ein niemals geborenes, auf ewig versiegeltes Kind in sich trägt. Und in den Händen der mädchenhaften Mutter ein Holzkästchen mit ihrem Schmuck: Bernsteinketten, schlangenförmige Armbänder, lange fadenförmige Ohrgehänge, die in zwei Perlentropfen enden. Es schimmern die Perlen am Hals eines schlanken (neurotischen) Fotomodells, es springen die Bilder vom Video; ist es möglich, daß es dem elektronischen Gedächtnis gelingt, sich mit dem ursprünglichen des *Weiblichen*, das einem weitverstreuten kollektiven Bedürfnis nachkommen muß, zu verbinden?

II. Zwischen Geschichte und Legende: Verführerinnen, Frauen der Macht und Intellektuelle

Die Verführerinnen

BAIA

Julia

„(...) Um seinen häßlichen, langen, dürren, gekrümmten Körper, seinen Kahlkopf, das fleckenübersäte Gesicht voller Geschwüre zu verstecken (...)". Das ist der psychologische innere Grund, den Tacitus dafür angibt, daß sich Tiberius auf der Insel Capri verkroch. Doch es brennt in ihm noch immer – und er sollte niemals davon geheilt werden (behaupten die Historiker seiner Zeit) – die ununterbrochene Beleidigung, die er durch seine Frau Julia erlitten hatte.

Julia, die Tochter des Augustus, wird als „eine weise Verführerin, kundig der Dichtung und der Musik, auch der Philosophie (...), doch unglückseligerweise Tochter einer Frau namens Scribonia, von der sie die abscheulichen Neigungen geerbt hatte (...)", beschrieben.

Nun, jedes Mal, wenn die Geschichte diese Beispiele von *abscheulichen und sinnlichen Weibern* (Weibern oder Göttinnen, wie man gesehen hat) darstellt, ist es uns Frauen von heute unmöglich (Frauen, denen etwas daran liegt, Frauen zu sein, laut einer großartigen Definition, die ich eines Tages unterwegs aufgeschnappt habe), nicht nach dem Grund für eine solche, insgesamt einseitige Darstellung zu fragen: Keine von uns will heute, wie ich glaube, eine „historische Unschuld der Frauen" bezeugen, aber wir möchten wenigstens versuchen, zu verstehen, auch unter Verwendung der uns heute zu Gebote stehenden Mittel zur Analyse, wieviel an frauenfeindlicher „Projektion" in jenen Porträts steckt und aus welcher *weiblichen Resistenz* vielleicht das Bild des Ungeheuers entstanden ist, ohne auszuschließen, das ist klar, daß es Ungeheuer gegeben haben mag.

Nehmen wir den Fall von Julia, der einzigen Tochter des Kaisers Augustus, des göttlichen Augustus. Ihre Vorrechte waren unendlich, sicher, doch sie hat guten Gebrauch davon gemacht: Oder muß man die Tatsache, daß sie die Dichtkunst und die Musik geliebt und sich dann der Philosophie ergeben hat, für einen Mann als Tugend und für eine Frau als Zeichen der Perversion einschätzen? Im klassischen Zeitalter hatte, wie mir scheint, diese Zweiwertigkeit, welche das Christentum verschärfen und damit die Kultur der Renaissance verseuchen sollte, keine große Bedeutung. Die Frauen von Adel wurden in den Künsten erzogen. Daher ist nicht dies die Sünde der Julia. Wenn überhaupt, ist ihre (ursprüngliche) Sünde eine andere: Daß sie von einer leichtfertigen Frau zur Welt gebracht worden ist. Und ihrerseits sollte sie eine Tochter gebären, die trotz der strengen Behandlung durch Augustus (der sie der „unwürdigen" Mutter weggenommen hatte), „die Mutter an Ruchlosigkeit übertroffen" haben, „da sie sich sogar mit einem jungen Stier abgegeben haben soll!". Eine ununterbrochene Kette also von der Mutter zur Tochter.

Aber die drei erzwungenen Ehen, die die Schöne ertragen mußte (eine mit dreizehn Jahren, die nächste mit sechzehn, die dritte mit Tiberius mit achtundzwanzig), haben keinerlei Bedeutung in ihrer ganz individuellen Geschichte? Zuerst Marcellus, dann der große Hauptmann Agrippa (von dem Julia fünf Kinder hatte), zuletzt Tiberius: Doch warum hätte die junge Frau diesen letzteren mehr als die beiden anderen lieben sollen, einen alten Mann lieben – denn mit vierzig Jahren waren die Männer damals schon alt –, den sogar Tacitus (wenn auch in einem höheren Alter) als ein abstoßendes Wesen beschreibt, obwohl er ihn jedenfalls nur ganz wenig gekannt hat, da er jahrzehntelang damit beschäftigt war, alle Kriege des Reiches zu gewinnen (oder zu verlieren).

Aber dann ... dann gab es anderes im Leben von Julia. Verfolgen wir sie, diese „leichtsinnige und luxuriöse" Existenz, und versuchen wir, diese Erzählung (ich weiß, das ist nicht leicht) durch die Sensibilität der Zeit zu filtern.

Am Anfang war da der Vater: Ja, der göttliche Augustus hat eine Hauptbedeutung im abwechslungsreichen Leben der Julia. Von ihm haben uns die lateinischen Geschichtsschreiber (Ausnahmen ausgenommen) ein Bild wie das eines Heiligen übermittelt: Augustus war ein einfacher Mann, er verabscheute Luxus und Prunk, ja, er beschloß sogar, als er Capri für seine Erholungsaufenthalte aussuchte (er war es, der die Insel vor Tiberius entdeckte), daß er hier wie ein Bauer leben würde. Er lehnte tatsächlich in seinen Villen Marmorverzierungen und verschwenderische

Der Tempel der Diana in Baia. Stich aus dem 19. Jhdt.

Bäder ab und „schmückte sie hingegen", wie Sueton behauptet, „mit Hainen und Fußwegen, die durch Myrten- und Buchsbaumhecken abgeteilt waren und mit anderen durch Alter und Seltenheit bemerkenswerten Dingen, wie dies auf der Insel Capri außerordentlich große Knochen von wilden Tieren sind, von welchen man sagt, daß sie Gebeine von Riesen und Mannschaften von riesigen und tapferen Männern wären (...)".

Für die Öffentlichkeit wirkte Augustus moralisierend: Er verbot die Ehelosigkeit für Männer und schloß Frauen aus dem Ringkampf aus. (Daraus wird abgeleitet, daß bis zu jenem Moment die römischen Mädchen auch diesen Sport, den wir heute als typisch männlich ansehen, ausübten).

Ein beispielhafter Mann also bis auf die „Schwäche", die ihn dazu brachte, mit einer „leichtfertigen" Frau eine Tochter zu zeugen.

Julia hingegen zog für ihre Sommeraufenthalte eine stolze Villa in Baia, zwischen Capo Miseno, Posilippo und den Seen Averno und Lucrino vor (welche von Augustus mit dem Meer verbunden worden waren, um einen einzigen Hafen zu bilden): Es war dies der größte „Vergnügungs"-Ort der reichen römischen Gesellschaft! Historiker und Dichter, darunter Tacitus und Plinius, Vergil, Horaz, Properz, Martial haben seine Naturschönheiten und die Freuden besungen, welche die damals am Höhepunkt an Raffinement und Entkräftung angelangte bürgerliche Gesellschaft des Kaiserreiches daraus zu ziehen verstanden hat (und manchmal verurteilt). Man erzählt, daß der Meeresbusen von Baia und seine Seen tagsüber immer mit Rosenblättern übersät war, sodaß die Schiffahrt auf diesen kristallglatten Gewässern noch einladender war: Die Gesellschaften der Adeligen, der Aristokraten und der Intellektuellen pflegten auf die Boote zu gehen und auch dort, im Duft der Rosen, ihre erotischen Spiele zu inszenieren.

Heute ist der Großteil der Villen, die damals die Residenz der Mächtigsten und Reichsten des Okzidents waren, aus dem Meer aufgetaucht, und man sieht – was die Landschaft noch beeindruckender macht – Säulentrümmer, verstümmelte Kapitelle und Bögen über den Wellen. Das grasbedeckte rötliche Achteck des Venustempels besiegelt die Lockung des Eros.

Und zwischen den geflügelten Statuen des Cupido und den marmornen und doch ganz zarten Darstellungen der Göttin der Liebe erwartete Julia eines Tages den Dichter. Ihre Vorstellungskraft, ihr Gefallen an der Poesie waren von der Lektüre der Ars Amandi des Ovid bezaubert worden, und sie hatte Boten nach Rom geschickt, um den Dichter, den sie nicht kannte, nach Baia zu bringen: Doch er durfte nicht wissen, wer die geheimnisvolle Dame war, die ihn erwartete.

„Ich habe nie jemanden geliebt, ich habe nie das Glück der Liebe kennengelernt (...). Nur ihr könnt mich lehren (...)".

Man kann nicht beschwören, daß dies wirklich der erste Satz war, den die wunderschöne Julia gesprochen hat, als sie einen Vorhang öffnete und sich Ovid zeigte. Doch abgesehen von den romanhaften Verfälschungen im Stil des zu Ende gehenden 19.

Jahrhunderts, die man unseren beiden Autoren, ohne ihnen einen Vorwurf zu machen, zuschreiben muß, bleibt, wie mir scheint, der Sinn dieser Begegnung: Das ist die Disposition der gebildeteren, unabhängigeren und auch rebellischeren Frauen (Julia hatte gegen alle drei Ehemänner rebelliert), sich demjenigen in die Hand zu geben, der sich in seiner eigenen Rolle zuerst an ihren Geist und nicht an ihren Körper wendet. Die intellektuelle Vorherrschaft, die ein Mann mit seinen Gedanken, seinen Schriften, mit der Tatsache allein, daß er der einzige zum „Gedankenflug" Berechtigte ist, über eine privilegierte und autonome Frau gewinnt, ist noch heute eine reale Gegebenheit, mit der wir uns, wie man sagt, „konfrontieren" müssen.

Die Leidenschaft Julias kam Ovid teuer zu stehen:

„Als inzestuöser Geliebter seiner Tochter Julia verurteilte er seinen Rivalen Ovid und ließ dessen Muse mitten in die Wüste verbannen (...)".

So beschreibt Voltaire in der Tragödie *Horace* offen das Schicksal des Ovid und den Grund, weshalb ihn Augustus an das Schwarze Meer (Pontos Euxeinos) verbannte. Doch hören wir Sueton: Eines Nachts kommt Ovid in Julias Villa, durchquert sie, um in ihren Alkoven zu gelangen, doch als er die Vorhänge öffnen will, hält er inne: Er hat Stimmen, sogar eine männliche Stimme, aus jenem Zimmer vernommen. Er versteckt sich in einem Winkel, wo er, in der Hoffnung, ungesehen zu bleiben, versuchen kann, den Eindringling zu sehen: Es ist ein kleiner Mann, nicht jung (der Dichter sieht ihn von hinten), doch gut gebaut, der – ganz nackt – Julia fest an seinen Körper preßt. Eine Bewegung der Überraschung, der Eifersucht vielleicht, und der Vorhang bewegt sich, der Dichter ist entdeckt: Er ist entdeckt von Augustus.

Seit wann spielen sich diese blutschänderischen Liebesspiele ab? War es der Vater, der der Tochter Gewalt antat, bevor er sie als Dreizehnjährige dem Gatten Marcellus übergab?

Weder Sueton noch andere liefern weitere Erklärungen über diese „kaiserliche" (und deshalb ohne Wimpernzucken von den drei nachfolgenden Ehemännern der Julia akzeptierte) „Vergewaltigung".

Oder vielleicht ist es möglich – warum nicht –, daß Julia, noch ein Kind, das schon seit seinem siebenten Lebensjahr von einer Mutter entfernt, die gewiß nicht für die Erziehung der Tochter des Kaisers sorgen konnte, dem Zauber des Vaters (und was für eines Vaters) erlegen ist, ohne daß es ihr möglich war, der krankhaften Leidenschaft der ausschließlichen Anhänglichkeit irgendeine Verteidigung entgegenzusetzen. (Der *Elektra-Komplex* gehört sicherlich zur *Pathologie* und nicht zur *Normalität* des Vater-Tochter-Verhältnisses, wie Freud behauptet: Und unter *anormalen* Umständen, wie dies die frühzeitige Trennung von Mutter und Tochter ist, kann es dazu kommen. Auch wenn man da noch prüfen muß, ob die Gründe nur *psychologischer* oder eher *politischer* Natur sind).

Es bleibt die Tatsache, daß sich Julia, laut einhelliger Version der Historiker, von jener Nacht an jeder Art von Liebe ergibt: Augustus drückte weiterhin seine Eifersucht aus, indem er die Liebhaber seiner Tochter verbannte oder ermordete (wenn es sich um Personen von geringer öffentlicher Bedeutung handelte), doch Julia, so schreiben die Historiker entsetzt, versteifte sich nicht nur hartnäckig auf ihr „schlüpfriges" Leben, sondern sie wurde immer ärger, indem sie sich zum Beispiel rohe und vulgäre Individuen wie einen gewissen Famius Cepio aussuchte: „Der nicht davor zurückschreckte, wenn er mit ihr bei Tisch war, sein Wasser unter sich, auf die Kissen, zu lassen (...)".

Was soll man da sagen? Wenn der Mechanismus der Selbstzerstörung in einer Frau, die ja sowieso schon von den anderen gedemütigt wird, ausbricht, ist es schwer, sich vorzustellen, was geschehen wird: Bei Julia wissen wir es (oder wenigstens erzählen es die Historiker der Zeit), war jener gewisse Cepio jedenfalls die Hauptperson einer, wie wir heute sagen würden, „Boccacceschen" Episode, die aber in der Erzählung der Historiker wahrhaftig bemerkenswert skurrile Töne hat. Eines Nachts kommt Tiberius von einer seiner vielen Schlachten zurück und beschließt, Julia in ihrer Villa in Baia „zu überraschen": Er kommt ohne Vorankündigung, das Liebespaar hört das Getrampel des Ehemannes, und Julia überredet Cepio, sich zwischen dem Bett und „dem kleinen Sessel" (der Toilette der damaligen Zeit, welche, wie sich die Erzähler zu betonen befleißigen, dem Gotte Stercutinus und dem Gotte Crepitus geweiht war) zu verstecken. Doch Cepio ist zu dick und nimmt zu viel Platz ein und wirft unter großem Lärm die hygienischen Apparate um: Als er entdeckt war, streckte er mit einem beachtlichen Fausthieb den Kaiser nieder. Tiberius, der für seine Herausforderung Zeugen gewünscht hatte, schämte sich so sehr, daß er sofort nach Rodi abreiste, wohin er sich selbst für fast zehn Jahre verbannte.

Doch schon Augustus hat die Verderbtheit der Tochter beim Senat angezeigt: Er hat nicht den Mut, es persönlich zu tun, sondern vertraut seine „Epistel" einem Quästor an, damit er sie öffentlich verlesen möge. „Diese Geste", bemerken die heuchlerischen Erzähler, „mußte dem Vaterherzen Tränen und Blut kosten und hat sicherlich sein Leben verkürzt".

Julia wurde zu lebenslänglichem Exil verurteilt: Auch wenn sie sich nach der unappetitlichen Szene zwischen Tiberius und Cepio in der Villa von Baia eingeschlossen hatte, wo sie Philosophie mit dem „keuschen" (das ist das Zeugnis seiner Biographen) Lucius Morena studierte – in jener Zeit bezog sie auch Stellung gegen ihren Vater, indem sie sich offen als Gegnerin der Tyrannei und der Kriege erklärte.

Es ist keinesfalls ausgeschlossen, daß ihre Verbannung mehr aus diesen politischen Gründen beschlossen worden ist als wegen eines *Gerüchtes*, über welches ganz Rom schon seit langer Zeit auf dem laufenden war.

Julia fuhr auf die verlassene Insel Pantelleria. Sie erhielt später die Erlaubnis, sich näher zu Rom hin zu begeben, und als Grenzort wurde ihr das *Municipium* von Reggio Calabria bestimmt. Die Stadt nahm nach ihrem Tod den Namen *Rhegium Juliae* an: Laut einer anderen Version hingegen wurde dieser Name der Stadt von Oktavianus Augustus selbst verliehen, als er noch nicht Kaiser war, und es klang wie *Rhegium Julium*. Jedenfalls, wie der Lokalhistoriker Domenico Spano-Bolani in seiner *Storia di Reggio Calabria, dai tempi primitivi al 1908* (Geschichte von Reggio Calabria von den Urzeiten bis 1908) schreibt, „(...) über die Geschichte von Reggio unter der römischen Herrschaft bis zur Invasion der Goten wissen wir nichts (...). Es ist uns nur bekannt, daß im römischen Jahr siebenhundertzweiundfünfzig

Augustus seine Tochter Julia nach Reggio verbannte, wo sie dann später starb (...)".

Heute ist in der kalabrischen Stadt von Julia nur mehr der Name einer Straße verblieben. Sicher, sie hatte keine prächtigen Villen und war wahrscheinlich dazu gezwungen, sich gemeinsam mit dem Volk in jenen Thermen zu baden, von welchen ein Abschnitt am Strand (Lungomare) mit Resten einer Fußbodenverfliesung in Schwarzweiß überlebt hat.
Julia beendete ihr Leben in absoluter Armut. Tiberius nahm ihr aus Rache auch den elenden Betrag weg, der ihr zugeteilt worden war. Armut: Ein allgemeines Frauenschicksal?

Palazzo Ducale in Venedig
Dorilla Baffo

Die Erzähltradition über Entführungen von weißen Frauen (okzidentale katholische Jungfrauen) durch Mohren (Sarazenen, Türken) hat sich bis an die Schwelle des vergangenen Jahrhunderts erstreckt (ihr Höhepunkt wird meiner Meinung nach schon als Kritik oder als Vorempfinden des alles andere als „rassistischen" Illuminismus' durch *Die Entführung aus dem Serail* von Mozart repräsentiert). Es wurde auch im 16. Jahrhundert über "islamische Entführungen" berichtet, also viel später als die erste Ausbreitung des Islams im Westen, aber es ist logisch, hier davon zu sprechen, um besser die verschiedenen Verwicklungen eines einzigen und einzigartigen Themas wie der Kontakt Islam-Okzident durch den Körper der Frauen verstehen zu können.

Diese Geschichte spielt im prächtigen Venedig des 16. Jahrhunderts, als der politische Abstieg der Dogenstadt sich zuzuspitzen scheint (der Sieg von Lepanto über die Türken 1571 wird nicht genügen, der venetianischen Regierung die Vorherrschaft über das Meer und den internationalen Verkehr zurückzugeben), als Kontrast den allgemeinen Hang zum Luxus, zu Festen, zur „Verschwendung" (wie die Moralisten meinen), doch in Wirklichkeit zur einzigen Investition, welche die Zeit überdauern wird, die, welche die Stadt mit ihren herrlichen urbanen und künstlerischen Meisterwerken zu bereichern trachtet.

In ein solches Klima paßt der Brauch, daß der Doge fünfmal im Jahr 100 wichtige Persönlichkeiten der Republik zum prunkvollen, im Palazzo Ducale angerichteten Bankett einlädt: Außer einer fixen Anzahl an Gästen – solche, die hohe Ämter im Staate bekleiden –, werden die anderen Personen turnusweise eingeladen, und diejenigen, welche wegen dieses Turnuses nicht am Bankett teilnehmen, erhalten als Entschädigung vom Dogen fünf Meer-Enten (die sich später zu einer Silbermünze mit Namen Osella gewandelt haben).
Zu diesen Anlässen öffnete man also den Bankettsaal im Herzoglichen Palast, vom Vorabend an werden die Kandelaber und die Tafelservice aus massivem Silber oder reinem, mit Email verziertem Gold, die kostbaren Teller, schon angefüllt mit Arrangements exotischer Früchte, die verblüffendsten Desserts, die Fasane, angerichtet mit Federn, welche oft künstlich himmelblau und meergrün gefärbt waren oder purpur-golden schimmerten, hergerichtet. Und das Schauspiel begann: Das Volk defilierte, um die noch von den illustren Gästen unbesetzten Tafeln zu bewundern, welche einen Tag später von essenden und trinkenden Geladenen umdrängt werden. Genau so: Unserer heutigen Sensibilität scheint diese schamlose Zurschaustellung eines nur wenigen vorbehaltenen Reichtums unglaublich zu sein, während die Ausgeschlossenen, die große Mehrheit, defilieren und schauen und bewundern, versichert der Chronist: „Ohne jemals den mindesten Neid zu fühlen noch die kleinste Unordnung zu verursachen (!)".

Doch da gibt es eine andere Überraschung: Nicht nur das Volk ist Zuschauer, sondern auch die Frauen, welchem sozialen Stand auch immer sie angehören, sind von einem Fest, das nur den (wichtigen) Männern vorbehalten ist, ausgeschlossen!

„(...) Es kam auch das schöne Geschlecht (...). Diese liebenswürdigen Frauen zeigten sich nicht im geringsten abgeneigt, höflich die kleinen Geschenke, die man ihnen anbot, anzunehmen. Der Doge selbst glaubte nicht, seine Würde zu verletzen, wenn er sich vom Stuhl erhob, um der schönen Frau eine Aufmerksamkeit zu überreichen (...)."

Und nun betritt unsere Heldin die Szene, Dorilla Baffo, Tochter des Cavalier Baffo, eines venetianischen Patriziers, der in diesem

Jahr dazu bestimmt worden war, die Republik auf der Insel Korfu zu vertreten.

„(...) Über die wohlgeformten Schultern fiel ihr schwarzes Haar, zum Teil gekräuselt und zum Teil mit einem rosa Band, welches ihr bis zur Taille reichte und schön mit dem gleichfärbigen Gürtel des Kleides harmonierte, zusammengerafft (...). Weiß wie Schnee war ihr Teint, schwarz, groß und wunderschön waren ihre Augen (...)".

Der Doge (damals Alvise Mocenigo) „scheute sich nicht, sich vom Tisch zu erheben und der Schönen, ihrer Mutter und ihrem kleinen Bruder einen kleinen Teller mit exquisiten Süßigkeiten anzubieten (...)".

Dies war das glänzende Debüt Dorillas in der Gesellschaft. Einige Monate später reiste Cavalier Baffo (nicht zu verwechseln mit seinem Nachkommen Giorgio Baffo, dessen erotische und satirische Dichtung jüngst wiederentdeckt worden ist) aus Venedig ab, um sein Amt in Korfu anzutreten. Kurz darauf folgte ihm seine Familie. Doch die Feluke, auf welcher Dorilla zusammen mit der Mutter und dem kleinen Bruder reiste, wurde von den türkischen Piraten unter dem Kommando von Hassan angegriffen. Der türkische Kapitän stellt sich auf sehr urbane Art der Mutter des Mädchens vor und kündigt ihr an, daß ihre Tochter, deren Ruf als große Schönheit bis nach Konstantinopel gedrungen war, dazu bestimmt ist, Sultanin zu werden. Dann nimmt er nur Dorilla mit sich und läßt die venetianische Feluke mit den anderen Mitgliedern der Familie Baffo in Richtung der Insel Korfu weiterreisen. Dorilla wird an Bord des Piratenschiffes mit Sorgfalt, Aufmerksamkeiten und Geschenken so sehr überhäuft, daß sie, wie die Chronisten bezeugen, „nach einer Woche aus ihrer wahnsinnigen Verzweiflung erwacht und wieder zu essen und trinken beginnt (...)".
Doch damit nicht genug: Der Pascha ist von ihrer Schönheit „bis zur Ekstase hingerissen", doch auch sie verliebt sich wie vom Blitz getroffen in ihn und verlangt, *seine einzige und alleinige Frau* zu werden!
Scheinbar gelingt ihr dies, sie wird Muselmanin, nimmt den Namen Safle (die Reine) an und schenkt dem Pascha einen Sohn, der später Mohammed III. wird.

Zu diesem Zeitpunkt ist Safle bereits die große Mittlerin der politischen und wirtschaftlichen Beziehungen zwischen Konstantinopel und Venedig: Die *Verführerin* verwandelt sich also sichtbar und weithin vernehmbar in eine *Frau der Macht*. Doch sie nimmt auch nach und nach und immer tiefgreifender die islamische Kultur an, so sehr, daß sie (so sagen die entsetzten Chronisten) ihre eigene christliche Herkunft „verleugnete".

Verleugnen, abschaffen, auslöschen ... Wir werden nie wissen (so glaube ich), warum Dorilla Baffo, welche Safle (die Reine) geworden war, zu einem bestimmten Zeitpunkt im Jahre 1596 die Christen so verachtet, daß sie verlangt (und sie bekommt ihren Willen), daß diese niedergemetzelt werden, wenigstens jene, die bis dahin ungestört innerhalb der Grenzen des Ottomanischen Reiches leben. Ist es ein Machtrausch, der von ihr Besitz ergreift zu einer Zeit, in welcher ihre Stellung als Sultanin – eine absolute Macht nach dem Tode des Paschas – von der Schwiegertochter Zaleuka bedroht zu werden beginnt? Ist es ein Kampf zwischen Frauen? Und konnten überhaupt Frauen im Ottomanischen Reich eine wirkliche politische Macht – über Leben und Tod – ausüben?
Wir wissen von einer Kalifin, die in Marokko zu ungefähr derselben Zeit regierte, in welcher Dorilla-Safle die absolute Herrscherin des (muselmanischen) Volkes war. Was soll man dazu sagen? Die Frage bleibt offen und verdient, an geeigneterer Stelle als dieser hier vertieft zu werden.

Castello Di Fondi
Giulia Gonzaga

„(...) Giulia Gonzaga, wohin auch immer sie den Fuß setzt und wohin sie auch die klaren Augen wendet, da tritt nicht nur jede andere hinter ihr an Schönheit zurück: Sondern sie bewundert sie wie eine vom Himmel herabgestiegene Göttin (...)".

Dies sind die Verse, welche Ariost der Giulia Gonzaga widmet, die von Kardinal Ippolito d'Este so sehr geliebt wurde, daß er für sie ein Gedicht schreibt, in welchem er sie mit dem durch die List des Odysseus in Brand gesteckten Troja vergleicht, während sein eigener Brand (wie er deklamiert) durch die Schönheit und (wie wir heute sagen würden) Rätselhaftigkeit Giulias verursacht wurde.

Im Alter von neunzehn Jahren mit dem über fünfzigjährigen Vespasiano Colonna, dem Herzog von Fondi, verheiratet, ist Giulia eine unerschrockene Amazone, sie geht in den Wäldern von Circeo auf Wildschweinjagd und verbringt viele Monate (wahrscheinlich wegen der Eifersucht des alten Ehemannes) im Schloß in Latium.

Dies verhindert aber nicht, daß der Ruhm ihrer Schönheit bis zu Soliman I., dem Großen Sultan von Konstantinopel (1520), dringt. Dieser gibt dem wilden Korsaren Ariodémo den Auftrag, die Herzogin zu entführen. Es scheint mir bezeichnend zu sein, wie die westliche Tradition, welche das Phänomen des „Mädchenhandels", wenn nicht geschaffen, dann sicher „im Roman erfunden" hat (so sehr, daß es fast unmöglich ist, dabei Phantasie und Wirklichkeit zu unterscheiden), es nötig gehabt hat, die kollektive Entrüstung der, sagen wir, „Christenheit" immer an berühmten Opfern zu verankern; es sind ausschließlich die großen Damen, welche die bevorzugte Zielscheibe für das Begehren der Ungläubigen darstellen, und dieser unerschöpfliche Fortsetzungsroman spiegelt im Grunde die männliche Rivalität auf ihrem Höhepunkt: Und zwar beim Zusammenstoß der Rassen, empfindlich konzentriert auf das Entsetzen vor der schwarzen Haut (auch das Drama Othellos ist ein sehr gutes Beispiel dafür) neben dem Weiß des weiblichen aristokratischen Körpers (da die Frauen, die sich auf den Feldern plagten oder Wasser und Holz für die herrschaftlichen Häuser trugen, sicher nicht einen solch erotisierenden Kontrast abgeben konnten).

Der Große Soliman schickte also Ariodémo aus, um die adelige Gonzaga zu entführen (wird an diese Episode später das Volkslied „Die Türken sind am Strand gelandet" erinnern oder hat sich die Überlieferung der Entführung der Dame eher mit einer der so zahlreichen Plünderungen durch die Türken an der Küste verquickt?).

Giulia schläft im Schloß von Fondi, wo sie mit wenig Dienerschaft lebt. Doch beim ersten Alarm läßt sie nicht den Mut sinken: „Auf-

gelöst, halbnackt springt sie wendig aus einem unteren Fenster, schlüpft in die Stallungen, sucht sich das feurigste ihrer Pferde aus und flieht so in der Nacht durch die Wälder (...)". Es fehlt offenbar nicht ein großes Gewitter, und die Dame flüchtet sich triefend naß in einen verlassenen Meierhof. Hier wird sie Kardinal Ippolito, der ihr mit einer Handvoll Soldaten zu Hilfe geeilt war, wiederfinden. (Der Ehemann, Vespasiano Colonna, macht weiterhin nicht Geschichte.) Die schöne Schloßherrin hat jetzt einen Vorwand – die Dankbarkeit – dafür, daß sie den feurigen Kardinal bei sich behalten kann. Ippolito begnügt sich nicht damit, sie stundenlang zu betrachten: Er will, daß das Bild ihrer großen Schönheit für immer festgehalten werde und ruft den Maler Sebastiano del Piombo, um sie zu porträtieren. Als das Porträt fertig ist, erkrankt Ippolito an hohem Fieber und stirbt binnen acht Tagen. Die Malaria der Pontinischen Sümpfe oder das Gift des betrogenen Herzogs, der sich schließlich rächt?
Wir werden Giulia in einer ganz anderen Rolle wiederfinden.

Die Herrschaft der Gräfinnen

Zwischen dem 9. und dem 11. Jahrhundert kannte Italien – oder besser: ein großer Teil davon, nämlich die zentralnördlichen Regionen – das, was die Historiker die „Herrschaft der Gräfinnen" nennen, deren „verbrecherischen Charakter" sie betonen.

„Dies ist die Zeit, in welcher Italien zur letzten Stufe moralischer Verworfenheit hinabstieg, sich ganz den Freuden der Sinne und des Blutes hingab, weshalb es richtiger wäre, über eine Herrschaft von Prostituierten und Mörderinnen zu sprechen (...)."

Gewiß schreiben unsere Autoren dies nicht mit leichter Hand, ja sie erreichen sogar den Höhepunkt ihres aufsehenerregenden Kitsches, indem sie diesen schlechten Roman mit mehreren Hauptfiguren anlegen (ein schöner Trupp von „Frauen der Macht"). „Das verbrecherische Weib", „die Frau ist wie der Appetit, er muß rechtzeitig befriedigt werden", „sie riß ihr stolzes Volk zu Bordellsitten hinab (...)", dies sind nur drei Beispiele von Ausdrücken (und Meinungen), welche unsere Landsleute freigiebig über diese Begebenheiten ausstreuen: Ein Anfall von akutem Frauenhaß? Oder nur die bis an die Grenzen der *Komik* vorangetriebene Deformierung einer sonst wohl komplexen geschichtlichen Periode, in welcher sich die Doppelsinnigkeit des Verhältnisses von *Verführung* und *Macht* im Schicksal der Frau auf erbitterte Weise durch die Biographien von einigen wenigen ausgedrückt wurde?

Die Bezugsquellen, das *Carme Panegirico* eines anonymen Zeitgenossen des Königs Berengar I. und vor allem die Werke des Luitprand, des Bischofs von Cremona, bestätigen großteils das Frauenbild von Verona und Corelli; das Dunkel der Zeit steht dem offenbar nicht entgegen, auch wenn einige zeitgenössische Gelehrte besonders Luitprand einen übertriebenen Haß zu seinem alten Protektor Berengar I. anlasten und ihn daher verdächtigen, die Farben der mittelalterlichen Landschaft manchmal, jenseits der Mindesterfordernisse an Wahrscheinlichkeit, schwarzgemalt zu haben. Und immerhin, wie Stendhal über dieselbe Zeit (doch mit Hauptaugenmerk auf die Liederlichkeit der Päpste) bemerkte, „haben die Überklugen von heute die Neigung, vorauszusetzen, daß die Leute des Jahres Tausend dieselben Wesenszüge an guter formaler Erziehung und Vernunft aufweisen wie der reiche Bankier, zu dem sie zum Abendessen gehen (...)".

In jenen Jahren, bemerkt der französische Schriftsteller, verlieh die ständige Anwesenheit von Gefahr demjenigen, der sich weigerte, ihr zu unterliegen, eine große Charakterstärke und eine ebensolche Vorurteilslosigkeit.

Deshalb unterlagen die Frauen (und von ihnen ist keine Spur in der Geschichte verblieben), die in diese Ereignisse – Konflikte zwischen Päpsten und Kaisern, Zusammenstöße zwischen Lehensherren – verwickelt waren oder sie nahmen die Charakteristika des männlichen Spiels an und fügten – und jetzt wird die Mischung explosiv – die ganze weibliche Macht der Verführung hinzu. Natürlich müßte die Erinnerung an die „schrecklichen Gräfinnen", wie sie bis zu uns gelangt ist, verifiziert und zum Großteil von den „legendenhaften" Elementen gesäubert werden, aus welchen sich auch der in diesem Buch mehrfach angedeutete Prozeß der *Bestialisierung des Weiblichen* entwickelt hat. Doch in der Zwischenzeit schauen wir, wer die „verbrecherischen Weiber" sind, was sie machen und wo sie agieren.

Spoleto
Ageltrude

Das Bild des heutigen Spoleto, von dem durch ein einzigartiges Glück (Das Festival der Beiden Welten) fast jeder antike Stein verwertet wird, das die „tiefen und dunklen, fast denen der Sybille gleichenden" Augen der edlen Ageltrude, der Frau des Guido, Herzog von Spoleto, erblickt haben. Es gab noch nicht den Dom mit seiner duftigen dreieckigen Fassade, die sich bei Sonnenuntergang unter dem Geschrei der Schwalben und den Akkorden von Violinen rosa verfärbt, es gab offensichtlich noch nicht das zauberhafte kleine Theater des 18. Jahrhunderts, Cajo Melisso, und man sah auch nicht, wenn man vom Kirchenplatz aus die breiten Stufen der Via Arengario hinaufstieg, rechts die drei schmalen weißen Chornischen aus dem 13. Jahrhundert der Basilica von Sant'Eufemia („die" in unseren sagenhaften sechziger Jahren von einem Thomas Milian mit einem Edelstein im Nabel „entheiligt worden ist"). Nein, damals in den letzten beiden Jahrzehnten des 9. Jahrhunderts nach Christus beginnt das mittelalterliche Spoleto gerade ein wenig zu wachsen, indem es um die herrlichen römischen Ruinen weiterbaut, das Amphitheater, dessen Fundamente später die Torre dell'Olio geworden sind, und besonders die großartige Straßenüberführung der Wasserleitung, die noch heute die Stadt mit dem Hügel verbindet. Damals begannen sich die ersten Türme zu erheben, welche dann – zwischen tausendzweihundert und tausendvierhundert – die urbane Landschaft dicht übersäen sollten: Man baute hohe, eng beisammenstehende Häuserfluchten und „Mauern mit Platten aus einem harten und rauhen blau-rötlichen Kies", während sich die wunderbar reine Struktur von San Salvatore noch unvollendet auf dem Abhang erhebt und heute den Ein- und Ausgang der Stadt kennzeichnet (und jetzt hat seine, in der Nacht des Festival-Abschlusses von Feuerwerken erleuchtete Bühnenfassade fast den Wert einer festlichen Verabschiedung angenommen).

Es ist daher schwer, die Geschichte der Ageltrude in einen genauen Umriß der spoletinischen Landschaft zu stellen: Manche sind der Meinung, daß gerade unter der Basilica von Sant'Eufemia und dem angeschlossenen Sitz des Erzbischofs die mächtigen Arkadenreste den Herzogspalast getragen hätten; für andere Gelehrte befand sich die Residenz der Herzöge unter dem späteren Palast der Gentiletti in der noch heute so benannten Via dei Duchi (Herzogsstraße).

Jedenfalls, wo immer der Ort ihrer Macht gelegen haben mag, war diese laut Meinung der Historiker weit größer als die vom Ehemann Guidi ausgeübte: Ein sanfter Mann, der den Krieg haßte, dem es gefiel, die Gäste rund um das Feuer eines großen Kamins zu versammeln, wo er ihnen Geschichten erzählte und sie mit Lauten- und Mandolinenspiel erfreute. Guido liebte es, zu singen und Gedichte zu rezitieren. Ageltrude regierte das Lehen an seiner Statt (ein typischer Rollentausch, würden wir heute sagen); doch dieselbe Souveränität, die sie in den öffentlichen Angelegenheiten zeigte, hatte sie anscheinend auch in sexuellen Beziehungen. Sie verliebte sich in einen jungen Prinzen von Salerno, der ihre Liebe mit der Bemerkung: „Ich bin ein Jäger und finde nur Gefallen daran, dem Wild aufzulauern. Wer mir von Liebe spricht, stört meine Ruhe (...)", zurückwies.

Ein offenbar sehr delikates hormonelles Gleichgewicht. Übrigens erfährt die Tradition der mehr oder weniger entsetzten Zurückweisung durch den Mann bei der Annäherung oder der Initiative der Frau – wie die Sachkundigen sagen – einen neuen Glanz, eben wegen der mit den Sitten und der Kultur der Befreiungsbewegungen der Frau entstandenen Aggressivität: Die Fälle von sexueller Impotenz, so beschuldigen sie uns, haben sich vervielfacht, die „reuigen Verführer" werden Helden von Gesellschaftsromanen und, alles in allem, wäre die *Verweigerung des Prinzen von Salerno* an der Tagesordnung.

Doch weit weniger häufig scheinen Reaktionen der Art, wie sie Ageltrude zeigte, vorzukommen (oder die Zeitungschroniken würden uns darüber weitschweifig und „laut" berichten): Sie tat, als wäre bei seiner Weigerung nichts geschehen (doch was für eine Idee, sie mit der Jagd zu begründen. Umberto Boccioni sagte wenigstens „im Namen der Kunst" nein zu der verliebten Sibilla Aleramo), also indem sie so tat, als wäre nichts gewesen, ließ die Herzogin einen Ring in einen Brunnen fallen: Widerspenstig in bezug auf die sexuelle Dienstleistung, doch ein Kavalier, ließ sich

der Jüngling in den sehr tiefen und engen Schacht hinab und, als er auf dem Grund war, ließ ihn Ageltrude dort, ja, sie beendete sein Leben durch Steinwürfe, weil ihr seine Schreie lästig waren und ihre Intrigen hätten aufdecken können.
Sie kehrte zum Ehemann zurück, aber nur – wie die Chronisten schreiben –, „um ihn aus seiner ehrsamen Ruhe zu reißen" und ihn dazu anzutreiben, König von Italien zu werden.
Es gelingt ihr (Ageltrude), doch es ist Guido, der im Jahre 891 von Papst Stephanus VI. gekrönt wird. (Bezüglich dieses Papstes bemerkt Stendhal unbekümmert: „Die Römer, müde der Ausschweifungen von Stephanus VI., nahmen ihn gefangen und erwürgten ihn im Gefängnis").

Ageltrude, die nun ihren Sitz in Piacenza hat, schlägt die Deutschen, die nach dem Thron ihres Gatten trachten, „nur mit der Macht ihrer Augen, die manchmal im Blut zu schwimmen schienen, zurück". Nach dem Tode Guidos folgt ihm sein Sohn Lamberto nach, der zwischen einer gewonnenen und einer verlorenen Schlacht inmitten von Leichenhaufen die Zeit findet, sich zu verlieben: Und er verliebt sich in Berta ...

LUCCA
Berta

Auch Berta gehört zu den „verbrecherischen Gräfinnen, deren ekelhafte Sitten zusammen mit jenen der Päpste und der Könige der Zeit von Luitprand minutiös beschrieben wurden (...)". Doch über sie, ihre Person, sind in der Geschichte nur einige besondere und sogar sehr „komische" Wesensmerkmale verblieben: Anscheinend konnte sie Omeletten aus 100 Eiern herstellen, mit welchen sie ihre Bauern verköstigte, nachdem sie sie durch Glockengeläute eine Stunde vor Morgengrauen geweckt hatte, damit sie mit der Feldarbeit beginnen sollten.

Sie verwaltete das tägliche Leben in ihrem Lehen, während ihr Gatte das wilde Korsika „zivilisierte" oder die Muselmanen im Herzen ihres Landes, in Utica oder in Karthago, angriff.

Die Hauptstadt der Markgrafschaft Toscana – deren Titel Bertas Gatte Bonifacio II. innehatte – war damals im ausgehenden Jahrhundert die Stadt Lucca, und auch in diesem Fall (und vielleicht mehr als bei Spoleto) muß man ihr Aussehen zur Gänze erraten: Ihre kompakte spätmittelalterliche und noch mehr Renaissance-Schönheit war zur Zeit Bertas noch nicht einmal ein Traum oder eine Ahnung. Wir wissen daher nicht, in welchem Umfeld wir die *Liebschaft* von Bonifacios gargantuesker Frau mit Lamberto, dem Sohn des anderen „verbrecherischen Weibes" Ageltrude, der ja auch durch den präpotenten Ehrgeiz der Mutter König von Italien (ja sogar Kaiser) geworden war, ansiedeln sollen.

Es ist eine Tatsache, daß Lamberto nach einiger Zeit der großen Berta müde wird und sich dazu entschließt, sie für ihre Untreue gegenüber dem Ehemann zu bestrafen. (Dieses Komplizentum, ja diese Omerta – schweigendes Einverständnis – unter Männern soll nicht überraschen: Jede Frau, die in einer sogenannten „offenen Ehe" gelebt hat, könnte darüber erzählen).
Lamberto lädt also Berta zu einer Jagdpartie in Garfagnana ein und zerschneidet im stärksten Dickicht des Waldes alle Gewänder der Geliebten zehn Zentimeter oberhalb des Nabels. (Die Chronisten sind ganz genau in bezug auf die Maße.)
So „beschämt" kehrt die Frau zu Fuß zum Schloß zurück und zeigt sich Bonifacio II.: Die Reaktionen des letzteren sind nicht bekannt.

TOSKANA
Mathilde von Canossa

„(...) Nur Gott, der in das Geheimnis der Herzen eindringt und mich besser kennt als ich mich selbst kenne, weiß, wie sehr ich um dich und dein Wohlergehen besorgt bin (...)". Und weiter: „Wenn ich so geliebt werde wie ich liebe, bin ich gezwungen, zu glauben, daß du mir keinen Sterblichen auf der Welt vorziehst, sowie ich dir keine Frau auf der Welt vorziehe (...)".

Das sind zwei der vielen im Laufe einer Freundschaft von Mönch Hildebrand (der 1073 Papst Gregor VII. geworden ist) an Mathilde von Toskana (Mathilde von Canossa) gerichteten Briefe, die in der zweiten Hälfte des 11. Jahrhunderts zwischen der adeligen und hochgebildeten jungen Toskanerin und dem um dreißig Jahre älteren Mönch ihren Anfang genommen hat. Hildebrand hatte beschlossen, die römische Kirche von Korruption zu „reinigen" und die politische Macht (repräsentiert durch die deutschen Kaiser) mit jeglichem Mittel zu unterjochen: Konzile (drei), aber auch Kriege, Exkommunizierungen, Gemetzel, Kreuzzüge. Und durch unzählige Kriegsopfer, welche von himmlischer Begeisterung (die jedenfalls wesentliche Reformen für den Primat der römischen Kirche bewirkt) und vollkommen zynischen Strategien beherrscht war, wächst diese Liebe, diese authentische Leidenschaft zwischen den beiden, dem Mönch-Papst und der blonden Marchesa di Toscana (die jedenfalls in der Geschichte, und wir werden sehen, warum, unter dem Titel Marchesa di Canossa vorkommt).

Verstehen wir uns richtig: Kein Historiker (soweit mir bekannt ist), weder ein antiker noch ein moderner, hat jemals das Verhältnis zwischen Gregor VII. und Mathilde ausdrücklich mit dem einzig möglichen Namen – dem einer außergewöhnlichen Liebesleidenschaft – bezeichnet; ja, Mathilde wird von der offiziellen Kirchengeschichte zu den „Seligen" gezählt, und im 17. Jahrhundert wurde für sie im Petersdom in Rom ein Denkmal von Bernini errichtet. Sicher, die Priester, die durch die Exkommunizierungen durch Hildebrand verfolgt wurden, rächen sich, indem sie „Bescheide" (heute würden wir „Flugblätter" sagen) in Umlauf bringen, in welchen sie auch mit (obszönen) Zeichnungen die „verbrecherischen Umarmungen" zwischen dem Papst und der Marchesa beschreiben, während der Bischof von Alba sie ohne Umschweife als *„os vulvae"* (Feigenmund?) bezeichnet. Auch die Versammlung von Worms, die Gregor VII. (vergeblich) vom Stuhl Petri stößt, drückt sich so aus: „Hildebrand, der sich Gregor nennt (...), trennt die Gatten von den Frauen, er zieht die schamlosen Frauen den keuschen Ehefrauen vor, und die Orgien, die Blutschande und die Ehebrüche den keuschen Vereinigungen. (...) Er betrügt das Volk mit einer geheuchelten Religion, die er in seinem Weibersenat fabriziert (...)".

Zweifellos sind die Gründe, die einer solche „Denunzierung" zugrunde liegen, im wesentlichen politische: Es ist der Krieg zwischen der von Heinrich IV. regierten deutschen Kirche und dem Papst, der alle Staaten (und nicht nur das Deutsche Reich) der Vorherrschaft

Heinrich IV. fleht Mathilde von Canossa an. Miniatur aus dem Kodex von Canossa

der Römisch-Katholischen Kirche unterordnen will. Doch der Papst, der knapp ein Jahr nach seiner Investitur, und zwar 1074, in Rom ein Konzil gegen den „mit Pfründen handelnden und im Konkubinat lebenden" Klerus einberief, konnte nicht mit seinen eigenen Waffen geschlagen werden: Waren es nur „vulgäre Verleumdungen", wie die Kirche des Petrus, die mit Abstand ihren Kampf um die Vorherrschaft gewinnt, später behaupten sollte und dabei so weit geht, daß sie Gregor VII. (1606) zum Heiligen ernennt?

Ich glaube, daß man an die Sache ganz anders herangehen muß. Noch einmal, die „Seligsprechung" (in diesem Fall wörtlich zu nehmen) oder die „Verdammung" einer Frau werden von der vorherrschenden Kultur auf Grund ihres Sexualverhaltens verordnet; entweder war Mathilde eine *Heilige*, die ihr ganzes Leben im Dienste der katholischen Religion und der durch Petrus gegründeten Kirche verbrachte, oder sie war die *Konkubine*, ja sogar die *Hure* eines Mannes, der sich trotz seiner anerkannten mystischen und moralischen Begeisterung weiterhin nicht anders als die („wahren" oder „falschen") Päpste seiner Zeit benahm.

Doch über die andere und nach Meinung einiger (darunter jene des Historikers Pietro Verri) sogar *revolutionäre Qualität* des Papstes Gregor VII. will (oder kann) man hier gewiß keine Untersuchungen anstellen. Über ihn sagt Verri: „Hildebrand, in der Toskana geboren, Mönch in Rom, dann Kardinal, lebte zu jener Zeit (...). Er war mit höchstem Scharfblick und jener Seelenenergie, welche große Männer auszeichnet, begabt, war seinen Prinzipien getreu, kühn, auf vorsichtige Art heftig, er tobte, als er sah, daß die kirchliche Disziplin darniederlag, daß die alte Freiheit der kanonischen Wahlen mit Füßen getreten wurde, daß Italien durch fortgesetzte Invasionen unterjocht wurde, daß Rom zum Gehorsam erniedrigt wurde und daß auf die Bischofssitze manchmal die niederträchtigsten und für dieses heilige Amt unwürdigsten Männer kamen. Hildebrand wurde rechtzeitig geboren, da die Unordnung an ihrem Höhepunkt angelangt war. Die Offensichtlichkeit der öffentlichen Übel, die schon zu einem Signal angewachsen waren, bringt die Menschen soweit, daß sie sich einen höheren Geist, der sich für eine Revolution entflammt, wünschen und ihm folgen (...)".

Wenn dies der Mann war, der, nachdem er Papst geworden war, an Mathilde diese Briefe geschrieben haben soll (und mit der eigenen Handschrift, was zu dieser Zeit ganz selten war), Briefe, die sicherlich und nicht einmal allzusehr versteckt Liebesbriefe darstellten, ist es wahrscheinlich, daß auch Mathilde – ja, eine

Frau, und von einer raffinierten Schönheit, doch auch „mindestens" wie ein Mann ehrgeizig und ruhmsüchtig – ihrem Zauber erlegen ist. Jede Zeit, jede Kultur hat ihre *Helden*: Oft, sehr oft, entpuppen sie sich vor den Frauen, die ihrem Aufruf zu einem gemeinsamen Ziel folgen, tragischerweise als *zu gering für das Vorhaben*; der Sozialismus von Marx und Lenin ist in bezug auf diesen Punkt in den letzten hundert Jahren dem Revolutionarismus des Hildebrand gleichwertig. Und Mathilde war schon mit ein bißchen mehr als zwanzig Jahren an die Kirche gebunden, so wie heute viele junge Frauen, die im revolutionären Sozialismus voll von freimütigem Ehrgeiz sind und für eine allgemeine Emanzipation (von Männern und Frauen) kämpfen, nach und nach immer mehr an die Namen und an die Symbole von Marx, Lenin, Mao, Che Guevara gebunden waren. Der Che Mathildes hieß Hildebrand, war Mönch, dann Kardinal, dann Papst. Sie, von hohem Adel und schon durch das Vorrecht der Geburt mächtig, hatte das Glück, ihn persönlich kennenzulernen, ja sogar ihn gleichwertig zu behandeln – wenn auch immer mit dem Respekt der damaligen Anstandsregeln –, ihn zu lieben und von ihm geliebt zu werden. Der *Humus*, aus welchem eine solche Leidenschaft wuchs, war die Große Religiöse Reform (welche dann eben von Gregor VII. den Namen Gregorianische Reform annehmen sollte): Dies war die Kultur und auch die wesentliche Praxis, in und mit welcher eine Frau wie Mathilde am besten nicht nur ihre persönliche (wie wir heute sagen würden) sexuelle Befreiung erlangen, sondern sich vor allem den Wunsch nach Selbstdarstellung und Selbstbestätigung erfüllen konnte, ihren Wunsch nach Ruhm. Denn Mathilde beschränkte sich nicht aufs Beten (und Lieben). Sie kämpfte an der Seite des Papstes wie ein Heerführer, und viel öfter noch kämpfte sie zu *seiner* Verteidigung und an *seiner* Stelle. Auch nach seinem Tode: „Die bewaffnete Egeria des Papsttums des elften Jahrhunderts" definiert sie (zu Beginn unseres Jahrhunderts, und zwar 1901) der französische Schriftsteller Paul Lacour, der sie ohne weiteres zu „Les Amazones" (den Amazonen) „aller Zeiten" zählt.

Doch wer war Mathilde? Rekonstruieren wir, soweit es möglich ist, das fesselnde und komplizierte Lebensbild durch die Indizien, welche uns die Geschichte hinterlassen hat. Sie wird 1046 in San Miniato als Tochter des Bonifacio, des Markgrafen der Toskana und Herrn über die Grafschaften von Modena, Reggio, Mantua, Cremona und Canossa, geboren. Die Mutter ist Beatrice von Lothringen, die Base des deutschen Kaisers Heinrich III. (dem kaum zwölfjährig sein Sohn Heinrich IV. auf den Thron folgen wird). Beatrice heiratet nach dem Tode ihres ersten Gatten – der so religiös war, daß er Bonifacio der Fromme genannt wurde – einen dem Papsttum sehr ergebenen französischen Adeligen, Gottfried von Lorraine. Der Kaiser Heinrich III. war damals der Kirche von Rom bereits feindlich gesinnt, er nimmt Beatrice und die siebenjährige Tochter Mathilde gefangen (Gottfried von Lorraine flüchtet). Nach dem Tode Heinrichs III. werden die beiden Frauen befreit und erhalten ihren Rang zurück, doch im Kinde Mathilde wird immer der Haß gegen die Deutschen bleiben.

Nachdem sie nach Lucca, der Hauptstadt ihres Lehens, zurückgekehrt ist, wird die Heranwachsende unterrichtet, wie es zu jener Zeit nur Königinnen oder die großen Landesherrinnen werden konnten (sicherlich nicht die Masse der Frauen).
Sie lernt Latein so gut, daß sie es „besser als ein Priester" sprechen und schreiben konnte, sie kann außer Italienisch Französisch und Deutsch, sie spielt Harfe, malt und singt. Doch es ist vor allem die religiöse Erziehung, um die sich die Mutter bemüht, und natürlich kann sich um die Tochter des Bonifacio, der Erbin eines Gutteils von Italien, niemand anderer als der Erzbischof von Lucca selbst, Anselmo di Baggio, kümmern. Es ist wahrscheinlich, daß Anselmo der erste gewesen ist, der dem Mädchen von Mönch Hildebrand, seinem engen Freund und sogar Genossen im Glauben und religiösen Fanatismus, erzählt hat (Anselmo wird mit Hildebrands Unterstützung Papst Alexander II. und wird immer ein fügsames Instrument in dessen Händen sein). Vielleicht entzündete sich die Phantasie Mathildes für die Person jenes revolutionären Mönchs lange, bevor sie ihn persönlich kennenlernte: Ihr Leben war jedenfalls schon von der Tatsache bestimmt, daß sie sich der Kirche weihen würde. Oh nein, sie war nicht fürs Kloster bestimmt, ja sogar ganz im Gegenteil hat die

Mutter sie durch ein Gelübde, beeinflußt durch die Ratschläge des Bischofs Anselmo, einer Ehe versprochen, welche die Macht der römischen Kirche stärken sollte: So begab sich Mathilde (oder besser: wurde übergeben) in die Hände von Gottfried dem Bärtigen, Herzog von Lothringen und treuer päpstlicher Fürst. Der Herzog war alt, bucklig und häßlich: Beatrice sorgte für den Schutz der Tochter, indem sie als (eine vom Bischof Anselm besiegelte) Eheklausel die „Nicht-Konsumierung" der Ehe einsetzte. Und Mathilde sollte den Pakt gegen den feigen, im Laufe der Jahre eher „angefressenen" Ehemann für immer geltend machte (so sehr, daß er sich von einem Verbündeten der Kirche und damit auch Gregors VII. in ihren erbitterten Feind verwandelte). Es scheint, daß Mathilde mit 27 Jahren noch Jungfrau war, und der Mönch Hildebrand, der kurz zuvor Papst geworden war, definierte sie mit öffentlicher Anerkennung ihrer Verdienste als *egregiae indoli puella*, ein Mädchen von ausgezeichnetem Charakter. Das erste (kriegerische) Einschreiten zur Verteidigung des Papstes fand auf dem Schlachtfeld von Aquino im südlichen Latium statt: Bis hierher war tatsächlich das Heer des Robert Guiscard gedrungen, der sich von Sizilien aus anmaßte, die Autorität von Gregor VII. anzufechten. Gottfried von Lorraine und sein Sohn Gottfried der Bärtige zogen mit ihren Streitmächten gegen die Truppen, welche die Halbinsel heraufkamen; die entscheidende Schlacht von Aquino dauerte 19 Tage, und Mathilde, gewandt und kühn zu Pferde, bekleidet mit Hemd und Panzerhemd, mit einer Sturmhaube, die ihr Gesicht verbarg, kämpfte neunzehn Tage (und neunzehn Nächte) „genauso wie die Männer". Robert Guiscard wurde besiegt, Mathilde übersiedelte zusammen mit der Mutter nach Rom, wo beide Beraterinnen des Papstes wurden (siehe den „Senat von Weibern (...)"). Der Ehemann der jungen Marchesa wurde wieder auf seine Ländereien zwischen Frankreich und Deutschland geschickt, und „beleidigende Tratschereien" (über Mathilde und den Papst) beginnen überall zu kursieren.

Zu diesem Zeitpunkt verweigert Gottfried der Bärtige Gregor VII. seine Unterstützung, der beabsichtigte, ihn für einen Kreuzzug ins Heilige Land zu rekrutieren: Dies ist der Bruch, Gottfried verbündet sich mit Heinrich IV., und dieser wiederum glaubt (naiverweise), den Papst der Unterstützung seiner außergewöhnlichen Freundin berauben zu können, indem er sie dazu zu überreden versucht, sich mit dem Gatten wieder zu versöhnen und ihm nach Deutschland nachzureisen. Mathilde lehnt nicht ab, doch sofort interveniert Hildebrand, der ihn mit einem heftigen Brief daran erinnert, daß sie auf jeden Fall der „von den Heiligen Vätern vorgeschriebenen Regel" treu bleiben müsse, und zwar der Keuschheit in der Ehe! Er fügt hinzu, daß es „unmöglich ist, die Zuneigung, mit der es Gott gefallen hat, uns zu vereinen, zu brechen oder zu schwächen". Mathilde, es ist unnötig, es zu sagen, wird bleiben. Heinrich IV. ist wütend, beruft wieder die Versammlung von Worms ein und läßt von den deutschen Bischöfen das Urteil über einen Papst sprechen, der „diejenigen, welche Gott vereint hat, trennt (...)".

Ein Attentat auf Gregor VII.: Mathilde betritt die Räume des Papstes im Lateran, nur von ihr will er gepflegt werden. Nach seiner Genesung exkommuniziert er den deutschen Kaiser. Dieser und seine Gefolgsleute reagieren mit der öffentlichen Bekanntmachung, daß „ein König nicht exkommuniziert werden kann, weil er direkt von Gott in sein Amt eingesetzt wird". Gregor entgegnet mit einem Brief an Hermann von Metz, in welchem er bestätigt, daß der Papst das Recht hat, zu ermahnen, zu bestrafen und die gegenüber der Kirche schuldig gewordenen Staatsoberhäupter abzusetzen. Es herrscht jetzt offener Krieg, und für Heinrich geht er schlecht aus: Viele seiner Lehensleute, sowohl Laien als auch der Klerus, nützen die Gelegenheit, um sich aus der Abhängigkeit von einem „exkommunizierten" Herrscher zu lösen. Deshalb reift in ihm der Entschluß, seinen Gegner um Vergebung zu bitten: öffentlich und weithin vernehmbar. Dies sind tatsächlich die von Hildebrand auferlegten Bedingungen, doch es ist Mathilde (das kann man sehr wohl sagen), die die Strategie der in die Geschichte eingegangenen Demütigung Heinrichs IV. erfindet und vorbereitet. Die Marchesa ist jetzt frei von ihrer, wenn auch schwachen ehelichen Bindung: Der Gatte ist gestorben, es ist auch die Mutter gestorben, die Frau ist schwerreich und mächtig und begleitet den Papst auf seinem Triumphzug durch seine Besitztümer. Das letzte Ziel ist die Synode von Hamburg, doch die beiden nehmen sich alle Zeit der Welt für eine Reise, welche sie von Rom über verschiedene Etappen in die Toskana und in die Romagna führt und schließlich und endlich – wie immer gesäumt von der applaudierenden Menge und eskortiert vom päpstlichen Heer – zur Burg von Canossa (Reggio Emilia). Hier beherbergt Mathilde Gregor VII. königlich: Sie ist die erste Frau und wird auch die einzige bleiben, die sich erlauben kann, das Oberhaupt der Kirche, welches die Frauen vom Priesteramt ausgeschlossen hat und dies auch weiterhin (für immer?) tun wird, ins eigene Haus einzuladen.

Der Appennin von Reggio ist überraschend rauh nach der kaum angedeuteten sanften Rundung der Hügel, in welche das Tal der Enza eingebettet ist; die Burg von Canossa ist ein Felsen, der sich ganz abrupt in ungefähr 600 Meter Höhe über dem Meeresspiegel, 9 Kilometer von Ciano d'Enza entfernt, erhebt.

Vom Schloß der Mathilde sind nur mehr Ruinen auf dem weißlichen Felsen übrig (und vielleicht ist der Name Canossa eine Abwandlung von *Canusia* aus dem lateinischen *canus*, weiß). Und doch hatte die Burg zur Zeit der Marchesa von Toskana viele Türme, drei Mauerringe, eine Basilika und einen Weiler, die beide innerhalb der Mauern lagen. Sie war ungefähr um 940 von Adalberto Azzo, Sohn des Sigfrido von Lucca und Urgroßvater von Mathilde, zur Verteidigung gegen seine vielen Feinde – zuerst Berengario II., König von Italien, der sie dreieinhalb Jahre lang belagerte, dann Adalberto – wie eine Festung erbaut worden. Laut mancher Historiker wurde hier jene Adelaide gefangengehalten, die sich geweigert hatte, den Sohn Berengario II. zu heiraten, wobei man jedoch diese Begebenheit auf die Rocca del Garda verlegt hat, wie andere Texte behaupten.

Von der königlichen Burg von Canossa, so wie sie von Mathilde bewohnt wurde, als sie den Papst als Gast und den Kaiser Deutschlands als Bettler vor dem Tore hatte, sind nur mehr die Fundamente übrig, welche heute Gegenstand von Ausgrabungen sind. Sicherlich wurden die Wände eines ihrer Säle nicht von jenem schwarzweißen Gobelin geschmückt, der eben die geschichtliche Episode mit Heinrich IV. zu Füßen von Gregor VII.

darstellt und heute im kleinen lokalen Museum gehütet wird. Doch sicherlich verteilte die Marchesa, die „ihren" Papst im Triumph empfangen wollte, andere Gobelins an den nackten Innenwänden des Königspalastes; zu jener Zeit wurden an den sehr hohen Wänden die Gobelins nur gelegentlich zur Ankunft von wichtigen Gästen und um diese zu feiern aufgehängt; gleichfalls wurden dann Teppiche auf die eiskalten Steinfußböden gebreitet (für Gäste minderen Ranges genügte trockenes Laub zur Linderung der Kälte). Mathilde hat zweifellos selbst die aufmerksame Regie jener Szene vorbereitet, die für immer die Haupt-Szene nicht nur ihres Lebens, sondern auch der Geschichte jener Jahre sein sollte: Der etablierten Geschichte, wo die Frauen in der Regel so selten aufscheinen.

Und zwischen den männlichen Hauptdarstellern Gregor VII. und Heinrich IV. fügt sich ihre Gestalt (in Mantel und Krone, wie sie Pirandello in seinem *Heinrich IV.* beschreiben sollte), nicht nur als Vermittlerin, sondern eher als *dea ex machina* der szenischen Aktion ein. Der Kaiser, bekleidet mit einer Kutte aus grober Wolle, wartet drei Tage lang, vom 25. bis zum 27. Januar 1077 im schneebedeckten Hof, welcher sich zwischen der ersten und zweiten Mauer befand; der Papst empfängt ihn nicht, weder am ersten noch am zweiten Tag. Mathilde lädt immerhin Berta, Heinrichs Frau, die durch ihre Anwesenheit an der Seite des Gatten im Augenblick seiner größten Demütigung den *ethischen Kodex einer guten Ehefrau* besiegeln wollte, ein, einzutreten und sich am Feuer des riesigen Kamins zu wärmen: Doch Berta, wie es ihre Rolle verlangt, weigert sich. Nun entscheidet sich Mathilde, noch einmal mehr ihre Macht über den alten und heiligen Papst (sie ist einunddreißig Jahre alt und er über sechzig) erprobend und sichtbar machend, zugunsten Heinrichs einzuschreiten: Und hier möchte ich in der sicherlich willkürlichen Form einer Collage eine Synthese aus *Heinrich IV.* von Luigi Pirandello einführen. Der Heinrich IV. des Pirandello ist bekanntlich ein Verrückter, ein Mann der Zeit des Autors, der nach einem Sturz vom Pferd bei einem historischen Maskenumzug, wo er Heinrich IV. darstellen wollte, glaubt, wirklich jener zu sein, und die Freunde versuchen auf Anraten eines Arztes, ihn zur Vernunft zu bringen, indem sie sein Spiel mitspielen. Also eine typische Pirandello-Phantasie über die Person des Kaisers, doch deckt sie meiner Meinung nach einige weitere Indizien für den Versuch auf, das Porträt Mathildes zu zeichnen, welche in der Vorstellung des Pirandello eben bis „zum Wahnsinn" von diesem Heinrich geliebt worden ist. Hört zu:

Landolfo: (...) Es ist seltsam: In der Geschichte, soviel ich weiß, wird das nicht gesagt, nicht wahr?, daß Heinrich IV. heimlich die Marchesa von Toskana geliebt hätte?

Donna Matilde: Nein, gar nicht (...), es wird in der Geschichte genau gesagt (...), daß der Papst gerade den Bitten der Marchesa Mathilde und des Abtes von Cluny nachgab (...).

Landolfo: Ja, so schien es mir! Doch er sagt, daß er sie geliebt hat, er sagt es immer (...). Und nun fürchtet er, daß ihr Unwille über diese heimliche Liebe sich im Gemüt des Heiligen Vaters schädlich für ihn auswirken könne.

Heinrich IV.: Ich habe verstanden. Das heißt also, daß Ihr nicht glaubt, daß ich sie liebe. Ich habe verstanden, ich habe verstanden. Niemand hat dies je geglaubt: Niemand hat je diesen Verdacht gehegt. Umso besser so (...). (Doch) Die Bedingungen, von welchen der Papst den Widerruf der Exkommunizierung abhängig machte, haben nichts, aber auch gar nichts zu tun mit dem Grund, aus welchem er mich exkommuniziert hat (...). Ihr könnt mich besser verstehen als die anderen, weil Ihr eine Frau seid. Dies ist ein feierlicher und entscheidender Augenblick. Ich könnte, seht, eben jetzt, während ich mit Euch spreche, die Hilfe der lombardischen Bischöfe annehmen und mich des Papstes bemächtigen, indem ich ihn hier, im Schloß, belagere: nach Rom eilen, um dort einen Gegenpapst zu wählen; die Hand zum Bündnis mit Robert Guiscard ausstrecken (...). Gregor VII. wäre verloren! Ich widerstehe der Versuchung, und glaubt mir, ich bin klug. Ich fühle die Aura der Zeit und die Majestät dessen, der weiß, wer ein Papst sein soll! Wollt Ihr jetzt lachen, wo Ihr mich so seht? Ihr wärt so dumm, weil Ihr nicht verstehen würdet, welche politische Weisheit mir zu diesem Büßerkleid rät. Ich sage euch, daß die Rollen morgen vertauscht werden könnten (...).

Heinrich IV. (der echte) versuchte fast sofort, „die Rollen zu vertauschen": Es waren seit der Demütigung von Canossa noch keine drei Jahre vergangen, als ihn der Papst auf dem Konzil ein zweites Mal exkommunizierte. Doch da fiel er erbost in Italien ein, fand hier Verbündete, sogar beim Klerus, und drang bis Rom vor: Gregor VII. wurde gezwungen, ins Castel Sant'Angelo zu flüchten, während Heinrich Clemens III. auf dem Stuhl Petri belagerte. Und Mathilde? Mathilde hatte mit ihren Truppen versucht, den Eindringling aufzuhalten, der an der Spitze eines riesigen Heeres nach Rom herunterkam, und sie hatte Canossa erobert (dies war die zweite Niederlage Heinrichs, die mit diesem Namen verbunden ist, doch es wird noch eine dritte – und wieder durch eine Frau – geben!). Lucca hatte sie dann verraten, so konnte der Kaiser bequem Rom erreichen. Gregor VII. scheint sich inzwischen mehr um ihre Gesundheit zu kümmern als die feindliche Belagerung abzuwehren. Als Mann verkleidet, dringt Mathilde in die Stadt ein, umgeben von Heinrichs Truppen, und ist neuerdings an der Seite Gregors. Jetzt durch die Zähigkeit einer solchen Frau entmutigt, macht Heinrich den letzten Versuch, sie endlich auf seine Seite zu ziehen: Hat er sie wirklich heimlich geliebt, wie Pirandello phantasiert, oder wollte er einfach eine standhafte Feindin in eine Verbündete verwandeln? Und wenn beide Hypothesen „wahr" wären, miteinander vermischt zu jener explosiven Mischung, die von Catull bis Freud als „Haß-Liebe" bezeichnet wird?

Nochmals: Die Marchesa weist seine Annäherungen zurück. Die politische Begründung? Sie haßt die Deutschen. Die religiöse Begründung (oder das religiöse Alibi)? Ihr Gaube an eine universelle Kirche, die ihren Sitz nur in Rom haben konnte und deren charismatisches Oberhaupt nur der Römische Papst sein konnte.

Doch entwickeln sich die Ereignisse zumindest für Gregor VII. zur Katastrophe. 1084 gelingt es ihm nur durch Einschreiten von Robert Guiscard (der sein Verbündeter geworden war), aus Rom, von welchem Heinrich neuerdings Besitz ergriffen hatte, nach Salerno zu flüchten. Mathilde verfolgt ihn nicht. Warum? Weil sie „es für ihre Pflicht hält, den Deutschen vom Boden Latiums zu verjagen". Und sie kämpft noch „mit jener Erfolgsillusion", bemerkt Latour, „welche in der Vorstellung der Frauen so natürlich ist". Dies bedeutet, daß „die Frauen" nicht fähig sind, die Wirklichkeit vom *Wunsch* zu unterscheiden. Aber ist das dann wirklich ein Fehler?

In Sorbara spornt Mathilde ihre Ritter, das päpstliche Banner schwingend, mit dem Ruf an (oder ist dies eher ein Befehl als ein Gebet?): „Petrus, kämpfe für die Deinen!".
Inzwischen stirbt Gregor VII. in Salerno. Die Überlieferung wird ihm folgende letzte Worte in den Mund legen: „Ich habe die Gerechtigkeit geliebt, ich habe die Ungerechtigkeit gehaßt, deshalb sterbe ich im Exil".

Es ist 1085. Mittelitalien, seit Jahren durch Kriege verwüstet (Mathilde wird sich im Alter rühmen, an 60 Schlachten teilgenommen zu haben), ist nichts als ein Trümmerhaufen. Doch die Marchesa der Toskana entschließt sich, die Städte und Burgen ihrer Besitztümer wieder aufzubauen – und zwar viel schöner und prächtiger als zuvor: Sie verwandelt sich in eine Städtebauerin, und mit einer Handvoll Beratern, Sachverständigen der verschiedenen Künste (Malern, Architekten, Baumeistern, Designern für Straßen und Gärten) und auch Notaren und Bankiers im Gefolge reist sie unermüdlich durch die Gebiete von Pisa, Lucca, Florenz, Siena, Mantua und baut Kirchen und Spitäler, eröffnet neue Verkehrsverbindungen und errichtet neue Stadtmauern und Festungen. (Doch die Steine bewahren nicht den Namen, die Erinnerung an die – seltenen – Frauen, welche so etwas verfügt haben.)

Inzwischen hat ein treuer und glühender Anhänger der Marchesa den Heiligen Stuhl bestiegen: Urban II. Und zu diesem Zeitpunkt, wir befinden uns im Jahre 1089, geschieht ein weiterer *coup de theatre* im außergewöhnlichen Leben Mathildes: Sie heiratet 43jährig den achtzehnjährigen Prinzen Welf (Guelfo), den Sohn des Herzogs von Bayern. Eine *vorzeitige* feministische Geste? Eine kapriziöse und „liederliche" Abwechslung in den sexuellen Launen und Reizen, ja sogar ein völliges Auf-den-Kopf-Stellen, welches sie aus dem Bett eines alten Mannes (wenn er auch heilig war) in das eines blonden und (wie die Chroniken erzählen) wunderschönen Jünglings? Nein, beruhigt euch, nichts von alldem. Wie immer „opfert sich" Mathilde (ist sie nicht ein ganz ausgekochtes Schlitzohr?) „für das höhere Wohl der Kirche". Sie raten ihr tatsächlich zu der Ehe, ihr geistlicher Betreuer und Urban II. selbst, der denkt, daß der Augenblick gekommen sei, die lange und anstrengende Partie zwischen dem Papsttum und dem Deutschen Reich zu beenden. Wenn Mathilde einen deutschen Prinzen heiratet (macht man sich vor), wird der Zwist aufhören.

Doch überhaupt nicht: Heinrich IV. ist hartnäckig, er belagert die beiden Brautleute in Mantua und nimmt ihnen jede Hoffnung auf Befreiung: Die Stadt, zur Gänze von den Gewässern des Flusses Mincio umgeben, war noch nicht das prächtige und wundervolle Mantua der Gonzaga, der d'Este, der Mantegna. Vielleicht war der Palast, wo Mathilde und Welf wohnten, der ursprüngliche Kern des heutigen Palazzo Acerbi; wahrscheinlich hatte man zu der Zeit schon mit dem Bau des Domes begonnen, der dann eine strenge gotische Fassade (welche später von der Renaissance-Fassade ersetzt wurde) erhielt. „Das Brautgemach", das großartige Fresko von Andrea Mantegna, lag daher damals nur in der Zukunft (und im *künstlerischen Werden*) in einer Stadt, die sich in ihrer Form und Schönheit bis zur Vollkommenheit entwickeln sollte. Und doch, warum soll man nicht phantasieren, daß zur Zeit der „seltsamen" Heirat von Mathilde mit Welf von Bayern und ihres Aufenthaltes (von den Truppen Heinrichs IV. belagert) in jener edlen Landschaft mit Gewässern und Pappeln das Thema des „Brautgemaches" schon, um es so zu sagen, diesen Orten „innewohnte". Das *Brautgemach* wurde in der Tat Gegenstand des aufsehenerregenden Scheidungsprozesses (eines kirchlichen Prozesses), der die beiden dazu brachte, sich zu trennen: damals behauptete Welf, daß „sich" Mathilde „ihm niemals geschenkt hätte", und Mathilde bestätigte, daß sie in die Ehe „nur zum Wohle der Kirche" eingewilligt hätte. Das Gerede im Volk (und anderswo) lautete hingegen, daß der junge Welf flüchtete, um der „unersättlichen Begierde" der Marchesa zu entkommen.

Sicherlich ging er davon, weil er erfahren hatte (und er wußte es nicht zum Zeitpunkt seiner Heirat mit Mathilde), daß alle ihre Güter schon der Kirche vermacht worden waren. Zu welchem Zweck also an der Seite einer Frau bleiben, „die älter als er" war, die ihn dazu gebracht hatte, sich gegen seine eigenen Leute zu stellen und ihn schließlich frustrierte, weil sie zu Pferde im ganzen Gebiet zwischen Reggio, Modena und Mantua Kriege führte, während er, der Gatte, keinerlei Gefallen an den Waffen fand?

Mathilde ließ ihn (vielleicht) ohne Bedauern ziehen. (Oder hatte sie ihn doch wirklich geliebt?) Das Geheimnis des *Brautgemaches* ist zu allererst auf den Gesichtern der vom Künstler gemalten Personen zu lesen. (Und ihre „politische" Machtausübung, in der Geschichte achthundert Jahre und länger zurückliegend, war schon ein feministischer Akt.)

Mathilde war stolz darauf, zum dritten Mal und allein Heinrich IV. in Canossa besiegt zu haben. Oh, es war ein wunderbarer Streich, ein Trick einer wahren Strategin: Es war ein Tag im Spätherbst des Jahres 1092, als Mathilde Heinrich und sein Heer bis unter die Mauern der Burg herankommen ließ, ohne daß von dieser irgendein Lebenszeichen gekommen wäre. Dann, als das Heer seine Lager aufgeschlagen hatte und für die Nacht gerüstet war und die Nebel des Po die Sicht auf das Gesicht des eigenen Nachbarn unmöglich machten, zerschlug ein Pfeilhagel die Belagerer: Heinrich war gezwungen, halbnackt zu fliehen und seiner langjährigen Feindin seine ganze Garderobe zu überlassen.

Und nun von der militärischen Strategie zur hohen Politik. Mathilde nimmt in ihrer Burg die Gattin Heinrichs IV. auf, jene Berta, welche endlich nachgibt und ihren *Heroismus als Ehefrau* gegenüber den endlosen Schändlichkeiten des Gatten aufgibt. (Und war die Geste Mathildes, ihre Gastfreundschaft, auch eine Anwandlung von Sympathie von Frau zu Frau? Wo endet das Spiel der Politik und beginnt eine unausgesprochene Sympathie? Wir werden es nie wissen.) Mit Berta kommt auch der erstgeborene Sohn des Kaiserpaares Konrad an Mathildes Hof. Mathilde stachelt ihn dazu an, den Vater vom Thron zu stürzen. Das Alibi ist immer dasselbe: die Treue zur Kirche, die Niederträchtigkeiten Heinrichs und seine Verfluchung durch zwei Exkommunikationen. Die Rebellion Konrads gegenüber dem Vater wurde von Mathilde damit belohnt, daß sie ihn (sie, eine Frau!) zum König von Italien krönte. Verri schreibt: „Konrad stand gegen den Vater

auf, geködert durch die leere Schmeichelei, König von Italien zu werden, wo er unter diesem Titel lebte, um allen Anweisungen der Gräfin Mathilde zu gehorchen." Doch Heinrich IV. übertrug das Recht auf die Nachfolge dem zweiten Sohn Heinrich: Auch bei diesem, sagt Verri (und er spielt dabei immer noch auf Mathilde an), „fand sie die Möglichkeit, ihn gegen den Vater aufzuwiegeln".
Und fügt hinzu: „Man kann nicht stärker auf die Gefühle der Menschlichkeit und der Natur verzichten, als dies dieser Sohn Heinrich tat (...). Ich werde von diesem Geschehnis mit denselben Worten, mit welchen Graf Giulini davon berichtet, erzählen". Es folgt das Zitat Giulinis: „Die Laster, die Sittenlosigkeit, der Pfründenhandel, die Kirchenspaltung des Kaisers waren wirklich schrecklich (...), doch mußten sie (...) von einem Sohn geduldig ertragen werden. So sehr auch die Lebensgeschichte Heinrichs IV., des deutschen Kaisers und des dritten Königs von Italien, Haß und Abscheu hervorgerufen haben mag (...), läßt die Geschichte seines Todes die Gemüter vor Mitleid und Erbarmen erstarren (...)". Heinrich IV. stirbt nach dem Versuch, mit Waffengewalt den Thron, welchen ihm die Söhne genommen hatten, zurückzuerobern; er stirbt am 7. August 1106 in einem Kloster in Lüttich, wohin er sich zurückgezogen hatte. Die Chroniken der Zeit schrieben sein Ende einem Gift zu, das ihm von seinem Sohn Konrad, immer noch von Mathilde angestiftet, verabreicht wurde, doch gibt es dafür keinen Beweis.

Von Heinrich V., der seinem Vater nachgefolgt war, erhielt Mathilde, jetzt dem Tode nah (sie war 69 Jahre alt), den Ehrentitel einer Vize-Königin von Ligurien. Ihre Epoche war nun gleichzeitig mit der Feudalherrschaft im Absteigen begriffen: Die ersten Anzeichen der Veränderung sah Mathilde schon in der Toskana zur Zeit ihrer Ehe mit dem Herzog von Bayern, als sich ihr sogar Lucca widersetzte. Dann war die Revolte von Mantua, das zur *freien Gemeinde* aufsteht.
Und Mathilde stirbt 1115, nachdem sie „ihren" Mantuanern „vergeben" hatte. Sie wird in der Abtei von S. Benedetto von Polirone begraben. Heinrich V. beansprucht ihr Erbe und beginnt deshalb wieder einen Krieg gegen das Papsttum.

Von Mathilde – und dies ist selten, daß dies bei einer Frau geschieht – hat uns die Geschichte die letzten Worte erhalten: „Das Glück ändert sich, der Mut ist alltäglich". Der alltägliche Mut: Der tägliche Mut, der eine so große Rolle im Leben der Frauen spielt. Aller Frauen.

Doch wer war Mathilde (ich wiederhole die Frage, die ich am Anfang dieser Erzählung gestellt habe), wer war die Marchesa von Canossa? „Ein blindes Schwert in den Händen des Papsttums", „die Heldin von 60 Schlachten", „eine kühne, der Sache der Kirche leidenschaftlich ergebene Frau, die besessen war, alle ihrem eigenen Willen zu beugen"? Dies sind einige Beschreibungen ihrer Person, die uns von den wohlwollendsten Historikern hinterlassen wurden (für die Kirche war und bleibt sie eine fromme Frau).

Ich glaube, daß ihr Lebensbild in höchstem, offenkundigstem, explosivstem Maße auch die einzig mögliche strategische oder, besser noch, würdigste Wahl ausgedrückt hat, die eine Frau ihrer Zeit hatte, um sich zu bestätigen, mit einiger Eigenständigkeit zu verwirklichen: Es handelte sich darum, für den katholischen Glauben zu kämpfen (tut die heilige Katharina von Siena auf ganz andere Weise nicht dasselbe?) und sich dessen wie einer Wechselbürgschaft zu bedienen, um in der Welt der Männer weiterzukommen und sie eventuell zu beherrschen. Bewußt oder nicht, es war dies die Wahl Mathildes: Die Macht der Verführung blieb für sie, eine Frau mit Macht, wenn es jemals eine (zu ihrer Zeit und in Italien) gegeben hat, trotz allem ein nebensächliches Element. Vielleicht (doch das wäre eine, ihre Persönlichkeit herabsetzende Interpretation) hat die Marchesa von Canossa taktiert, um auch ohne Skrupel die sogenannten Freuden des Fleisches zu genießen. Doch das war für sie nicht das Wesentliche.

Mit ihrem Tod endet jedenfalls die historische Seite der „Herrschaft der Gräfinnen" in unserem Lande.

In der Toskana
Beatrice und die anderen

Die gelungenste Arbeit der *Entschlüsselung* eines menschlichen Wesens (zweifellos durch sublime Dichtkunst, Philosophie, Religiosität, Mystizismus und was immer man noch aufzählen möchte, wenn es nur *abstrakt* ist) ist die von Dante Alighieri an einer realen Frau, die es immerhin vor nicht so langer Zeit – sodaß es über sie nicht einige sichere historische Berichte gäbe – gegeben hat, die geboren wurde, gelebt hat und gestorben ist: Beatrice Portinari, geboren in Florenz im Jahre 1266 und ebendort 1290 im Alter von 24 Jahren gestorben.

Und doch verbleibt uns von ihr nur eine glänzende Metapher, vor allem von Gott (wenn das Verhältnis zu Gott nur ein Gespräch unter Männern ist, bei welchem der schwächere – das ist der Mann, der Sterbliche, damit wir uns richtig verstehen – *das Bild der Frau* dazwischenschieben muß, um den unerträglichen Glanz des Göttlichen zu vermitteln? Ein Bild, das er vielleicht selbst erfunden hat?).

Beatrice hat smaragdfarbene Augen: vielleicht ...

„(...) Vor den Smaragden, in denen Amor schon seine Waffen gegen dich gerichtet hat (...)"

Sie war (wahrscheinlich) acht Jahre alt und Dante neun, als er sie traf – sie mußten Nachbarn gewesen sein, und vielleicht sahen sie sich zum ersten Mal beim Canto de'Pazzi im Herzen des mittelalterlichen Florenz –, das kleine Mädchen „war mit einer sehr noblen, bescheiden dezenten Farbe, blutrot, gekleidet, Gürtel und Schmuck für ihr sehr jugendliches Alter passend (...)". Es ist Dante selbst, der sie mit diesen Worten in *La Vita Nuova*, seiner Jugendbiographie, beschreibt. Und es ist seit diesem Augenblick an jenem Tag im Juni 1274 an jenem Ort, vielleicht dem Canto de'Pazzi in einem Viertel mit dem größten Gewirr kleiner enger Gassen zwischen sehr hohen und strengen Mauern, mit Häusern mit Erkern, wenigen Fenstern, eher turmähnlich (was die Bauweise anbelangt), die auf Anordnung der Gemeinde alle auf die gleiche Höhe gestutzt waren, um keine Unterschiede zwischen *größeren* und *kleineren* (reicheren und weniger reichen) Bürgern zu schaffen – damals begann der *Traum von Beatrice*, zur Gänze von ihm, Dante, erträumt, in welchen ich mich hineinzuversetzen versuche, akrobatisch und sicherlich nicht ohne vulgär und anmaßend zu sein, um die Frau zu entdecken, zu enthüllen.

Sie war, scheint es, eine der Töchter des Messer Folco Portinari, des Gründers des Spitals Santa Maria Nuova in Florenz. Boccaccio fabuliert in seiner Dante-Biographie (*Trattadello In Laude Di Dante,* Traktat zum Lobe Dantes) von einem Fest im Hause Folcos, wo Dante Beatrice zum ersten Male gesehen haben soll: Vielleicht ist dies eine dichterische Erfindung im Stil jenes *Sängers der Lüste und Freuden im Leben der Stadt* des Autors des Decamerones.

Oder vielleicht fand das Fest wirklich statt, wer weiß, mit von Blumengirlanden und mit Obst geschmückten Tischen und Musik. Die Portinari waren im Gegensatz zu den Alghieri, die von verarmtem Adel waren, sicherlich reich. Und wenn (wie phantastisch) Dante nicht einmal eingeladen worden wäre wegen des ungleichen Standes? Wenn dann von diesem Zeitpunkt an, von dieser Frustration an, wo er gezwungen war, das kleine Mädchen mit dem „blutroten" Kleid außerhalb eines Brokatvorhanges, den er nicht heben durfte, um dreisten Schrittes mit den anderen einzutreten, anzuschauen, im Jüngling der komplizierte Mechanismus von *Projektionen* und *Sublimierungen,* den wir kennen, entfesselt worden wäre?

Es ist sicher, daß seit jenem Juni des Jahres 1274 dem Kind, dem Heranwachsenden, dem jungen Mann die intellektuelle Tätigkeit, die Debatte, die Spaltung verschiedener Frauenbilder rund um den Drehpunkt Beatrice immer bewußter werden: Da ist mit achtzehn Jahren die Begegnung in einer Kirche, vielleicht Santa Margherita de'Cerchi, und Dante schaut Beatrice an, doch sein Blick wird von einer anderen abgefangen, die dann für immer „die Frau zum Schutz" sein wird. Dante täuscht von jenem Augenblick an vor, in die andere und nicht in Beatrice verliebt zu sein, und er treibt die Täuschung (doch war es denn eine Täuschung? Vielleicht würde das nicht einmal er selbst jemals wissen) so weit, bis Beatrice zornig wird! Oh nein, man denke nicht an eine „Eifersuchtsszene" oder, besser noch, man denke nicht, daß sich Dante soweit „erniedrigt" hätte, uns zu erzählen, wie seine gekränkte Schöne wütend geworden ist. Sublimieren, sublimieren! (Und ich scherze, das ist klar, denn wir wissen alle, wie sehr die *Distanz vom Gegenstand der Dichtung* das unentbehrliche Element für dieselbe ist.)

In Wirklichkeit beginnen sich die „Frauen zum Schutz“ auf gefährliche Weise zu vervielfältigen: Zuerst, in der Kirche (vielleicht) Santa Margherita de'Cerchi, war es „eine edle Frau mit sehr gefälligem Äußeren“, die geglaubt hatte, daß sie der Gegenstand des Begehrens des achtzehnjährigen Dante Alighieri wäre, und Dante hatte sie und seine Freunde in dem Glauben gelassen, um einen „Schutz vor der Wahrheit“ zu schaffen.

Diese Frau war vielleicht die Adressatin der anmutigen Ballade, die so beginnt:

„Ach, Violetta, die du als Liebesahnung plötzlich vor meinen Augen erschienst (...)“.

Dann gab es da die Liste von den 60 schönsten Frauen von Florenz, welche der noch unreife Dichter verfaßt und in Umlauf gesetzt hat: Beatrice kam hier auf dem neunten Platz vor! Und schließlich das großartige (an Guido Cavalcanti gerichtete) Sonett, das folgendermaßen beginnt:

„Guido, ich möchte, daß du, Lapo und ich verzaubert würden und in ein Schiff versetzt würden, das bei jedem Wind auf dem Meere unterwegs wäre, euch und mir gehorchend (...)“.

Diese Verse, welche die Zeit des „Dolce Stil Nuovo“ (des „Süßen Neuen Stils“) eröffnen, die eine leichte und lebendige, noch immer berauschende Wollust ausdrücken, zählen (in der zweiten Strophe) die Frauen auf, die Dante auf sein Schiff bringen möchte: Monna Vanna und Monna Lagia – die Geliebten Guidos und Lapos – und für sich selbst „jene mit der Nummer dreißig“ – und zwar die dreißigste Schönheit auf der berühmten Liste (die uns nicht erhalten geblieben ist). Das genügte Beatrice: Wenn sie ihren Verehrer auf den Straßen des damaligen Florenz traf, antwortete sie nicht nur nicht auf seinen Gruß, sondern – bei einer anderen Gelegenheit, einer Hochzeitsfeier, wo auch Dante eingeladen war – „sprach sie ironisch“ (wie wir heute sagen würden) mit ihren Freundinnen über die verrückten und unbeständigen Lieben des Dichters. Die dreißigste Schöne der Liste war die „zweite Frau zum Schutz“, und über diese Leidenschaft des jungen, „von der Schönheit berauschten, von jenem ersten Lächeln der Frauen zerstreuten“ Dichters gab es in Florenz sehr viel Gerede, das ihn, wie er selbst in der *Vita Nuova* klagen wird, „auf lasterhafte Weise" verleumdeten.

Die Demütigung Dantes bei jener Hochzeitsfeier, als er Beatrice sah und hörte, wie sie ihn im Kreise von Komplizinnen und solidarischen Frauen fast offen verhöhnte, scheint (wie er selbst erzählt) wirklich schrecklich gewesen zu sein. Bleich, einer Ohnmacht nahe, verließ er den Empfang, entschlossen, sein Leben zu ändern: Die Liebe, oder die Lieben, erscheinen ihm nunmehr, auch für seine Kunst, keine würdige Materie mehr zu sein; und indem er beschloß, „wieder eine neue und edlere als die vergangene Materie aufzunehmen", begann er in Wirklichkeit, das Liebeserlebnis zu *entfleischlichen*, in ein Symbol, eine Metapher, eine Allegorie zu übersetzen. Dies für das Geschriebene. Das Leben ... Das Leben ist immer und für alle etwas anderes.

Und Beatrice starb. Sie hatte sich ganz jung mit Simone de'Bardi verheiratet; wahrscheinlich war sie schon verheiratet, als die eben erzählte Episode stattfand. Maria Ludovica Lenzi schreibt in *Donne e Madonne* (Turin, Loescher, 1982, Frauen und Madonnen), daß „der durchschnittliche Altersunterschied zwischen Ehemann und Ehefrau in den ersten Jahren des fünfzehnten Jahrhunderts" (und daher noch wahrscheinlicher in früheren Zeiten) „ungefähr fünfzehn Jahre betrug, und daß ein Fünftel der Todesursachen von verheirateten Frauen die Geburten waren". Man weiß nichts über die Todesursache Beatrices (die sicher mit einem sehr viel älteren Mann verheiratet war) und auch nicht, ob sie Kinder gehabt hat.

Simone de'Bardi, ein Angehöriger einer der angesehensten Familien von Florenz, brachte sie in sein festungsartiges Schloß jenseits des Arno gegenüber der Rubaconte-Brücke.
Doch anscheinend wurden für Dante die Gelegenheiten, sie zu sehen, nicht seltener, auch wenn sie sich beharrlich weigerte, seinen Gruß zu erwidern. Nun wurde gerade jener Frauenkreis von Beatrices Freundinnen, die sich beim Fest hinter dem Rücken des Dichters über ihn unterhalten hatten, zum Mittler: Es entstand zwischen ihm und ihnen eine zarte Verkettung von Komplizenschaft, Gefühlen, Suggestionen, über welchen ganz oben die Sonne Beatrices leuchtete, Beatrice, die faktisch jedoch eine

ganz weibliche, delikate, kostbare, lebendige Welt darstellte, der Dante, ersichtlich aus der außergewöhnlichen Grazie seiner Verse, ergeben war. Nun entsteht die unvergeßliche Canzone: „Frauen, die Ihr den Intellekt der Liebe habt", die Dante auf einem Spaziergang am Ufer eines Baches, der ihn an „die Perlenfarbe" von Beatrices Antlitz erinnert, dichtet. Und diese Ballade ist auch „theoretisch" (meiner Meinung nach) bezeichnend für die sichere Intuition, mit welcher der Dichter (wie alle echten Dichter) in den Frauen die idealen Gesprächspartnerinnen beim Gespräch über die Liebe erkennt: Dante fühlt sich angezogen, er liebt die Welt der Frauen, jenen zarten Kreislauf von Gefühlen, Bildern, Phantasie und Schönheit; und er kann in sie kraft der männlichen Eigenschaften der Poesie eindringen. Gab es also keine Rivalität zwischen den Gefährtinnen Beatrices, zwischen ihnen allen und ihr? Dante sagt ganz klar nein – womit er die Legende der Rivalität und des Wettbewerbs zwischen Frauen zerstört –, als er schreibt (im berühmten Sonett, das mit „So edel und sittsam scheint sie" beginnt):

„Ihre Schönheit ist so tugendhaft,
daß kein Neid auf die andern ihr entspringt:
ja, sie läßt sogar die Edlen,
Liebenswürdigen und Treuen mit sich gehen".

Und er fährt fort:

„Ihr Anblick macht alles gering
und läßt nicht nur sie gefallen,
sondern jede erringt Ehre durch sie (...)".

Doch Beatrice hatte unter den Freundinnen den Vorrang, den ihr Anbeter als „natürlich" beschreibt, und wahrscheinlich befanden sich ihre „Rivalinnen" außerhalb der Gruppe von Freundinnen. (Die erste und zweite „Frau zum Schutz".)

Eine weitere Anmerkung, so scheint mir, muß ich über die relative Freiheit der jungen Frauen von Florenz in jener Zeit machen: Dante und seine Freunde hatten problemlosen Umgang mit ganz (oder fast) „tugendhaften" Frauen, die fast alle verheiratet waren. Die Ehe war, das ist bekannt, besonders in den großen Familien ein politischer und wirtschaftlicher Vertrag, von welchem sich in der Gesellschaft niemand erwartete, daß er gleichzeitig etwas mit Liebe zu tun hätte: Und doch haben Pia de'Tolomei oder Francesca da Rimini (und wer weiß, wie viele andere Unbekannte) wegen eines wirklichen oder vermuteten Ehebruchs ihr Leben verloren.

Einige Dezennien später sollte jedoch eine ganz strenge Welle von „Eheregeln" über die Frauen von Florenz durch Predigten (wie jene des Heiligen Bernardino) oder Schriftstücke wie jene des Dominici hereinbrechen. Und hier ein Beispiel von eben diesem Dominici, in einer Aufforderung an eine gute Ehefrau: „Du kannst nur dort schlafen, wo er (der Ehemann) es will, und du kannst nicht außerhalb des Bettes, wo er ist, wachen, auch wenn es ihm gefiele, und noch weniger wo anders als zu Hause übernachten; und so verbietet er dir jede Reise ohne seine Erlaubnis. Er ist nicht so sehr dein Untertan, daß er nicht trotz deiner Widerrede lange Reisen machen und außer Haus verweilen könnte (...). Er hat von Gott die Erlaubnis, der im Glorienschein zu Eva, die ihre Sünde bereute, sagte: 'Du wirst dem Manne untertan sein, und er wird über dich herrschen' (...)". („Sub potestate viris eris, et ipse dominabitur tui".)

Also, eine florentinische Ehefrau, die ihrem Ehemann völlig unterworfen war (außer der *Anima spirituale = vergeistigten Seele,* die dem Herrgott geweiht werden mußte), oder ein heiteres und freies Mädchen im Kreise von Gefährtinnen, alle (oder fast alle) tugendhaft, gewiß, doch beschäftigt mit Festen, Empfängen und Dichterlesungen?
Und Dante, war er seinerseits nicht eifersüchtig auf den Ehemann, der nach den Regeln der Gesellschaft und dem Rat der Mönche den (in seinen Augen) ganz reinen Körper Beatrices besaß?
Schließlich Beatrice: Hat sie jemals in jenem kurzen und wirklich frühlingsgleichen Ende der Jahreszeit, die ihr Leben war, den Wunsch gehabt, von Dante wie eine Frau geliebt zu werden und nicht wie ein Engel? (Oder, wer weiß, vielleicht gefiel ihr der Dichter nicht ... oder war sie nur verliebt – ohne es sich einzugestehen oder zu wissen? – in ihre reizenden Gefährtinnen?)

Dies sind alles unbeantwortete Fragen.
Am 10. Juni 1290 stirbt Beatrice. Dante hatte zuvor von ihrem Tod

geträumt (was er uns in der *Vita Nuova* erzählt): „(...) (ich sah) weinende Frauen mit aufgelösten Haaren auf der Straße (...), sah, daß sich die Sonne verfinsterte (...). So daß sich die Sterne in einer Farbe zeigten, die mich glauben machte, daß sie weinten, und es schien mir, daß die Vögel aus der Luft tot zu Boden fielen (...)". Er hörte Stimmen, die ihm ankündigten, daß „deine wunderbare Frau diese Welt verlassen hat", und er meinte, „eine große Schar Engel" zu sehen, die in die Höhe flogen und eine ganz weiße, kleine Wolke vor sich hatten. „Mir schien es", fährt Dante fort, „daß diese Engel glorreich sangen, und die Worte ihres Gesanges hörten sich so an: 'Hosanna in excelsis'".

Der Tod Beatrices vollendet jenen Prozeß der Sublimierung der Frau, durch welche die Zärtlichkeit einer, wenn auch ganz geistigen Liebe bis zu diesem Augenblick im Bereich der Wirklichkeit und Alltäglichkeit gehalten worden war. Beatrice beginnt zur Metapher und zum Ebenbild Gottes zu werden: Und die Kommentatoren Dantes werden bis heute der *Auflösung* der Frau applaudieren. Hört Tommaso Gallaroti-Scotti in seinem, obwohl lebendigen Büchlein *Vita Di Dante* (Das Leben Dantes), das 1922 veröffentlicht worden ist: „Wenn Beatrice am Leben gewesen wäre, wäre die Dichtung Dantes Manier und weniger Gefühl geworden. Sie hatte den Gipfel erreicht, durch Schönheit und Form und Neuheit des Inhaltes alles, was von Zeitgenossen und Vorgängern über die Frau gesungen worden war, übertroffen. Der größte lyrische Dichter hätte vielleicht in Ruhe seinen Ruhm genossen, ohne weiterhin unbekannte Wege zu wagen. Seine Liebe selbst hätte ihn am Boden gehalten, und die Natur seiner Leidenschaft wäre der traurigen und dunklen Tätigkeit der Jahre unterlegen. Nicht nur auf dem engelsgleichen Antlitz Beatrices wären die Zeichen der Zeit, die Runzeln des Alters erschienen.
Auch das Herz hat seine Runzeln. Schwerlich hätte so eine heile, einmalige Liebe der fatalen Degeneration der Dinge, auch der reinsten, außerhalb der gegenwärtigen und natürlichen Ordnung stehenden, Widerstand leisten können. Wer kann sagen, welche anderen Wirkungen ein einziger Augenblick der Schwäche von Beatrice, eine einzige Geste, ein erwiderter Gruß, eine mitleidige Hinwendung ihres Gemütes zum Liebenden hätten zeitigen

können? Welche Elemente hätten sich durch die feine Verästelung der menschlichen Schwäche in diese himmlische Liebe einschleichen können?"

Es ist daher gut, daß die Frauen sterben. Damit die Poesie unsterblich leuchtet, damit ein männlicher Gott in den verschreckten Gemütern der Männer triumphiert. Und es ist eine Geschichte der Männer. Man wird sagen: Aber der arme Gallaroti-Scotti ist ein veralteter Kommentator ... Nachher ist tatsächlich die Psychoanalyse (die Verbreitung der Psychoanalyse) gekommen, und ein wissenschaftliches Konzept – das der Sublimierung – hat das religiöse Prinzip, das nunmehr abgelaufen ist, ersetzt. Wenn sich nur nichts ändert.

Hat Dante aber menschlich, konkret wegen jenes Todes gelitten? In der *Vita Nuova* bejaht er das: Ein „verzehrender Seelenschmerz", eine „Traurigkeit", welcher „die vom Weinen so müden Augen nicht entrinnen konnten". Auch seine Stadt Florenz schien ihm „verlassen" und „jeder Würde beraubt". Eines Tages, und dies war gerade der erste Jahrestag ihres Todes, hielt er sich an einer „Stelle" der „verlassenen" Stadt auf (vielleicht, nach Meinung der Gelehrten, auf dem Platz von Santa Croce) und „als ich mich an sie erinnerte, zeichnete ich einen Engel auf bestimmte Täfelchen, und während ich zeichnete, blickte ich um mich und sah Männer an meiner Seite, denen ich die Ehre erweisen mußte. Sie schauten, was ich machte, und, wie mir dann gesagt wurde, waren sie schon um einiges früher, als ich sie bemerkte, da. Als ich sie sah, stand ich auf, grüßte sie und sagte 'eine andere war vorher mit mir (...)'."

Diese Pilger, die auf dem Weg nach Rom durch Florenz kamen, inspirierten ihn zu einem Sonett, in welchem er die „leere" Stadt Beatrices beschreibt.

„Sie hat ihre Beatrice verloren,
und die Worte, die ein Mann über sie sagen kann,
bringen alle anderen zum Weinen (...)".

Wie vertraulich, intim für einen Menschen ist diese Stadt, in der sogar die durchreisenden Fremden am Schmerz eines Liebenden über den Tod seiner Geliebten teilnehmen. Was für ein Unterschied zur Einsamkeit unserer heutigen Städte (das Material für andere Lieder). Gewiß, Dantes Florenz war verstört durch die grausamen Kriege zwischen den gegensätzlichen Parteien. Man verbrannte die Häuser der Ketzer, die sich weigerten, in San Giovanni zu bereuen (auch Dantes Haus wurde verbrannt), doch es gab, wie übrigens in jeder noch engen Gemeinschaft, eine kollektive Teilnahme am Leben eines jeden, was wir uns heute schwerlich auch nur vorstellen können. Entnehmen wir es wieder den Chroniken des Villani: Zu Ende des 13. Jahrhunderts trugen die Florentiner ein hüftenges, faltenloses, knöchellanges und hochgeschlossenes Gewand mit einer Kapuze, die den Kopf verhüllte. Die Frauen trugen Kleider mit breiten Falten und die Verheirateten Binden um den Kopf. Die Straßen waren eng und gedrängt voll, von Menschen wimmelnd, besonders um den Mercato Vecchio (Alter Markt) herum. Hier kamen die Neujahrsfestumzüge vorbei, nicht am ersten Jänner, wie wir es feiern, sondern am 25. März, zu Frühlingsbeginn. Und zu den Kalenden des Mai (am ersten Mai) duftete die Luft überall nach Blumen, weil die Verliebten den „Maggio" – einen Blütenzweig – vor der Türe ihrer Schönen aufpflanzten. Im Jahre 1294, einer Periode des Friedens für die Stadt, „kamen" die Florentiner „überein", schreibt Villani, „die größte Kirche von Florenz zu erneuern (...), sie zu vergrößern (...) und daß sie ganz aus Marmor, mit eingeschnittenen Figuren, gemacht werden sollte. Sie wurde feierlich zu Ehren Gottes und der Heiligen Maria gestiftet und Santa Maria del Fiore genannt (...)". In jenen Jahren, denselben, in welchen Dante den Tod der Beatrice beweinte, breitete sich die Stadt aus und wurde reicher, es kamen Waren herein und es kamen Fremde zu Pferde; das Geld floß, florentinische und kaiserliche, französische, byzantinische (Bisanti) Münzen, in dieser Gesellschaft entstanden die Banken, der Wucher und die „Wechselbriefe". Und dennoch kannten sich nicht nur die „angesehenen Bürger" untereinander (manchmal waren ihre Häuser durch Straßenüberführungen miteinander verbunden), sondern auch die Fremden wurden bei ihrer Ankunft aufgenommen und gefeiert, zumindest solange sie sich nicht als Feinde entpuppten. Das Sonett, zu welchem ihn die Pilger inspiriert hatten, widmete Dante (und wahrscheinlich gab er ihnen davon eine Kopie) den „edlen Frauen", die Beatrices Gefährtinnen waren.

Die Beziehung zwischen dem Dichter und „den anderen" ging also weiter: Und wir wissen nicht, ob dem Kreise Beatrices auch die „Trost-Frau" angehörte. Denn Dante hatte, das ist wahr, nach dem Tode der Geliebten beschlossen, sich „dem Trost der Philosophie zu ergeben", doch „leider", wie der gute Gallarati-Scotti bemerkt, „dürfte die Philosophie nicht sein einziger Trost gewesen sein". Gerade im September des Jahres 1291 sieht er, als er sich zum Lesen in sein Zimmer eingeschlossen hatte, „eine edle junge wunderschöne Frau, die so mitleidig aus einem Fenster schaute (...), daß es schien, als ob alles Mitleid der Welt in ihr wäre". Dante erzählt dann, daß diese, auch in den darauffolgenden Tagen, wenn er „zufällig" auf der Straße die schöne Unbekannte traf, „einen barmherzigen Ausdruck hatte und blaß vor Liebe war". So sehr, daß seine Augen (des jungen Dante, damals sechsundzwanzig Jahre alt) „begannen, sich allzusehr an ihrem Anblick zu erfreuen", und er fing an, an sie „als an eine Frau, die ihm zu sehr gefiel", zu denken. Es ist die neue Liebe, die erste Rivalin der verstorbenen Beatrice (zu ihren Lebzeiten hatte die Tochter Folco Portinaris mehrere).

Dante widmet ihr ein Sonett, das so beginnt:

„Auf jener Straße, die die Schönheit geht,
wenn es einem in den Sinn kommt, Amor zu rufen,
kommt Lisetta übermütig vorbei (...)".

Es ist also Lisetta (oder Alisetta), die „Trost-Frau": Doch im selben Sonett fordert Dante sie dazu auf, sich zu entfernen, weil, wie er sagt, in seinem Geiste Amor schon einer anderen Frau die Herrschaft verliehen hatte.

Es sieht nicht so aus (und auch der wachsame Gallarati-Scotti zweifelt daran!), daß die Distanzierung unmittelbar darauf stattgefunden hat. Um sich von der Verführung durch Lisetta zu befreien, einer konkreten und greifbaren Verführung, tat Dante zweierlei: Er verwandelte die Verführerin in die allegorische Figur der Philosophie (hatte er sie denn nicht zum ersten Mal gesehen, als er über jene dicken und wichtigen Bücher gebeugt saß?) und sah die verstorbene Beatrice in einer Art authentischer religiöser Vision (oder Halluzination) wieder. Es schien ihm, daß

Beatrice genau wie bei der ersten Begegnung aussah, bekleidet mit denselben „blutroten Gewändern", und er war so bewegt, daß ihm dies (aber wie wir sehen werden, nicht für immer) „die abscheuliche Begierde nach einer Frau" (in Fleisch und Blut) vertrieb. Noch einmal weint der Dichter. (Vielleicht wurden zu dieser Zeit die Tränen noch nicht für ein Zeichen mangelnder Männlichkeit gehalten? Oder waren es nur die Dichter, die die *Erlaubnis zu weinen* hatten?) Es steht fest, daß Dante wiederum weint und daß sich „wegen des langen Weinens" um seine Augen, wie er selbstgefällig beschreibt, „eine Purpurfarbe bildet, die sich zu zeigen pflegt, wenn jemand leidet". Also ein echtes Martyrium, dem ihn der stumme Schatten Beatrices unterzieht; man könnte respektlos sagen, daß wenig dazu fehlt, daß auf den Handflächen des Dichters die Wundmale Christi erscheinen. Gewiß, die starke mystische Komponente der Kultur jener Zeit spielt ihre Rolle bei der Leichtigkeit, mit welcher ein Dichter solche Delirien erlebte, aus denen seine Werke entstanden. Tatsächlich kündigt Dante nach dieser Vision am Schluß seiner Jugend-Autobiographie, der *Vita Nuova,* an: „Ich sah Dinge, daß ich mir vornahm, so lange nichts mehr über diese Gesegnete (Beatrice) zu sagen, bis ich würdiger über sie schreiben kann".

Das ist das Versprechen (und die Voraussetzung) der Göttlichen Komödie. Dante stürzte sich in die Studien – Theologie, Philosophie, Latein, Astronomie – wie ein Ritter, der zu Ehren seiner Frau in den Kreuzzug zieht, nur daß Dante sich genau wie jener Ritter im Verlaufe seines intellektuellen Kreuzzuges allerhand geleistet hat. Er selbst ist es, der die „Triebhaftigkeit", deren Beute er in diesen Jahren wird, bezeugt, er läßt sich dies von Beatrice im dreißigsten Gesang des Fegefeuers vorwerfen, es bezeugen sie Boccaccio, die Erzählung, welche sein Sohn Pietro über jenen Teil des Lebens des Vaters schreiben wird („mit so veristischen Worten" – schreibt Gallarati-Scotti –, „daß er die heuchlerische Schamhaftigkeit unserer Zeit beleidigen würde"), und schließlich das geringschätzige Sonett des Guido Cavalcanti:

„Ich komme unzählige Male am Tag zu dir
und finde deine Gedanken allzu gemein,

dann trauere ich um deinen edlen Geist
und die vielen Tugenden, die dir abhanden gekommen sind (...)".

Die Lösung für so viel Liederlichkeit? Aber doch die Ehe, das ist klar. Und nun tritt in sein Leben die „am wenigstens Genannte" aller Frauen: Gemma di Manetto Donati, auch sie eine Nachbarin, sie wohnte auf der Piazza della Rena, nicht weit von den Häusern der Alighieri. Gemma wird ihm drei Kinder, Pietro, Jacopo und Beatrice, schenken, sie wird sie für ihn aufziehen und, auch ökonomisch gesehen, erhalten, wird ein sehr schweres Leben in der Stadt führen, aus welcher er verbannt war, und sie wird dafür niemals die Ehre haben, im großen Werk ihres Gatten genannt zu werden!
Ja sogar, wenn man Boccaccio glaubt, „wollte er, wenn er einmal von ihr getrennt war, nie dorthin kommen, wo sie war, noch duldete er, daß sie jemals dorthin käme, wo er war (...)".

Dante heiratete Gemma im Juli 1296. Aber es war ungefähr zehn Jahre später, als er schon die vierzig überschritten hatte, daß er „die schöne Pietra" trifft: Es ist die Frau, die wirklich seine Sinne zu einem weder mystischen noch tierischen, sondern einfach völlig menschlichen Rausch entfachen wird.

„So will ich mich einer rauhen Sprache bedienen
wie in seiner Haltung dieser schöne Stein (pietra) (...)".

Es sind die *Rime Petrose* (Reime über Pietra, Steinige Reime), so werden sie von den ersten Kommentatoren genannt werden, in denen man endlich einen Mann sich winden sieht, verwirrt und schmachtend – und nun sucht er keine Metaphern, wenn nicht eben die materiellsten und konkretesten für seine Begierde nach einer Frau:

„Oh Gott, warum schmachtet sie nicht
für mich, so wie ich für sie, in der heißen engen Gasse?
Daß ich fast schreien möchte: – Ich helfe euch
und tu es gern, so wie jener,
der die blonden Haare,
welche die Liebe, um mich zu verzehren, kräuselt und vergoldet,
streicheln würde und dann zufrieden wäre. Und ich wäre
nicht mitleidig und nicht höflich,
ja, ich würde mich wie ein Bär, wenn er scherzt, betragen (...)".

Die Wälder von Camaldoli, die noch heute wie durch ein Wunder dicht, schattig und unversehrt sind, die Berge von Casentino und das Schloß in Poppi, das vollständig, rein und linear in seinen Formen des späten 13. Jahrhunderts erhalten ist, dies war die Residenz der Grafen Guidi, wo Dante lebte, als er sich in die „bella pietra" verliebte. Ihr Name ist nicht bekannt, die Dante-Experten nennen sie noch heute Pietra oder Pargoletta, wobei sie sich in bezug auf diesen Namen auf die strengen Worte Beatrices im dreißigsten Gesang des Fegefeuers berufen. Wo die zum Engel gewordene Frau Dante seine Sünden vorwirft, vielleicht (wage ich zu behaupten) mehr aus weiblicher Eifersucht denn aus Sorge um sein „ewiges Heil". Und hier erscheint die „pargoletta", das Mädchen. Beatrice erinnert tatsächlich stolz an ihre eigene Schönheit, welche, wie sie sagt, für Dante eine viel größere Freude war als ein Mann jemals durch die Natur oder die Kunst erfahren könne. Melancholisch sagt sie, daß:

„die schönen Glieder, in welche ich eingeschlossen war
(...) in der Erde verstreut sind".

Und dieser ihr Tod, die Vergänglichkeit eines sterblichen Frauenkörpers, müsse ihn lehren, nicht hinter „einem Mädchen (Pargoletta) oder anderen so kurzlebigen Eitelkeiten" herzulaufen.

Doch jene „Kurzlebigkeit" begehrte Dante damals in den Bergen des Casentino und beim Umhergehen im großartigen Schloß der Grafen Guidi heftig: Vielleicht war die Schöne mit dem Herzen aus Stein eine Schloßbewohnerin und der Dichter – da er gezwungen war, um die Gastfreundschaft der Mächtigen zu betteln – gewissenhaft (und vielleicht ängstlich) bemüht, daß niemand sie je mit Sicherheit identifizieren konnte. Daher können wir ihr Bild nur aus den Rime Petrose rekonstruieren: Sie war „jung und schön", hatte blondgelocktes Haar („das die Liebe, um mich zu verzehren, kräuselt und vergoldet"), das erste Mal, als sie der Dichter sah, trug sie „auf dem Kopf einen Kranz aus Gräsern" und war „grün", mit einem gelben Kreppschleier, mit welchem sie kokett, fast tanzend, einmal den Kopf und dann wieder den „jugendlich-herben" Körper verhüllte, „gekleidet".

Der Mystizismus des Dante strebt nicht mehr das Paradies der Beatrice an, sondern den als Eros verstandenen Tod:

„Denn wenn das Martyrium süß ist,
muß der Tod jede andere Süße übertreffen (...)".
Und er fleht, daß ihn die Schöne hier, sofort, tot oder lebendig, nehmen soll.

„Hier, tot oder lebendig, wie du willst, fühle mich (...)". Und immer wieder, mit einer zugleich sinnlichen und sentimentalen Leidenschaft, deliriert er:
„Ich finde keinen Schild,
daß sie mich nicht in Stücke hauen könnte,
und keinen Ort, der mich ihrem Gesicht entziehen könnte.
Doch wie die Blume über den Blättern
beherrscht sie meinen Geist (...)".
(...)
„Nun steigen aus meinem Geist Schreie herauf,
und das Blut in meinen Adern
entflieht zum Herzen hin,
welches ruft: daß ich weiß bliebe (...)".

Beatrice ist vergessen, ja sogar begraben unter dieser Lawine einer konkreten, irdischen, fühlbaren Liebe, von welcher man berührt werden will. Gewiß, sie wird zurückkehren, doch erst, wenn es Dante (vor allem mit Hilfe des Alters) gelingt, an sich dasselbe Werk (doch nicht zur Gänze) zu vollbringen, welchem er sie, Beatrice, unterzogen hat: Sie war jung, schön, vielleicht glühend verliebt, bevor sie starb. Beatrice triumphiert in ihrem Licht der glorreichen Gott-Metapher (doch glücklicherweise, zum Glück für die Poesie, möchte ich sagen, erhält sie sich noch eine Erinnerung an ihren weiblichen Körper), und auch Dante „allegorisiert" jenen Teil von sich, der „gesündigt" hat. In den Jahren des Alters wird er noch eine Frau haben: Gentucca Morla, verheiratet mit Bonaccorso Fondora, die ihn in ihrem Witwenhaushalt in Lucca beherbergt. Doch der Moralismus der Biographen versichert, daß Gentucca „nur eine Gastgeberin und vielleicht eine Trösterin" war. Und ist nicht auch dies die Rolle der Frau?

Der Maschio Angioino in Neapel
Königin Johanna

„Welches Haar! Was für dunkle Wimpern!
Welch verwundende Blicke!
Welche Hände, was für ein behender Blick!
Welche Anmut! Welche Zierde!

Alles, was an ihr leuchtet und strahlt,
kommt von der Liebe, glaub' es mir!
Was du an ihr siehst, gefällt,
und was du siehst, ist das wenigste (...).

Ihre Gedanken sind erhaben!
Wie versteht sie mit scharfem Sinn!
Wie drückt sie Gedanken aus
und überrascht durch ihre Rede!"

Zweifellos spiegelt sich in diesen Versen – voll unbändigem Lob, die zu Ehren der Königin Johanna von Neapel (1326-1382) geschrieben worden sind – ein gewißes Maß von „erzwungener Schmeichelei" wider, welche die Hofdichter (die weniger genialen, doch manchmal auch die anderen) notgedrungen inspirierte.

Johanna I., Königin von Neapel, wird also von einem unbekannten neapolitanischen Spielmann ihrer Zeit als wundervolle dunkle Frau mit einem mörderischen Blick, schönen Händen, der Sicht eines Adlers und übrigens „das mindeste ist das, was Du siehst (...)" besungen. Wunderschön, gesund und auch gelehrt; oder aber gebildet, originell, überraschend, sagt der Dichter, in ihrer Art zu sprechen und sich auszudrücken. Auch wenn man, wie gesagt, die notwendigen Einschränkungen macht, bleibt – und dies wird von den berühmtesten Literaten wie Petrarca und Boccaccio bestätigt – das außerordentliche Bild einer Frau, die sich mit achtzehn Jahren die Krone des Königreiches Neapel als Thronerbin des Großvaters Robert von Anjou aufs Haupt gesetzt hat (der Vater Johannas, Carlo = Karl, Fürst von Kalabrien, verheiratet mit Margarethe von Valois, war zuvor gestorben). Die Monarchie der Anjou, ein von Ludwig Capet, dem französischen König abstammender Zweig der französischen Monarchie, wurde in Neapel und in Sizilien und, zumindest formal, in ganz

Süditalien im Jahre 1282 mit Karl von Anjou eingesetzt. Auch wenn das Königreich weiterhin den Namen der Insel Sizilien übernahm, wie bereits unter den Schwaben, verlegten die Anjou, eben um den Unterschied zu der vorherigen Dynastie zu betonen, die Hauptstadt nach Neapel. Neapel blieb von da an die Hauptstadt bis zum Jahre 1860. Die Zeit der Anjou war also durch die explosive Veränderung der Stadt, die unter den Schwaben verfallen war und nun zu einer großen Metropole wurde (wie sie es, das haben wir gesehen, im klassischen Altertum gewesen ist), gekennzeichnet. Der Handel einerseits und die Kunst, Literatur, Musik und Architektur andererseits begannen, in der Anjou-Stadt ihren Lebensmittelpunkt zu finden. Neapel erhielt (oder erhielt wieder) einen kosmopolitischen Charakter; es kamen Katalanen, Marseiller, Florentiner hierher. Das fähigste und kostbarste Handwerk hatte sein Zentrum in einem damals außerhalb der Mauern befindlichen Viertel zwischen der Rua Catalana und der Loggia di Genova, während der ständige Bedarf einer großen und ehrgeizigen Dynastie in der Stadt der Parthenope an Geld den Grundstein des Kapitalismus legte. Was die Kunst anbelangt, sollte es genügen zu sagen, daß Simone Martini und Giotto selbst Hofmaler waren, während, wie schon angedeutet wurde, Petrarca und Boccaccio auf Einladung von Robert von Anjou an den Hof der Königin Johanna I. zurückkehrten. (Man sagt, daß die von Boccaccio geliebte Fiammetta eine „natürliche" Tochter Roberts, Maria d'Aquino, war.)

Die Tatsache, daß eine Frau – Johanna eben – einen Thron und ein Königreich erbte, das damals in Europa zu den angesehensten zählte, wundert die Historiker nicht, denn die Anjou von Neapel stammten (auch wenn dies nur eine geistige Verwandtschaft war), besonders was die dynastischen Gebräuche und Regeln anbelangt, von der großen Familie der Plantagenet ab, die in Frankreich und England regierte und wo es keinen Ausschluß der Frauen aus der Thronfolge gab. Johanna wurde ebenfalls in Neapel geboren, fühlte sich als Neapolitanerin und war es – vom Standpunkt ihrer physischen und psychologischen Züge aus. Eine blendende und hinreißende dunkle Frau mit der Fähigkeit – dank ihres theatralischen Zaubers –, ein ganzes Volk (das nicht minder theatralisch als seine Königin ist) auf ihre Seite zu ziehen. Mit Johanna gelangt der Zauber der Neapolitanerinnen hohen Ranges (Neapolitanerinnen durch Blut, Geburt oder Wahl) um einige Jahrhunderte im voraus zu Ausdruck und Verbreitung. Denn in der Tat wird die Stadt Neapel im 18. Jahrhundert das kosmopolitische Zentrum und fast eine Universität der weiblichen Verführungskunst (es wird darüber noch ausführlich gesprochen werden).

Schön, lebhaft, gelehrt, Freundin der Literaten und Künstler (die sie immer protegieren wird, die ihr dies jedoch nicht mit derselben Münze zurückzahlen), wird Johanna also 1343 zur Königin. Sie hat alles – außer der Freiheit, zu heiraten, wen sie will. Sie haben ihr wirklich aus politischen Gründen einen sechzehnjährigen Gatten, fast noch ein Kind mit allen Unannehmlichkeiten, Unebenheiten und auch der Stumpfsinnigkeit eines Jungen *in den Flegeljahren,* aufgezwungen. Es ist Andreas von Ungarn. Ein Zweig der Anjou, und zwar der von Karl Martell abstammende, regiert in jenem Land, und die Heirat zwischen den beiden „Cousins" königlichen Geblütes ist unvermeidlich.

Doch Johanna ist nicht zum Opfer geboren: Dieser Gatte gefällt ihr nicht, sie wird sich von ihm nach Ablauf von zwei Jahren befreien, und zwar auf die grausamste (und raffinierteste) Weise. In ihr vereinigen sich in der Tat die beiden Rollen der *Verführerin* und der *Frau der Macht*: Sie ist schön, bezaubernd, fähig, die „Männer verrückt zu machen", doch sie ist auch entschlossen, allein zu regieren, das Vorrecht ihrer Geburt zur Gänze auszunützen. Deshalb flirtet sie (so würden wir heute sagen) mit einem ihrer vielen Anbeter, Ludwig, dem Prinzen von Tarent, entfacht dessen Eifersucht auf seinen Bruder Robert (den sie scheinbar vorzieht) und stellt schließlich Ludwig eine Bedingung: Sie wird ihn nur als „legitimen Ehemann" lieben, daher möge er nur machen. Wenn er sie wirklich begehrt, möge er es vorher arrangieren, sie von Andreas von Ungarn zu befreien. Im September 1347 begeben sich die einundzwanzigjährige Königin und der neunzehnjährige Prinzgemahl (zwei junge Leute, doch in jener Zeit hatten Könige und Bauern, wenn auch auf ganz verschiedene Art und Weise, eine gleich kurze Kindheit) zum Weinlesefest im Schloß von Aversa. Das normannische Schloß, ein plumper, wuchtig-quadratischer Bau, der noch heute dominiert im Gewirr der steilen Gassen, war von Rainulf im Jahre 1030 erbaut worden. Es gab damals eine lange Loggia oberhalb des Innenhofes (der von einem Erdbeben zerstört worden ist und zahlreiche Wiederherstellungen erlebt hat; seine heutige Fassade stammt aus dem 18. Jahrhundert); auf jener Loggia, auf welche das königliche Schlafgemach hinausging, wurde Andreas von Ungarn mitten in der Nacht erhängt. Gerade die Amme der Gattin, la Catanese mit Namen, war es, die an die Türe des Zimmers klopfte, in dem Johanna an der Seite des Gatten tiefen Schlaf vortäuschte. Daß der Prinz sofort aufstehen möge, flehte die in Sicherheit wiegende Stimme der alten Amme, denn ein berittener Bote erwarte ihn im Hof, er brächte wichtige Nachricht aus Ungarn.

Johanna hatte den Gatten beschworen, nicht zu gehen, doch Andreas kleidete sich, so gut es ging, an und ging hinaus auf die Loggia. Hier hatten ihn die maskierten Verschwörer (mit ihrem Anführer Ludwig, Prinz von Tarent) in die Mitte genommen, ihm zweimal ein Seil um den Hals gewickelt und ihn auf einer dünnen weißen Säule, die die beiden gotischen Bögen des langen Balkons stützte, aufgehängt. Dann waren sie in der Nacht zu Pferde geflüchtet. Der Skandal war riesig. Das Volk von Neapel revoltierte gegen seine Königin. Während der Vorbereitungen der Totenehrungen für den Prinzen Andreas im riesigen Hof des Neuen Schlosses von Neapel (Castel Nuovo, Maschio Angioino), dem Sitz der Regierung des Königreiches, brach ein gewaltiger Orkan aus: Das gemeine Volk von Neapel sah darin ein Zeichen der Strafe Gottes für das schreckliche Verbrechen und begann einen Tumult, wobei es „Tod der Königin!“ schrie, doch Johanna (und hier entpuppt sich ihr „theatralischer“ Charakter) löste sich die Haare auf und stieg hinunter in die Menge – die sie hätte töten können –, beweinte ihren kindlichen Ehemann mit heißen Tränen und rief den Himmel um Vergebung für die Mörder an. Neapel ließ sich von ihrem „offenkundigen“ Schmerz überzeugen (und vielleicht noch mehr von ihrer Schönheit).

Doch Papst Clemens VI. (der nicht nur eine moralische, sondern auch die rechtliche Oberherrschaft über alle katholischen Königreiche ausübte) eröffnete, wie wir heute sagen würden, eine Untersuchung: La Catanese wurde hingerichtet, zusammen mit weiteren unbedeutenden Verschwörern. Johanna gelang es, den Namen dessen, der das Komplott organisiert hatte, geheimzuhalten: Sie war jetzt verliebt in den Prinzen von Tarent und, nachdem sich die Wogen geglättet hatten, beeilte sie sich, ihn zu heiraten. Inzwischen beginnt der Bruder von Andreas, Ludwig der Große, mit einem riesigen Heer seinen Rachefeldzug von Ungarn aus in Richtung Königreich Neapel. Die ungarischen Soldaten und Ritter tragen schwarze Trauerstandarten, auf welchen das Bild des jungen getöteten Prinzen in Gold gestickt ist. Doch Ungarn ist weit; und Johanna ist dreiundzwanzig Jahre alt, hat ein Vorwürfen gegenüber völlig unempfindliches Gewissen, hat einen Mann, der ihr gefällt. Die beiden unterhalten sich, ohne an die Welt zu denken: Spaziergänge und prächtige Picknicks in der wundervollen Baia (Bucht), die schon der römischen Dekadenz lieb war, Feste, Bälle und Konzerte mit Musikern und Dichtern im zauberhaften Rahmen der Phlägreischen Felder und des Sees von Averno. Die Truppen Ludwigs des Großen kommen näher, doch wer schert sich darum? Bis es zu spät ist, auch für die Verteidigung der Hauptstadt. Der König von Ungarn ist schon in Aversa einmarschiert, und während seine Soldaten die kleine Stadt plündern, hat er die Komplizen Johannas und des Prinzen von Tarent, die sich vor der päpstlichen Justiz gerettet hatten, gefangengenommen: Er hat sie in Ketten bis zum düsteren normannischen Schloß geführt und ihnen hier, im Bankett-Saal, ein glänzendes Essen angeboten. Dann ließ er sie, einen nach dem anderen, an den kleinen Säulen der Loggia aufhängen. Die Nachricht erschreckt die Königsfamilie von Neapel; inzwischen hat Papst Innozenz VI. (der Nachfolger Clemens VI.) aus Avignon den Prozeß gegen die königliche Gattenmörderin wieder eröffnet und sie aufgefordert, sich „von selbst" an seinen Hof zu begeben.

Johanna schifft sich mit ihrem Gatten im Hafen von Neapel ein, während das Volk weint und seinem Schmerz über die Abreise der Königin Ausdruck verleiht und beim Gedanken daran zittert, der Rache der Ungarn überlassen zu werden. Doch Johanna ist heiter, ruhig, verspricht, daß sie zurückkehren werde. In

Avignon weist sie mit großer Sicherheit „jede Verleumdung" zurück: Der Papst hat, um ihr den Prozeß zu machen, ein öffentliches Konsistorium anberaumt, die Königin von Neapel erscheint allen, dem Papst, den Kardinälen, Bischöfen „unschuldig wie eine Taube". Nach ihrem Freispruch nimmt sie würdevoll und mit vollendeter Grazie die Geschenke in Empfang – Gold, Juwelen –, die ihr der päpstliche Hof zur Entschädigung dafür, sie eines solchen Verbrechens verdächtigt zu haben, zu Füßen legt. Sie reist triumphierend ab, mit einem Gefolge von 10 Galeeren (auch diese sind ein Geschenk des Papstes) und segelt nach Neapel. Hier empfängt sie das Volk mit lautem Jubelgeschrei (der Frieden mit Ungarn ist durch Vermittlung von Innozenz VI. geschlossen), und Johanna beraumt sofort ein Fest an, bei dem sie an alle Teller mit heißen Maccheroni, Wein nach Belieben und einige Goldmünzen verteilen läßt. Dann reist sie wieder zu einer Art „Hochzeitsreise" nach Sizilien ab. Auch hier wird sie von einem frohlockenden Volk empfangen, und die Feste in Messina anläßlich der Ankunft des königlichen Paares sind der Erinnerung würdig.

Im Jahre 1362 stirbt Ludwig und nach einigen Monaten heiratet Johanna Jakob III. d'Aragona Majorca. Die Königin von Neapel ist nunmehr eine reife Frau – sie ist sechsunddreißig Jahre alt –, und wenn sie noch nie jemandem, nicht einmal demjenigen, der sie „rechtmäßig" als Gattin besaß, gestattet hat, an ihrer Statt zu regieren, so ist sie jetzt umso weniger bereit, dies zu tun. Doch der Sproß der spanischen Dynastie der Aragona akzeptiert die Rolle des Prinzgemahls nicht und gibt sich auch nicht wie der sehr verliebte Ludwig mit dem Genuß ihres Körpers zufrieden. Er fühlt sich durch die gänzlich zweitrangige Rolle, welche ihm seine königliche Ehefrau vorbehält, erniedrigt und wird recht bald nach Spanien zurückkehren. Unerschütterlich regiert Johanna weiterhin Neapel und Süditalien: Sie erkennt jedoch, daß sie Sizilien, welches die Aragona beanspruchen, nicht halten kann und befolgt deshalb den Rat des Papstes Gregor XI., indem sie die Herrschaft von Friedrich III. von Aragona über die Insel anerkennt. Doch die Beziehungen zum Papsttum werden schlechter, als Urban VI. Gregor nachfolgt: Dieser Papst, Neapolitaner von

Geburt (er heißt Frigani), hat es auf das Königreich von Neapel abgesehen und beansprucht es für die Kirche. Johanna macht nun einen Fehler, sie tritt auf die Seite des Gegenpapstes Clemens VII. Und dies sollte der Anfang ihres Unterganges sein. Urban VI. mobilisiert gerade einen Anjou, Karl III. von Durazzo, gegen sie. Herzog Carlo von Durazzo ist ein exquisiter Edelmann: Johannas Heer leistet seinen Truppen keinerlei Widerstand, er kann daher persönlich von der Königin Besitz ergreifen – er läßt sie unter tausend Aufmerksamkeiten zum Castel d'Ovo geleiten und hält sie dort gefangen. Inzwischen stirbt Johannas vierter Ehemann, Otto von Brunswick, der von ihr zum obersten Befehlshaber der Regierung von Neapel ernannt worden war, in den „geheimen Gewölben" des Maschio Angioino. Vielleicht verachtet ihn Johanna, weil er weder fähig war, ihre Person noch ihr Königreich zu verteidigen: Die Historiker behaupten jedenfalls, daß Brunswick ein guter Krieger war und daß nur seine deutsche Herkunft, welche ihm das Mißtrauen und die Antipathie des neapolitanischen Heeres einbrachte, der Grund für seine Niederlage war.

Im Castel d'Ovo eingeschlossen, weigert sich Johanna, den feindlichen Cousin zum Thronerben von Neapel zu ernennen. Sie weigert sich auch dann noch, als Carlo sie charmant und mit ausgesuchten Manieren auf seine im Hafen von Neapel vor Anker liegende Galeere bringen läßt. Noch eine Ortsveränderung, doch diesmal in den Tod. Johanna wird buchstäblich in das rauhe, felsige und einsame Landesinnere von Lukanien „deportiert" (dasselbe Land, das einige Jahrhunderte später Zeuge des Mordes an einer anderen Frau sein wird, an die in diesem Buch erinnert wird, einer ganz anderen Frau als Johanna, unschuldig und eine Persönlichkeit: Ich spreche von der Dichterin Isabella di Morra). Hier in Muro Lucano läßt Carlo III. die Königin von Neapel im noch heute sichtbaren Schloß, das aussieht wie ein Adlerhorst, ein Räubernest auf einer Felsenzinne, einsperren. Johanna ist allein, hat keine Freunde mehr und auch keine Soldaten oder Höflinge; sie sollte eines Tages tot aufgefunden werden, erstickt mit ihren Kissen aus Gänsedaunen aus ihrem Alkoven. Wer hat sie wirklich getötet? Man wird es nie wissen. Ihr Tod gleicht jedenfalls an Grausamkeit und Wildheit jenem, den sie selbst vor so vielen Jahren ihrem kindlichen Ehemann bereitete.

Man schrieb das Jahr 1382, Johanna war sechsundfünfzig Jahre alt. Petrarca kommentierte die Nachricht über ihren Tod, indem er die Intelligenz der Königin und ihre Liebe zur Literatur lobte und beweinte, während Boccaccio, der sieben Jahre vorher gestorben war, aus Enttäuschung über seinen letzten Besuch in Neapel im Jahre 1370 die Freundin und Mäzenin von einst „verleugnete" und Einwände bezüglich ihrer Sitten erhob.

ORISTANO
Eleonora D'Arborea

Weder die Große Mutter, die in Sardinien früher als in irgendeinem anderen Land des westlichen Mittelmeeres ihre Kulte hatte, noch die beiden rosafarbenen Säulen in der für Tarros – die phönizischen Stadt – typischen Farbe am Strand des malvenfarbigen Meeres im Golf von Oristano gehören zum Hintergrund, vor welchem man die Gestalt Eleonoras, der Richterin von Arborea, ansiedelt: Als Eleonora in der zweiten Hälfte des 14. Jahrhunderts geboren wurde (doch über keine der „historischen" Frauen, über welche ich bis jetzt gesprochen habe, gibt es so wenig sichere Aufzeichnungen, vor allem in bezug auf ihr Privatleben), war der Kult der Großen Mutter schon lange – hier genauso wie anderswo – durch fast zweitausend Jahre patriarchalischer Geschichte längst vergangen, begraben. Und was das nur fünfzehn Kilometer von Oristano, dem Sitz der Richterin, entfernte Tarros betrifft, waren auch seine verliebten Ruinen (verliebt in das Licht, jenes rosa Perlmutter, das hier die Luft zu durchtränken scheint) unter Sandschichten verdeckt. Sie sollten erst im vergangenen Jahrhundert von einem englischen Lord, einem Archäologen, ausgegraben werden, und die Armut der Sarden, „aufgebracht vor Zorn über so großes, einem Ausländer widerfahrendes Glück" verwandelte sich in Vandalismus: „(...) fünfhundert Hirten und Bauern, Fischer und Obdachlose, geblendet von der Illusion eines verborgenen Schatzes, gruben beim Fackelschein das ganze Gebiet total um, kehrten das Unterste zuoberst, und bemächtigten sich goldener Gegenstände von einem derzeitigen Wert von sieben Milliarden".

Gewiß ist der Unwille der Archäologen (die heute die Ausgrabung der wundervollen Stadt wieder aufgenommen und zu Ende geführt haben) über den Verlust jenes Vermögens berechtigt: Jedoch in Anbetracht der englischen Gebräuche kann man annehmen, daß die Schätze wahrscheinlich gerettet, doch seit nunmehr über hundert Jahren dem British Museum gehören würden.
Und doch, wer weiß, ob Eleonora, wenn sie über die Tarros bedeckenden Dünen vielleicht zu ihrem versammelten Volk (der „Nacion sardesca", wie sie sie in ihren Appellationen nannte) ritt, um dort ein Plädoyer zu halten, nicht manchmal am Strand des malvenfarbenen Meeres den Geist der anderen Richterin, Nibata, erblickte, welche sich fast vierhundert Jahre vorher gemeinsam mit den Einwohnern zur Flucht aus Tarros (wo aus den prächtigen Ruinen ein dunkles mittelalterliches Dorf gewachsen war) entschloß, da die alte punische Stadt nicht mehr vor den Überfällen der sarazenischen Piraten zu verteidigen war?

Die „Regierung der Frauen" war jedenfalls jenem Teil Sardiniens, dem Gerichtsbezirk von Arborea, niemals fremd: So fanden es die Sarden, als der Bruder Eleonoras, Ugone, zusammen mit seiner kleinen Tochter (1383) aus dem Hinterhalt ermordet wurde, natürlich, daß dessen Schwester Eleonora seinen Posten Übernahm. Wenn es da auch eine Unentschlossenheit gab, betraf diese nicht so sehr die Regierungsgewalt einer Frau als die Loyalität ihres Ehemannes, eines Fremden, des Genuesers Brancaleone Doria.

Übrigens wäre es vielleicht ein romantisch-feministischer Unsinn, die Tatsache, daß es damals in Sardinien *regierende Frauen* gab, der uralten Erinnerung an den Kult der Großen Mutter zuzuschreiben: Man hat gesehen, daß dasselbe Phänomen auch auf der italienischen Halbinsel auftrat (bei der Regierung der Gräfinnen), doch man kann, glaube ich, hier ein Merkmal erkennen, das anderswo nicht feststellbar ist – und dies ist das Weiterbestehen (wenn auch mit allen Zweifeln, die ihre Lektüre hervorruft) der matriarchalischen Sitten und Gewalten auf der Insel bis heute. Ein Beispiel: Eleonora d'Arborea wurde in der Geschichte vor allem für ihre Carta de Logu berühmt, ein geschriebener Gesetzesband (und geschrieben in sardischer Sprache), den sie Sardinien schenkte. Nun hat dieses geschriebene Gesetz ein gleichwertiges „mündliches Gesetz", das Maria Pitzalis Acciaro im Buch *In Nome Della Madre*, Im Namen der Mutter als das in der Barbagia als das „su connotu" – das Bekannte – identifiziert: wörtlich bedeutet dies „eine bekannte Sache", „das, was man weiß, was alle wissen" und das maßgeblich für alle ist. Laut Meinung der Gelehrten ist „su connotu" in den Händen der Frauen: Sie sind es, die die Normen des Verhaltens in der Gemeinschaft bestimmen, und es werden sogar die Männer („homines de corona") (von den Frauen) dazu beauftragt, zu bewirken, daß diese Normen respektiert werden. „Su connotu", schreibt die Pitzalis Acciaro, „bewirkt immer Gerechtigkeit".

Und Eleonora d'Arborea sprach mit ihrer (scheinbar am Ostertag des Jahres 1395 herausgegebenen) Carta de Logu Recht, diktierte Gesetze; um was für eine Art von Justiz und um welche Art von Gesetzen es sich handelte, werden wir sehen, und es ist offensichtlich, daß das *System der Verbrechen und der Strafen* zur Zeit der Richterin von Arborea bezüglich der Gesellschaft ihrer Zeit nicht eine *Flucht nach vorne* (wie wir heute sagen würden) darstellen konnte.

Auf der Piazza Eleonora in Oristano steht stolz eine kriegerische Frauengestalt, mit der im vergangenen Jahrhundert der Bildhauer Ugo Cambi (nach dem Geschmack und im Stil seiner Zeit) die Richterin von Arborea darstellen wollte. Ob Eleonora wirklich eine Heeresanführerin gewesen ist, bleibt ziemlich strittig: Eine fundierte Überlieferung (die angeblich sogar Katharina von Rußland, welche sich Eleonora zum Vorbild nahm, begeisterte) sieht die Richterin ständig bewaffnet: „Sie trug eine Rüstung, ritt an der Spitze ihrer Getreuen quer über die Insel und brachte die Rebellen zum Gehorsam (...)", so schreibt Manno in seiner *Storia Della Sardegna*, Geschichte Sardiniens, über sie. Der Gebrauch von Waffen bei Frauen – wenn sie gehobenen Standes waren – war, wie wir wissen, überhaupt nichts Außergewöhnliches in jener Zeit (ja, er war sogar geheiligt durch literarische Meisterwerke wie „*L'Orlando Furioso*", Der rasende Roland, und „*Gerusalemme Liberata*", Das befreite Jerusalem). Wir haben Mathilde von Canossa, um nur eine zu nennen, gesehen, wie sie persönlich Überfälle und Angriffe aus dem Hinterhalt anführte, und Benedetto Croce erinnert daran, daß es bis zum Jahre 1600 viele Frauen als Soldaten gab, einige auch später, doch daß sie meistens als Männer verkleidet kämpften und kommandierten. Ich weiß nicht, ob nun die Hypothese gewagt werden kann, daß sich, je mehr man sich unserer Zeit nähert, die kämpfende Frau verkleiden muß, so wie Bradamante, die Heldin des *Orlando,* ihre geschlechtliche Identität nicht verbergen muß, während sich die spätere Clorinda in der *Gerusalemme Liberata* erst dann als Frau zu erkennen gibt, als sie, an den ihr durch Tancredi zugefügten tödlichen Verletzungen sterbend, ihren von der Rüstung verborgenen Busen enthüllt.

Jedenfalls berichtet Croce verschiedene Anekdoten, welche sich auf Frauen als Soldaten beziehen: 1640 zum Beispiel, als ein „alemannisches" Regiment Turin überfiel, zeichnete sich der Hauptmann Wilhelm Sveivel aus den Niederlanden durch seine Tapferkeit aus; die Dokumente seiner Zeit beschrieben ihn als „großzügig und grausam in seinen Taten sowie vom Aussehen her als jungen und femininen Kavalier". Erst nachdem er getötet worden war, „verloren" seine Feinde (das von Thomas von Savoyen angeführte Heer) „den Ruhm (...), als sie herausfanden, daß sie eine Frau getötet hatten: ein Schauspiel, das einstmals bei den Starken Bewunderung und bei den Feigen Schmach bewirkte". Francesca Scanagatti war hingegen eine Italienerin, die, wie Croce schreibt, „im österreichischen Heer bei den Kriegen der Französischen Revolution bis Marengo kämpfte (...)". Und hier sind wir schon im vorigen Jahrhundert, denn, so fügt der Historiker hinzu, „die Scanagatti starb ganz alt, mit achtzig Jahren, im Jahre 1864 in Mailand", nachdem sie, wie Croce betont, „völlig zur Ordnung zurückgekehrt ist, denn, nachdem sie ihr Vater hatte beurlauben lassen, heiratete sie einen Italiener, einen Dragoner der Wache, und sie bekam mehrere Kinder von ihm (...)".

Also, die Ordnung ist wiederhergestellt! Daheim Kinder kriegen, ohne weitere Außergewöhnlichkeiten.

Auf Grund der allgemeinen Ablehnung, die Verbindung der beiden Ausdrücke *Frau und Krieg* zuzugeben (eine Verbindung, damit das klar ist, welche gewiß die vom Atomkonflikt auf unserem Planeten bedrohten Frauen von heute nicht begeistert), versucht der zeitgenössische sardische Historiker Raimondo Carta Raspi verbissen, jede Kriegslegende in bezug auf Eleonora d'Arborea zu entkräften, indem er auch ungalante Bemerkungen über das Alter macht, in dem die Richterin an die Macht kam: „Diejenigen (...), die sich Eleonora im Harnisch mit Speer und Keule an der Spitze ihrer Ritter vorstellen, wie sie gegen den Feind zieht, wissen nicht oder vergessen, daß sie nicht mehr in einem Alter war (...), in welchem man zu solchen Heldentaten körperlich imstande ist (...), da sie 1383 schon vierzig Jahre alt sein mußte (...)".

Jedenfalls muß man mit dem sardischen Historiker bezüglich der politischen, diplomatischen und juridischen Dominanz von Eleonoras Persönlichkeit, welche durch ihre öffentliche Tätigkeit zutage tritt, übereinstimmen (vor 1383, dem Jahr, in dem sie die Macht übernahm, weiß man nichts über sie).

Es ist (wie mir scheint) vor allem das Verhalten der Richterin einer Sache, die für sie sowohl als Frau als auch als mächtige Frau sehr schwerwiegend hätte sein müssen, seltsam.
Denn ihr Mann Brancaleone Doria war praktisch sieben Jahre lang, von 1383 bis 1390, Gefangener der Könige von Aragon (zuerst Peter IV. und dann Johann I.), während die Gattin, die eine direkte Gegnerin und Gesprächspartnerin der spanischen Herrscher war, „den Feind zwischen der Kanzlei und dem Schlachtfeld hinhielt, indem sie ihn, während sie zur gleichen Zeit Krieg führte, durch Diskussionen und Verhandlungen hinhielt, ohne jedoch einen Waffenstillstand zu gewähren (...)".

Gewiß hat sich Brancaleone dumm (und feige) in die Hände der Aragon gegeben, indem er, kaum daß seine Frau die Macht über einen großen Teil der Insel hatte, an ihren Hof eilte, um seine Dienste anzubieten. War Eleonora mit dieser Initiative des Gatten, die Sarden den verhaßten Spaniern als Gegenleistung für irgendein Adelswappen oder ein zusätzliches Lehen zu „verkaufen", einverstanden?

Wir wissen es nicht. Ganz sicher ist, daß Eleonora keine Eile zeigte, die Geisel zu befreien, ja, daß sie geradezu auf dem finanziellen Teil eines hypothetischen Vertrages bestand (nicht einen

Die Statue der Eleonora D'Arborea in Oristano. Stich aus dem 19. Jhdt.

Kreuzer für Aragon, die berüchtigten Verschwender), und es war jedenfalls in diesen sieben Jahren, daß die Richterin von der „nacion sardesca" als Symbol der Autonomie der Insel anerkannt wurde. Eleonora weigerte sich tatsächlich immer, die Sarden den Aragon „zu überlassen" und setzte den (vom Konsens und der Teilnahme des Volkes unterstützten) Krieg so lange fort, bis Brancaleone im Jahre 1390 freigelassen wurde. Doch der Waffenstillstand war von kurzer Dauer, die Feindseligkeiten der von der Richterin angeführten Sarden gegen die Spanier begannen nach knapp zwei Jahren von neuem.

Als an eine Frau, die laut Aussage des spanischen Annalisten Curita „en la ambicion de tyrranizar aquela Isla non tuvo menos orgullo que su padre, y hermano, y marido" („im Ehrgeiz, die Insel zu tyrannisieren, nicht weniger Stolz als ihr Vater, ihr Bruder und ihr Gatte zeigte"), erinnert man sich an Eleonora heute vor allem, wie zu Anfang erwähnt wurde, wegen ihres gesetzgeberischen Werkes. Doch prüfen wir sie ein bißchen aus der Nähe, diese Carta de Logu. Einstweilen muß gesagt werden, daß die Richterin keineswegs die von ihr (wie es scheint) zu Ostern 1395 verkündeten Gesetze aus dem Nichts erlassen hat: Sie selbst erinnert daran, daß die letzte Revision der sardischen Gesetze sechzehn Jahre vorher stattgefunden hat und schreibt sowohl ihrem Vater Mariano als auch ihrem Bruder Ugone eine lobenswerte legislative Tätigkeit zu. Jedenfalls gab es vor ihr kein richtiges Gesetzbuch, weshalb die Carta de Logu für immer mit ihrem Namen verbunden sein wird. Eleonora erbte auf alle Fälle vom Bruder und vorher noch vom Vater den informativen Geist der sardischen Justiz, der noch heute im ungeschriebenen Gesetz überlebt hat, und vererbte ihn weiter. Es ist der Geist der Blutrache, des Aug' um Aug', Zahn um Zahn, der „Wiedervergeltung" also, welche jegliche Bereitschaft zu der von Christus gepredigten Vergebung ausschließt.

Für die Sarden ist der Christus des „Halte die andere Wange hin" (des masochistischen Christus?) noch nicht geboren worden: So kodifiziert und schreibt Eleonora – offen und ohne Skrupel – das „Gesetz der Wiedervergeltung" nieder, dessen Praxis bereits ihr Bruder befohlen hatte: Abhacken der Hand für den, der stiehlt,

Abschneiden der Zunge für den, der flucht, „Enthauptung, Aufhängen, Verbrennen" für den Mörder.
Hingegen finden wir im Kodex der Eleonora nicht die Strafe der Entmannung für die Vergewaltiger, die jedoch bei Ugone so beschrieben wurde: „de perder su membro issoro, et issos cogiones senza misericordia nessiuna", „sein Glied und seine Hoden erbarmungslos zu verlieren". Wenn auch mit der in unseren Augen sehr schwerwiegenden Einschränkung, die Vergewaltigung nur als eine solche zu betrachten, wenn sie an „Dienstboten anderer Leute und an Gefangenen" begangen worden war, findet die Strenge Ugones bei der Schwester keine Fortsetzung. Warum nicht?

Eleonora zeigt jedenfalls mehr die Tendenz, die Staatskassen zu füllen – bei der Vorbereitung ihres, „Kümmernis bereitenden" Systems – als eine sadistische Lust, gegen geringere Verbrechen grausam vorzugehen; deshalb ist das Gesetz der Wiedervergeltung zum ersten Mal kodifiziert worden; wenn jemand, der gestohlen hat, jedoch das Geld hat, um eine Strafe zu zahlen, kann er seine Hand retten. Und dasselbe geschieht beim Vergewaltiger (doch immer nur, oh Gott, von „Dienstmädchen anderer Leute"). Nur Mord und noch mehr die Auflehnung oder ein Attentat gegen irgendein Familienmitglied der Richterin werden ausweglos und ohne die Möglichkeit des Handelns mit dem Tode bestraft, wobei im Falle eines politischen Verbrechens vorher gefoltert wird. So wurde der Kämmerer Francesco Squinto, der mit den Aragon ein Komplott geschmiedet hatte, um Brancaleone Doria zu töten und Eleonora und ihren Sohn (den Erben) gefangenzunehmen, unter dem Bauch eines Kleppers angebunden und vom Hauptplatz von Oristano bis zum Schloß von Monreale geschleppt, wo er aufgehängt wurde.

Jedoch legte die Carta de Logu erstmals ein System von Garantien für den Beschuldigten fest: Der Angeklagte hatte außer dem Recht auf Selbstverteidigung das Anrecht auf die Hilfe eines „chertadori"; weiters mußte der ganze Prozeß von den Schreibern ordentlich protokolliert und dieses Protokoll vor dem Urteil öffentlich verlesen werden.

Eleonora stirbt im Jahre 1404. Die Historiker von heute glauben, daß sie an der Pest gestorben ist, da diese in jenem Jahr in Sardinien wütete. Doch kein Chronist ihrer Zeit sagt dies. Und es stirbt nach drei Jahren auch ihr Sohn Mariano, der die Stelle der Mutter eingenommen hatte. (Ja, Eleonora wollte zumindest die formale Gewalt dem Sohn überlassen, als dieser vierzehn Jahre alt geworden war, indem sie sich selbst zur Regentin ernannte). Mariano stirbt – so wie auch der erstgeborene Bruder als Kind – an Tuberkulose: Doch niemand kann mit Sicherheit behaupten, daß ihn nicht sein Vater ermordet hat. Tatsächlich muß der Junge in den drei Jahren seines blassen Regimes nicht nur die Rebellionen auf der Insel niederschlagen und weiterhin dem aragonesischen Feind die Stirn bieten, sondern es hetzt ihn auch der Vater gegen die entweder aus einer ersten Ehe (von welcher die Geschichte jedenfalls nichts registriert hat, nicht einmal den Namen der Gattin) stammenden oder einfach nur natürlichen Söhne.

Daß Brancaleone seinen Sohn vergiftet hätte, ist eine Hypothese der Historiker: Da der Genueser vom Ehrgeiz geleitet wurde, sich des Richteramtes von Arborea zu bemächtigen, wer könnte da ausschließen, daß er sich auf dieselbe Art und Weise zuerst der Gattin (hatte sie ihn nicht sieben Jahre lang den Händen der Feinde überlassen?) und dann Marianos entledigte? Jedenfalls hatte Brancaleone nicht einmal die Zeit, Forderungen zu stellen, denn nach dem Tode Marianos im Jahre 1407 machten die Oristaner einen Aufstand und ließen sich als Freie Gemeinde ausrufen.

Villa Medicea in Cerreto Guidi
Isabella Orsini

Und bei ihr ist es sicher, daß sie aus Eifersucht umgebracht wurde.

Isabella war die Lieblingstochter Cosimos I. (es ist jedoch nicht klar, ob er sie mit Eleonora von Toledo oder mit Camilla Martelli hatte). In Florenz wurde sie „der Stern der Medici" genannt, so außergewöhnlich waren ihre Schönheit, Grazie, Bildung und Gewandtheit in vielen Künsten und besonders in der Musik. Es ist wahrscheinlich (laut Patricia Atkins Chiti), daß Isabella Kammer-Arien (Arie da Camera) komponiert hat: In der Tat gaben sich viele adelige Töchter der Renaissance nicht damit zufrieden, das

Die Burg von Bracciano. Stich aus dem 19. Jhdt.

Cembalo oder die Laute zu spielen oder singen zu lernen und dabei immer die Musik von anderen auszuüben, sondern nahmen die Komposition von Melodien, Frottole, Madrigalen und Instrumentalstücken in Angriff. „Natürlich", sagt Atkins Chiti, „konnten sie diese Musikstücke nur vor einem begrenzten Kreis von Gästen und Freunden vorführen", und dies ist ein Grund dafür, warum uns so viele von Frauen in diesen Jahren verfaßte Kompositionen nicht erhalten sind. So auch die Arie da Camera, deren Autorin Isabella gewesen sein soll. (Eleonora

Orsini, Herzogin von Segni, die zur selben Zeit am Hofe der Medici lebte, hatte als Autorin mehr Glück als Isabella; von ihr sind in der Tat einige Melodien für Singstimme und Laute erhalten, „und davon ist", merkt Atkins Chiti an, „das Lied 'Per pianto della mia carne', Zur Beweinung meines Körpers, (...) interessant").

„Ihr über der Stirn in Strähnen angeordnetes schwarzes Haar fällt in Locken über die rechte Schulter. Ihr kohlschwarzes Haar glänzte, und ihr Teint war schneeweiß. Ihr Mund war frisch und anmutig, und ihre blauen Augen, beschattet von dichten Wimpern, hatten einen süßen und unvergleichlich unschuldigen Ausdruck (...). Die Unschuld, die die Anmut aufregender und echter macht (...)".

Dies ist offenbar das von Verona und Corelli gemalte Porträt Isabellas. Sie werfen jedoch sofort danach folgenden Satz hin: „Es wird gesagt, daß Cosimo seine Tochter um sehr viel mehr liebte, als dies einem Vater zukommt".
Es ist daher wahrscheinlich, daß auch Isabella, so wie es Julia, der Tochter des Augustus, geschehen ist, sexuell von ihrem Vater eingeweiht (vergewaltigt?) wurde und der sie dann mit dem römischen Fürsten Paolo Giordano Orsini, Herzog von Bracciano, „einem sehr renommierten, hochmütigen, wilden und über jede Vorstellung hinaus rachsüchtigen Krieger", verheiratete.

Da Cosimo nicht wünschte, daß seine Tochter, auch wenn sie verheiratet war, den Palazzo Pitti verließe, um ins Schloß der Orsini am Lago die Bracciano zu ziehen, mußte der Gatte sich dieser (übrigens in dieser Zeit nicht seltenen) Entscheidung fügen, und er beschränkte sich darauf, einen Verwandten (auch das war üblich), nämlich Troilo Orsini, der Gattin als Hüter mitzugeben.

Nun frage ich mich immer wieder, wie es möglich ist, daß es in einer Gesellschaft, wie es die florentinische zur Zeit des Übergangs zur Renaissance (und dann in der Renaissance) war, einer reichen, gebildeten, prächtigen (expandierenden, würde man heute sagen) und andererseits von einer Menge berühmter Prediger und Moralisten kritisierten Gesellschaft möglich ist, daß so offenkundig Ehebruch und Blutschande geplant und begangen wurden, welche manchmal Verbrechen nach sich zogen und manchmal nicht. Vielleicht unterlagen die Signori – die man nunmehr in der Renaissance vom *zuströmenden* Bürgertum unterscheiden muß – durch Vorrecht der Geburt nicht diesen Regeln? Und, wenn dies der Fall ist, warum folgten dann Verbrechen nach? Wegen entfesselter, wütender und unkontrollierter Eifersucht? Doch waren die Ehen nicht eher, ja sogar ausschließlich Vernunft- und keine Liebesehen?

Isabella dei Medici, durch ihre Ehe eine Orsini geworden, wurde also anscheinend vom Vater vergewaltigt und vom Ehemann wegen Verdachts auf Ehebruch mit jenem Troilo Orsini, den ihr der Gatte als Leibwächter beigegeben hatte, ermordet.

Und doch waren die Predigten des heiligen Bernardino noch lebendig und schrecklich; sie stiegen bis in die Einzelheiten der weiblichen Sexualität hinab und verurteilten außer dem *unmäßigen Vollzug* der Ehe (für welchen – wer weiß, warum – nur die Ehefrau verantwortlich gemacht wurde) auch den Ehebruch und den Inzest. „Doch es gibt eine noch größere Sünde, und zwar ist dies der Ehebruch, und das ist die Sünde, die jene begehen, die ehelich gebunden sind und mit einem anderen als dem Gemahl Beischlaf pflegen: Und dies ist eine ganz große Todsünde. Dann gibt es noch Schlimmeres: Dies ist die Sünde der Blutschande, größer als alle, die ich dir schon aufgezählt habe (...)."

Jedenfalls hat Isabella ihr Leben scheinbar nicht deshalb verloren, weil sie Troilo Orsini liebte, sondern im Gegenteil, weil sie diesem einen Musiker-Pagen vorgezogen hatte. Dieser Lelio Torelli, der genauso alt war wie sie, war aus Fermo in den Marken an den Hof gekommen, wo ihn seine ebenfalls adelige, doch sicher nicht mit den Medici zu vergleichende Familie in allen (wie es schien) für die Edelleute jener Zeit günstigen Künste unterrichtet hatte, weiters auch im Turnier-Reiten, dem eleganten Parlieren in mehreren Sprachen und besonders der Musik, in welcher Lelio – laut der damaligen Chronisten – sehr „bewandert war". Es ist wahrscheinlich, daß sich Isabella und Lelio gerade beim gemeinsamen Musizieren ineinander verliebten; sie komponierte und sang ihre „Arie da Camera", er begleitete sie auf der Laute. So begannen sie, sich zur Nachtzeit in einem kleinen Zimmer des riesigen

Palazzo Pitti, für welches Isabella den Schlüssel hatte, zu treffen. Und dies war ihr Untergang. Troilo war wachsam, sowohl aus Pflichtgefühl als auch weil er Isabella begehrte und „das Benützen", um mit San Bernardino zu sprechen, der von einem hochstehenden Verwandten anvertrauten Frau als ein mit dem Auftrag verbundenes „Geschenk" anzusehen war.

Doch Isabella liebte den Gleichaltrigen. Eines Nachts, als Lelio über eine kleine Holzbrücke im Pitti-Garten ging, um sich zum gewohnten Rendezvous zu begeben, traf er auf eine in einen Mantel gehüllte Gestalt. Es war Troilo Orsini, bewaffnet mit einer kleinen Büchse; er zielte ruhig und schoß dem Jungen ins Herz. Am Tag darauf sprachen bei Hof alle über diesen Vorfall und fragten sich (manche im Ernst, manche zur Täuschung), wer der Mörder sein könnte.

Troilo begann erneut, Isabella zu belagern, und diesmal hatte er ein solides Argument in der Hand: den Skandal, mit welchem er sie ruinieren konnte. In der Tat hatte niemand außer ihm, der von Amts wegen (!) ihren Liebhaber getötet hatte, Beweise für den Ehebruch der Prinzessin Orsini. Aber, wie man in den rosa Romanen des 19. Jahrhunderts liest, „widerstand die Frau". Daraufhin erzählte Troilo alles Francesco I. dei Medici, dem Nachfolger und Sohn Cosimos I., also dem Bruder Isabellas und außerdem mächtigen Großherzog der Toskana. Francesco war noch nicht die „Beute" der Venetianerin Bianca Capello (wir werden sofort wieder davon sprechen), deshalb gab er sich ganz streng bei der Kontrolle der Familienmoral! Er schrieb an den Schwager, daß dessen „Ehre" und die der Familie Medici selbst es erforderten, daß er sofort nach Florenz komme. Prinz Orsini kam – Mitte Juli 1576 war schon vorüber – und schlug vor, daß sich der ganze Hof in die Villa Medicea von Cerreto, heute Cerreto Guidi (siebzehn Kilometer nach Empoli, wenn man aus Florenz kommt), begeben sollte.

Das Schloß, welches früher den Grafen Guidi gehört hatte, war von den Medici als Ruine gekauft worden (man vergesse nicht, daß der Reichtum und der Adel der Medici aus ihrer Vorherrschaft als Bankiers resultierten): Es war von Buontalenti sofort in eine Villa verwandelt worden; dieser hatte auch die prächtigen

Auffahrtsrampen, noch heute die „Ponti Medicei", Medici-Brücken, entworfen und gebaut. Hier wie in den anderen Medici-Villen war die Ruhe der Sommerfrische von einem auch heute noch beeindruckenden Luxus geprägt: Es ist zum Beispiel die Liste zur Vorbereitung jenes Abendessens erhalten, welches Großherzog Francesco und Prinz Orsini am Abend des 26. Juli jenes „schicksalhaften" Sommers eben zu Ehren Isabellas geben wollten. (War es vielleicht nicht üblich, den zum Tode Verurteilten nach seinem letzten Wunsch zu fragen und diesen zu erfüllen, ohne Rücksicht auf die Kosten? Doch Isabella wußte nicht, daß sie verurteilt war, auch wenn sie dies sicherlich ahnte.)

Also: Auf der Tafel waren achtzig Gedecke verteilt, nach jedem vierten gab es ein Waschbecken aus Gold, damit sich die Gäste die Hände mit Wasser, auf welchem Rosenblätter schwammen, waschen konnten; in der Mitte befand sich das Modell eines ebenfalls goldenen Schiffes, das von zwei Löwen gestützt wurde, die in den Pranken die Wappen der Medici und der Orsini hielten. Das Schiff sollte alle, und vor allem Isabella, daran erinnern, daß sich Fürst Paolo Giordano Orsini in der Schlacht von Lepanto wie ein Held verhalten hatte. Dann folgten für jeden Gast zwölf Tassen mit den Abbildungen der zwölf Monate des Jahres und ebenso Teller, Saucieren, Obstschalen, Konfektschalen, alles aus emailliertem und ziselliertem Gold oder Silber.

Wir wissen nicht, was an diesem Abend gegessen wurde, aber wir können es uns vorstellen, wenn wir in den Haushaltsberichten über die Bankette dieser Zeit blättern; zum Beispiel tausend große Waffeln (man rechnete mindestens sechs pro Kopf), dann tausend Kapaune, junge Gänse, Enten, Junghühner und Tauben, Wein in Fässern, Meeres- und Flußfische, tausend Eier, drei oder vier Scheffel Brot und Krapfen und Mandeltorten, einen Doppelzentner Orangen, unzählige Würstchen, Zungen und einige Zentner Schmalz.

Nach dem Essen wurde Isabella von ihrem Gatten und ihrem Bruder gebeten, zu singen. Sie sang, sagen die Chroniken, mit dem Tod im Herzen: Troilo Orsini sah sie spöttisch an und genoß im voraus vor allem seine *eigene* Rache, die nun erfüllt werden sollte. Als sie der Gatte aufforderte, ihm in seine Gemächer zu folgen, erblaßte Isabella und fragte ihre Freundin Lucrezia Frescobaldi (aus deren Briefen diese Kenntnisse stammen und eventuell in Romanform gebracht worden sind): „Muß ich mit ihm gehen?".

Doch offenbar gab es keine Wahl. In seinem Schlafzimmer hatte Prinz Orsini schon die Schlinge vorbereitet: Er tat so, als wollte er seine Frau zärtlich umarmen – und erwürgte sie. Dann nahm er den Strick weg, verbrannte ihn und schlug Alarm: Isabella hatte sich so schlecht gefühlt, ein starkes Kopfweh, und nun sah es so aus, als ob sie gestorben wäre.

Auf diese Weise, an Schwindsucht oder an einer nicht genau beschriebenen Krankheit starben in jener Zeit (und nicht nur damals) die wirklich oder angeblich untreuen Frauen.

Diese Tradition wird offenbar fortgesetzt, und außer dem Fall, daß *das Verbrechen* erwiesen ist, zog man es vor, die „Opfer", um sie zu töten, in weit von der Stadt entlegene Orte zu bringen, um leichter verbreiten zu können, daß sie eines „natürlichen" Todes gestorben wären.

Das Blutrünstige Rom der Beatrice Cenci

Das Viertel ist von ihr geprägt, eines der ältesten Viertel Roms, gleichsam sein aufgeschichteter und erdiger Nabel, Monte dei Cenci, der auf den Ruinen des Circus Flaminius gewachsen ist: Doch wer erinnert sich an sie, wer achtet auf das Straßenschild, welches ihren Namen trägt, Beatrice Cenci, wer verbindet mit den Orten die Erinnerung an das Bild ihrer rührenden Blässe, der blonden Locken, die aus dem weißen Trauertuch, das ihren schönen Kopf bedeckt, hervorschauen, an das Gesicht einer noch nicht ganz erwachsenen Frau, die von Guido Reni (eine nach Stendhal berichtete Überlieferung) vierundzwanzig Stunden vor ihrer Enthauptung gemalt worden ist? Und doch spielte hier auf der kleinen zugespitzten Piazza Sampietrini, wohin man – nach dem Verlassen des Chaos der Via Arenula – über ein steiles und dunkles Gäßchen zwischen ganz hohen, zum Teil noch mittelalterlichen Mauern gelangt, Beatrice als Kind, als sie die Klagen der Frauen, die ihre an einem Kollaps verstorbene Mutter auf dem Boden liegend vorgefunden hatten, in den Palazzo zurück-

Beatrice Cenci; Stich aus dem 19. Jhdt. nach einem Bild von Guido Reni

riefen; diese war ausgelaugt von den Schwangerschaften (zwölf, sieben lebende Kinder) und noch mehr von den Mißhandlungen des Ehegatten, jenes Francesco Cenci, dem Beatrice immer – und mit gutem Grund – den Namen eines Vaters vorenthalten wird, indem sie sich im Verlaufe ihrer Prozeß-Verhöre und bei den Folterungen auf ihn nur als „Signor Francesco Cenci" beziehen sollte.

Mit sieben Jahren ist Beatrice (geboren am 6. Februar 1577 im Palazzo Cenci) schon Halbwaise, weil sie die Mutter verloren hat; mit einundzwanzig Jahren gelingt es ihr endlich, sich von diesem Vater zu befreien – und, sicher, sie läßt ihn durch ihren Geliebten Olimpio Calvetti ermorden –, dessen Verhältnis zu seinen Kindern auch nur durch eine Geste ausgedrückt und beschrieben werden kann: Die sadistische Vorbereitung, Verschönerung und reiche Ausstattung der kleinen Familienkirche, San Tommaso in Monte dei Cenci, um darin die Gräber der von ihm am meisten gehaßten Kinder aufzunehmen: des Erstgeborenen Giacomo und der Beatrice, die wie eine Furie seinen wiederholten Vergewaltigungsversuchen widerstand. Beider Tod wurde von Francesco geplant, doch der Mut und die Rebellion des Mädchens (das in seiner Verbannung in Rocca della Petrella gezwungen war, schließlich die Blutschande über sich ergehen zu lassen) hinderten ihn daran, das mythologische Verbrechen des Chronos, des Gottes, der seine Kinder auffrißt, nachzuahmen.

„Herr Francesco Cenci" wurde ermordet, bevor er seinen männlichen Erstgeborenen, den Gegner, der ungeduldig darauf wartete, ihm als Titelträger der absoluten Gewalt nachzufolgen, und seine Tochter, die entschlossen war, sich nicht jenem Ritual der Defloration durch den Vater zu fügen, welches die patriarchalische Gesellschaft immer schweigend akzeptiert hat, indem sie vorgab, es – mit mehr oder weniger Emphase, je nach der Zeit – zu bedauern, ermorden konnte.

In der Beziehung Francescos zu seinen Kindern Giacomo und Beatrice scheinen sich in einer verblüffend klaren Folgerichtigkeit jene archaischen psychologischen Mechanismen zu manifestieren, die für das menschliche Verhalten grundlegend sind und wie sie uns von der Kultur übermittelt wurden: So sieht man in der griechischen Tragödie „den Laios-Komplex", auch wenn es Freud gefallen hat, nur die Kehrseite davon, „den Ödipus-Komplex" und die Neigung zum Kindsmord oder dem für die Anfänge unserer Geschichte charakteristischen „Opfer" des männlichen Erstgeborenen (siehe unter anderem Frazer), zu enthüllen, während in einem primären Kulturprodukt wie den Fabeln der Wille des königlichen Vaters auf die Absonderung der Tochter gerichtet ist. Propp macht darauf aufmerksam, daß in den Fabeln die Königstöchter oft in einen Elfenbeinturm oder in ein unterirdisches Gewölbe eingesperrt werden, als Vorwand, damit der Vater die Tochter mit niemandem zu teilen braucht und er nach Belieben Gebrauch von ihr machen kann. (Siehe zu diesem Thema Tilda Giani Grallini, *Der Laios-Komplex.*)

Genauso wie in den Fabeln, den allerschrecklichsten, welche nicht einmal die Illusion eines Märchenprinzen vorsehen, wird Beatrice Cenci mit achtzehn Jahren abgesondert, in den Bergen der Abruzzen, in der Petrella-Burg.
Bis zu jenem Tag hatte sie in Rom gelebt, im Rom des 16. Jahrhunderts, welches Stendhal wegen seiner „Exzesse" so sehr gefallen sollte, daß es ihn zu einer verbissenen *Suche* nach Dokumenten in Archiven motivierte, die ihm, nach klugem Manipulieren, Material für einige seiner „italienischen Chroniken" lieferten.
Die Vorliebe des Autors für eine gewisse „Grausamkeit" der Gesellschaft der Renaissance und der Post-Renaissance ist wahrscheinlich eine Folge seiner fast paradoxen Abneigung der den französischen Sitten, Moden, Intellektuellen seiner Zeit, welche er insgesamt für blutarm, leidenschaftslos und, um es mit einem einzigen Wort zu sagen, zu „zivilisiert" hält.

Korruption und Grausamkeit (doch Stendhal definierte sie als „Energie"!) machten ganz im Gegenteil aus der italienischen Gesellschaft des 16. und 17. Jahrhunderts ein Begeisterung einflössendes „Laboratorium", wo zur gleichsam wissenschaftlichen Freude des Forschers jede Art von undurchsichtiger Begebenheit und öffentlicher und privater Unterdrückung entwickelt wurden. Derselbe Stendhal bemerkt bei seiner Schilderung der *Affaire Cenci*: „Ich bin überzeugt (...), daß sehr viele häusliche und weniger bekannte Tragödien jener Zeit (...) mit einer der im Schloß Petrella vorgefallenen Szene ähnlichen enden".

Körperliche Gewalt und Verbrechen, Inzest und Gift waren also an der Tagesordnung im Bereich einer Institution – der Familie –, die damals weder etwas Idyllisches an sich hatte noch dies auch nur vorgab; sie war ja gegründet auf Interessen, geprägt

vom männlichen Despotismus (Vater oder Brüder) und von der weiblichen Intrige, welche nur selten die Kraft hatte, sich in eine offene (und verlierende) Rebellion zu verwandeln.
Und es ist seltsam, daß der große französische Schriftsteller in alledem eine Folge der „Leidenschaft" als typisches Element des italienischen Temperaments sieht. Er zitiert zum Beispiel eine andere schreckliche Tragödie der gleichen Zeit wie die der Cenci, bei der ein anderer römischer Prinz, Santacroce, mit einem Fausthieb in den aufgetriebenen Leib der Mutter schlug, weil er glaubte, daß sie mit einem Bastard schwanger war, der, würde er legitimiert, ihm einen Teil seines Reichtums rauben könnte (doch die arme Frau hatte nur die Wassersucht). Nun gut, für Stendhal ist das Verbrechen nicht durch Interesse verursacht, sondern durch das erbitterte, hochfahrende Ehrgefühl der Italiener.

Analog dazu scheint es heute sehr schwer zu sein, seine These über den *Dongiovannismus* des Francesco Cenci zu teilen; für Stendhal war er tatsächlich in der Hauptsache ein Don Giovanni, wenn auch irgendwie tiefer stehend als seine beiden berühmten Vorbilder von Molière und Mozart. Brillant und scharfsinnig beim Auffinden des idealen kulturellen Terrains für den Dongiovannismus in der katholischen Auffassung der Sünde adelt Stendhal schließlich die Person des Cenci, indem er ihm eine Berufung zur *Übertretung und Ketzerei* zuschreibt, die er ganz sicher nicht hatte.
Wenn es tatsächlich wahr ist, daß sich in der „Herausforderung des Himmels" der höchste und authentischste Ehrgeiz des Don Giovanni verwirklicht, wenn die Frauen also kaum ein Vorwand für eine absurde männliche Gigantomanie zwischen dem Mann und Gott sind, strafen meiner Meinung nach die abergläubischen bigotten Praktiken, welche die dunkelsten Taten Francesco Cenci sein Leben lang begleiteten, das Porträt Lügen, das Stendhal von ihm angefertigt hat. „Nehmen wir", schreibt er, „einen äußerst perversen Christen an, geboren in Rom zu jener Zeit, als der Papst eine Unzahl devoter Praktiken auf ihren Höhepunkt brachte, sie auf die Stufe der heiligsten Pflichten der Religion hob (...) im Augenblick, als eine unerbittliche Inquisition entfesselt wurde (...). Nun gut (wird er sich gesagt haben), ich bin der reichste Mann

Roms, der Hauptstadt der Welt: Ich möchte auch der arroganteste hier sein, ich will mich über alles, was die Leute respektieren, öffentlich lustig machen (...). Mit welchen Handlungen könnte ich auf meinen Mut aufmerksam machen und mir die größte Lust gestatten, nämlich die öffentliche Meinung herausfordern? Wie kann ich am besten die Tatsache, daß ich anders bin als das gemeine Volk, genießen?"

Nun, wenn der despotische Zug von Francescos Charakter wahrscheinlich ist – und despotisch waren alle Herren seiner Zeit, doch mehr *durch Gottes Gnaden* als durch die theoretische Fähigkeit zur Übertretung –, entspricht der in der Erzählung von Stendhal behauptete Umstand keinesfalls der Aussage eines Zeitzeugen, die besagt, daß „Francesco in seinem ganzen Leben niemals gesehen wurde, wie er eine Kirche betrat!". Ganz im Gegenteil war er sehr fromm, er betete umso mehr, je mehr Verbrechen er beging, und seine religiöse *Pietas* wird durch die Sorgfalt bestätigt, mit welcher er die kleine Familienkirche von San Tommaso renovierte, um dort den Kindern das Grab zu bereiten!

Francesco wurde 1549 aus der illegalen Liebe eines Monsignore, Cristoforo Cenci, Schatzmeister der Camera Apostolica, und einer verheirateten Frau katalanischer Herkunft, Beatrice Arias, geboren. Monsignore Cenci ist es kraft seines Amtes gelungen, den ursprünglichen und später verlorengegangenen großen Reichtum der Familie Cenci zu erwerben und zu vergrößern. Als er starb, war Francesco knapp dreizehn Jahre alt, doch er fiel bereits durch Überheblichkeit und Aggressivität, wenn auch im Kreise der rauflustigen Patrizierjugend Roms, auf: Nach einem bestimmten Schlüssel psychoanalytischer Deutung, die auf die Person paßt, könnte die Gewalttätigkeit des Jungen gerade der gotteslästerlichen und illegalen Art seiner Geburt zugeschrieben werden; als Kind lachten ihn die Gleichaltrigen aus, indem sie ihn „Monsignorino" oder, noch schlimmer, „Bastard" riefen. Und wenn es wahr ist, daß die *Kinder von Monsignori* in jener Zeit keinesfalls eine Seltenheit waren, hat der Fall von Monsignore Cenci und der spanischen „Ehebrecherin" ein solches Aufsehen erregt, daß auch Papst Paul III. Farnese gezwungen war, einzuschreiten und seinen Schatzmeister zu ermahnen; Beatrice Arias konnte

Cristoforo Cenci erst auf seinem Totenbett, und das heimlich, heiraten.

Man kann jedenfalls nachlesen, daß das Verhalten Francescos, als er fast noch ein Kind war, bereits sogar das anormale Maß an Gewalttätigkeit in der italienischen Renaissance übertraf: Wenn der „Monsignorino" mit elf Jahren als Unterhaltung einen kleinen Bauern, der in die Stadt gekommen war, um Eier zu verkaufen, in den Tiber warf, springt er mit dreizehn wahllos auf die männliche und weibliche Dienerschaft (Dienstmägde und Stalljungen), um eine wirklich „polymorphe und perverse" Sexualität (wie sie einige Jahrhunderte später der gute alte Freud definiert hätte) zu erproben. Es war solcherart, daß die Mutter sich entschloß, ihn zu verheiraten, sobald er vierzehn Jahre alt war: Beatrice Arias war damals eine der hofiertesten Witwen Roms, eine der ersten auf der von Luca Salviati erstellten Liste der „glänzendsten und geistvollsten Edelfrauen". Die Mutter entledigte sich also des Sohnes – wobei sie äußerst wenig *Solidarität mit ihrem Geschlecht* zeigte – zu Lasten eines gleichaltrigen Mädchens, Ersilia Santacroce, die, wie man gesehen hat, den Schwangerschaften (und Fehlgeburten), Demütigungen, Schlägen und auch Entbehrungen unterliegen sollte: Obwohl sie von ihrer fürstlichen Familie eine schöne Mitgift erhalten hatte, mußte sich Ersilia sogar das Geld für den Einkauf vorrechnen lassen. Francesco war sehr geizig (nach dem Tode seiner Frau gingen die Kinder in Fetzen), und das von seinem Monsignore-Vater angehäufte Gold diente ihm hauptsächlich dazu, Verurteilungen infolge seiner Verbrechen zu vermeiden. „Hier gibt es genug Geld zum Zahlen", war einer seiner bevorzugten Slogans; er plante also immer das Verbrechen ein, indem er das Geld zur Seite legte, das die gierige Pontifikaljustiz zum Schweigen bringen sollte.

Der Tod der Mutter, die sie liebte, die sie mehr als alle anderen liebte, war für die kleine Beatrice anscheinend ein großes schmerzliches Unglück, und doch verschafft er ihr die einzige heitere Zeit ihres Lebens. Sie und das um zwei Jahre ältere Schwesterchen Antonina werden der düsteren Atmosphäre des Hauses Cenci entzogen, jenen dicht zusammengedrängten Mauern, Zimmern, Höfen, Türmen, welche den ersten und dunklen Besitz Francescos darstellen. Dieser ist wie ein kleines, vor dem Herrn verängstigtes Dorf, beherrscht vom Schrecken vor dem Herrn. Eines Tages spielt Beatrice gerade in der Küche mit der jüngsten Dienstmagd des Hauses, Maria Pelli. Maria, *die Schöne aus Spoleto* genannt, ist seit einiger Zeit die „reguläre" (um es so zu sagen) Hausgeliebte des Francesco Cenci. Geschmeichelt darüber, daß sie den anderen vorgezogen wurde, unterliegt sie seinem barschen Zauber hauptsächlich wegen seines hochstehenden Ranges. Doch wenn der *Herr* verlangt, daß sie bei seinen Orgien mit Prostituierten und Stallburschen mitmachen soll, weigert sich Maria und Francesco schlägt sie; außer sich, zeigt ihn das Mädchen sogar an, zieht die Anzeige jedoch sofort zurück. Jetzt, an diesem frühen Winternachmittag, fühlt sich die kleine Beatrice in der gemütlichen Wärme der riesengroßen Küche, in Marias Nähe sicher und geschützt: Doch es kommt „Herr Francesco" und schleppt die „Dienstmagd" fort. Das Kind folgt ihnen. Alberto Moravia rekonstruiert in seiner Tragödie *Beatrice Cenci* die Episode so: „Eines Tages, als ich mit der Pelli in der Küche war, trat plötzlich mein Vater mit feurigem und verzerrtem Gesicht ein und, ohne ein Wort zu sagen, zog er sie an den Haaren und schleppte sie in eine anliegende Kammer, wo sie ihr Bett hatte, und warf sie darauf. Ich war ihnen gefolgt, war verschreckt und dachte, daß er ihr wehtun wolle: Und ich begann, mit den Fäusten auf seinen Rücken einzuschlagen und ihn zu bitten, daß er von ihr ablasse. Doch er hörte nicht auf mich, und die Pelli sagte leise zu mir: 'Beatrice, er tut mir nicht weh, hab' keine Angst (...)'. Dann sah ich, wie sie die Augen schloß und sich der Leidenschaft hingab. Da begann ich in einem Winkel zu weinen (...). Er war über dieser Frau, so lange es ihm gefiel, dann stand er wieder auf und sagte, ohne mich anzusehen: 'Weine nicht, dumme Gans, eines Tages wirst auch du es tun und wirst sicher nicht weinen (...)'. Und so verlor ich durch die Schuld dieser Bestie meine Unschuld".

Die Mutter, jene arme Ersilia Santacroce, genügte also nicht, um die kleine Tochter, die jüngste, vor der väterlichen Obszönität zu schützen, so wie sie sie, wäre sie am Leben gewesen, auch nicht vor seiner Begierde hätte verteidigen können. Ihr Tod war in gewisser Weise ein Segen für Antonina und Beatrice: Da er nicht belästigt werden

wollte, gab Francesco sie in das Internat zu den Schwestern von Santa Croce, deren Kloster zwischen dem Marsfeld und dem Monte Citorio lag (heute ist das Kloster der Sitz der Parlamentsbüros, ist völlig neu aufgebaut worden, mit Parkettböden, Plüschmöbeln und roten Wegweisern, bewacht von Polizeibeamten mit Maschinenpistolen; wer denkt da noch an Beatrice? Zu besichtigen wäre jedenfalls – wenn es einem gelingt, die Erlaubnis zu erhalten – die Cappella Valdina mit ihren prächtigen Fresken in den beiden geräumigen Lünetten).
Francesco Cenci zahlte den Pensionspreis immer zu spät, doch die Schwestern wagten nicht, zu protestieren, sie schwiegen aus Angst und aus Liebe zu Beatrice, die sie alle mit ihrer Grazie, ihrem Geist und ihrer prickelnden Lebenslust bezauberte und verführte; Antonina, die Schwester, war düsterer und fügsamer, das Schicksal (oder die Lüsternheit des Vaters) sollte ihr ersparen, zur Zielscheibe der gleichen schrecklichen Begierden und Zornesausbrüchen zu werden. Ja, Antonina sollte von den Frauen des Hauses Cenci sogar die einzige sein, die sich retten konnte, da der Vater zur Wahrung seines Gesichtes eines Tages (vom Papst) gezwungen wurde, sie zu verheiraten, und das Glück wollte es, daß sie einen edlen Mann, Luzio Savelli, Baron von Rignano, heiratete.

Doch einstweilen lebten die beiden Mädchen glücklich bei den Schwestern und wuchsen heran; sie lernten Musik und Sticken (wie alle jungen Mädchen ihres Ranges), machten Ausflüge in Begleitung von Schwester Ippolita (der Beatrice eine brennende Leidenschaft, die erwidert wurde, entgegenbrachte), sie gingen an schönen Maitagen zum Gebet in die Kirche San Pietro in Montorio auf dem Gianicolo, wo Beatrice begraben werden möchte. Beim Diktieren ihres Testaments im Kerker von Corte Savella wird sie sagen: „Aus dieser Zeit stammen die wenigen heiteren Erinnerungen, welche mir das Leben geschenkt hat". Deshalb will sie, daß ihr Körper in jener Kirche inmitten des weitläufigen vergoldeten Grüns eines der schönsten Hügel Roms Frieden fände, wo sie die feinen mystischen Freuden erlebt hatte, in welche sich damals die jungen Mädchen, die wie sie von der obszönen und tyrannischen sexuellen Begehrlichkeit ihrer Väter oder Brüder verfolgt, flüchteten. Auch in einem Brief aus dem

Kerker an ihre Freundin Caterina de Santis wird Beatrice an den Schauer köstlicher Angst erinnern, mit welchem sie zum Beichtstuhl schritt (in San Pietro in Montorio nahm ihr ein Mönch, Andrea Belmonte, der ihr bis zum Ende zur Seite stand, die Beichte ab), die himmlische Freude daran, nachher aus dem sicheren Schatten der Gewölbe und der Marmorkapellen in das leuchtende Sonnenlicht des Gianicolo zu treten.

So erfindet heute die Schriftstellerin Gabriella Drudi in ihrem Roman *Beatrice C.* die mystischen Momente der Internatsschülerin wieder: „Beatrice sagte zu Antonina (...): 'Es genügt, sieben Sekunden lang eine Kerzenflamme zu fixieren und dann die Augen zu schließen. Dann wird sich das himmlische Auge des Geistes öffnen (...)'. Die silbernen Mundstücke der Trompeten intonierten einen Gesang, der nichts Menschliches an sich hatte (...). Antonina kniete vor einer Kerze nieder (...). Beatrice beichtete ihrem Beichtvater, daß sie eines Morgens, als sie bei Sonnenaufgang in die Kapelle ging, die Vision des auf goldene Blätter gebetteten Heiligen Herzens auf dem glatten und weißen Kragen einer Nonne hatte".

Beatrice und Antonina tanzen mit Schwester Ippolita und den anderen Internatsschülerinnen Ringelreihen auf dem Gianicolo, und „Herr Francesco", in Begleitung einiger seiner Höflinge und Bravi, vergewaltigt zuerst zwei Wäscherinnen (eine ist schwanger), die die Wäsche in den Brunnen am Celio schwemmen, dann reicht er sie seinen Kumpanen weiter zur Gruppen-Vergewaltigung. Am nächsten Tag das gleiche: Dieselben Männer machen es wieder, diesmal in Trastevere mit einem dreizehnjährigen Mädchen, der Tochter eines Schneiders, doch das Volk verfolgt sie mit Heugabeln. Francesco entschließt sich zu einem Tapetenwechsel, zur Übersiedlung: Er verläßt das kleine Lehen auf dem Berg der Cenci und zieht in einen Palazzo auf der Via Ripetta, welchen er von Giovanni Paolo Galante gemietet hat. Hier, nachdem er den Besitz auf dem Monte dei Cenci den drei ältesten Söhnen (vor denen er, als er älter wird, große Angst hat) überlassen hat, versucht er, die Familie wieder zu vereinen, indem er die beiden Kleinen, Bernardo und Paolo, von der Amme, der er sie nach dem Tode der Gattin anvertraut hatte, und die beiden

Mädchen, jetzt siebzehn und fünfzehn Jahre alt, von den Klosterschwestern holt.
Schwester Ippolita hat ihrem (noch heute im Historischen Archiv am Capitol erhaltenen) Tagebuch die Erinnerung an jenen Tag im März 1592 anvertraut, an welchem Beatrice zu ihr gekommen war, um sich zu verabschieden, weil sie wieder ins Haus des Vaters zurückkehrte: Das junge Mädchen hatte in der heiteren Geruhsamkeit des Klosters vergessen; seine blühende Schönheit mit den weichen Locken, den schwarzen Augen, dem goldenen und straffen Teint erweckte in ihr die Lust (und die Illusion) auf ein Leben, wie es die anderen Gleichaltrigen ihres Ranges führten – Bälle, Feste, die erste Liebe. „Ich trenne mich nicht gerne von Euch", sagte sie zu Schwester Ippolita, „doch erfüllt das, was mich erwartet, mein Herz mit Freude."

Was sie erwartete, war genau das, was sie als Kind verlassen hatte, und noch viel schlimmer. Die Drohungen des Vaters, daß sie Schläge bekämen, wenn sie den Haushalt nicht so gut wie möglich führten und dabei äußerst sparsam wären, und für sie, nur sie allein, den ersten Vergewaltigungsversuch: Am 13. März 1593 betritt „Herr Francesco" ihr Zimmer, findet sie schon halb ausgekleidet vor, fällt auf ihr Bett und greift ihr mit einer Hand zwischen die Schenkel. Schreiend packt Beatrice ihr Kleid und rennt über die Stiegen davon, stürzt auf die Straße, flieht, um sich im Röhricht am Tiber zu verstecken; sie weiß nicht recht, wie sie sich retten kann, sie glaubt in ihrer Verwirrung, wenn sie immer am Ufer des Tibers entlang ginge, könne sie den Monte dei Cenci erreichen und dort die Brüder um Hilfe bitten. „Herr Francesco Cenci" verfolgt sie, bringt sie wieder nach Hause und sperrt sie in ihr Zimmer ein. Sie wird herauskommen, schlau, wie sie ist, wenn er wiederum vom Land, wo er von Zeit zu Zeit hinfährt, um die Bauern und Pächter auszupressen, nach Rom zurückkehrt. Mit angehaltenem Atem und der Hilfe eines Schlossers befreien Antonina und Bernardo die Schwester: Beatrice schickt Monsignor Guerra ein Billet mit einer Einladung zum Essen am selben Tag.

Und dieser junge und erfolgreiche Geistliche ist die erste (und einzige) Liebe des Mädchens: Er ist mit den Cenci entfernt verwandt und ist einer der wenigen, die die Erlaubnis haben, in diesem Hause Besuche zu machen. Er ist ein eleganter Mann, blond, witzig, er komponiert Madrigale (und er verehrt Beatrice), er hat ein wichtiges Amt in den Büros des Kanzlers. Das junge Mädchen entdeckt, von seinen Erzählungen begeistert, die Welt, in welcher sie gerne leben würde; sie überhäuft ihn mit Fragen, sie bittet ihn um Bücher, sie blickt ihn anbetend an. Er ist wahrscheinlich geschmeichelt, es bezaubert ihn die intellektuelle Neugier der Cenci, ihr kleiner und vollkommener Körper. Die Grübchen auf den Wangen, von welchen Stendhal schreiben wird, verführen ihn, doch er hat ganz anderes im Sinn: Die Karriere, die Geschäfte, den Besuch bei Damen, auch Ausländerinnen, die viel erfahrener und weniger riskant als das junge Mädchen waren. Nun, er wird Beatrice nie den Halt geben, den sie sucht, er wird sie bei dem Entschluß zum Verbrechen allein lassen, und erst *in extremis*, nach der Tat, wird er sich rühren, intervenieren, doch mehr zu seiner Verteidigung, um dem Prinzen Marzio Colonna, der irgendwie (wie wir sehen werden) in die Sache verwickelt ist, die Immunität zu garantieren. Jetzt aber beschränkt sich Monsignor Guerra darauf, die beiden verängstigten Schwestern zu beruhigen, indem er ihnen sagt, daß Herr Cenci sich wieder eine Frau nehmen wird und man also hoffen kann, daß er sich damit beruhigt hat.

Am 27. November desselben Jahres heiratet Francesco in Santa Maria in Trastevere Lucrezia Petroni, die Witwe des Felice Velli, mit drei unter die Haube zu bringenden Töchtern. Und dies ist in Wirklichkeit der Hauptgrund dafür, warum sich die Frau, die Stendhal (nach dem Porträt von Guido Reni) als perfektes Beispiel einer römischen Matrone („mit strahlend weißem Teint, schwarzen Augenbrauen, einem Blick, der gleichzeitig gebieterisch und voll Sinnlichkeit war") bezeichnet, entschließt, den schwerreichen Cenci zu heiraten – er hat ihr versprochen, für die Töchter zu sorgen. Und dieser wirft ihr sofort, nach einigen Monaten Ehe, vor: „Du hast geheiratet, daß ich deine Töchter in ein gutes Internat gebe, was ich tue. Bleib mir deshalb vom Hals und laß mich meiner Wege gehen".

„Seine Wege" im neuen Haus in Sant'Eustachio, wohin die Cenci übersiedeln, sind zum Beispiel die Vergewaltigung des taubstummen Küchenmädchens, das sich wehrt und mit seinem Herrn so lange kämpft, bis er sie halbtot im Bett liegen läßt: Francesco wird angezeigt und im Morgengrauen von der päpstlichen Gendarmerie arrestiert. Clemens VIII. hat beschlossen, daß jetzt der Augenblick gekommen ist, Cenci eine Lektion zu erteilen. So bleibt er zwei Jahre lang im Kerker, weil eine Reihe von Zeugen, Stallknechte, Wäscherinnen, Dienstmädchen und sogar die „Schöne aus Spoleto" den Mut finden, auch der Folter zu trotzen, um ihre Anklagen gegen ihn – jede Art von Sexualverbrechen – zu bekräftigen. Die zwei Jahre, die „Herr Francesco Cenci" im Zuchthaus verbringen muß, sind für Beatrice die einzigen, in denen sie „die Freuden der Welt" kennenlernen soll: Durch ihre Freundin Caterina de Santis wird es ihr sogar gelingen, öfters die literarischen Salons von Rom zu besuchen, die von Frauen belebt sind, die mehr Glück haben als sie, wie die Dichterin Sarocchi Birago, die ihr die Pforten ihres Hauses in Parione öffnet. Durch die Abwesenheit des schrecklichen Vaters in Sicherheit gewiegt, kommt Monsignor Guerra öfters, Beatrice träumt vielleicht davon, daß er den Priesterrock ablegt, um sie zu heiraten, doch Orsino (dies ist der Name des galanten Prälaten) denkt nicht daran; sein Amt räumt ihm allzu viele Privilegien ein, um darauf zu verzichten, und andererseits riskiert er auch nicht, Beatrices Geliebter zu werden und sich so der Rache des Cenci auszusetzen. Doch verzichtet auch Antonin Artaud, ein Autor, der jegliche romantische Volkstümlichkeit vermeidet, in seiner *Beatrice Cenci* nicht auf die Darstellung einer Liebesszene zwischen Orsino und Beatrice. Hören wir sie an:

Beatrice: Ihr seid Priester, sprecht mir nicht von Liebe.
Orsino: Wie wichtig können die Gelübde sein, wenn ich Euch wiederfinde? Es gibt keine Kirche, die sich meinem Herzen entgegenstellen könnte.
Beatrice: Orsino, weder das Herz noch die Kirche trennen uns, sondern es ist das Schicksal (...). Mein Vater (...). Das ist mein feindliches Schicksal.
Orsino: (...) Was auch immer das Hindernis sei, ich werde die Kraft haben, es zu überwinden, wenn ich nur mit Eurer Hilfe rechnen kann.

In der Tat fordert Monsignor Guerra Beatrice auf, vorsichtig zu sein und macht sie darauf aufmerksam, daß „Herr Francesco Cenci" früher oder später die Möglichkeit finden wird, aus dem Zuchthaus herauszukommen, es handelt sich nur um eine Frage des Preises. Und wirklich gewährt ihm Clemens VIII., der nach dem Angebot Cencis von hunderttausend Scudi großherzig geworden ist, einen *Hausarrest.* Die Hölle beginnt wieder, Francesco hat, um bezahlen zu können, die Erträge seiner einträglichsten Besitztümer abtreten müssen, die Söhne erklären ihm den Krieg, weil sie Geld beanspruchen, und er schafft sich Genugtuung an den Frauen, an Lucrezia, Antonina, Beatrice und am kleinen Bernardo. Schläge sind das tägliche Brot der Familie, Beatrice muß auch den bestialischen Überfällen Francescos, seiner blutschänderischen Geilheit Widerstand leisten, die durch die Krätze, mit der er sich im Kerker angesteckt hat, noch abstoßender geworden ist. Und wenn ihm Beatrice widersteht, wird er sie demütigen, indem er sie zwingt, ihm jeden Tag den von der Krankheit verwüsteten Körper zu kratzen, ihm mit Balsam-Öl auch die Genitalien einzuschmieren.

Nun ist Monsignor Guerra der Meinung, daß ein Grund zur Intervention besteht und zeigt die Mißhandlungen, unter welchen man im Hause Cenci lebt, direkt dem Papst an: Clemens VIII. verfügt, daß Francesco die Erträge den drei älteren Söhnen überweist – Giacomo (der sich verheiratet hat), Cristoforo und Rocco (die kurz darauf durch Raufhändel sterben werden) – und die älteste Tochter Antonina verheiratet. „Herr Francesco", nachdem er seine Wut dadurch ausgelassen hatte, daß er mit dem Stock seine Frau und die beiden Mädchen bis aufs Blut prügelte, begreift, daß er keine Wahl hat, und nun, um öffentlich zu zeigen, daß sich ein Cenci niemals dem Willen eines anderen beugt, auch wenn es jener des Papstes wäre, entschließt er sich, daß die Hochzeit Antoninas mit Luzio Savelli die allerprachtvollste sein solle: Die Braut bekommt eine Mitgift von zwanzigtausend Scudi, Diamanten und Amethyste funkeln zwischen den Blumen von Antoninas Frisur. Antonina, so versichert uns ein Chronist der Zeit, erscheint „strahlend und der Ehe sehr geneigt, so sehr, daß sie der Stieftochter als Geschenk zwei wundervolle Puppen mitbrachte"

(Luzio Savelli war Witwer mit einer kleinen Tochter). Vor und nach der Hochzeit, welche am 18. Januar 1595 gefeiert wird, lädt die Familie zu drei Bankette ein, mit Gauklern und Musikern und Speisen für siebzig Gäste pro Bankett zu Gesamtkosten (von Cenci selbst notiert) von dreihundert Goldscudi.

Für Beatrice ist die Heirat der Schwester eine traurige Wende: Von diesem Augenblick an wird sie allein sein (die Stiefmutter ist zu schwach), um dem Ungeheuer, das immer böser und wütender geworden ist, Widerstand zu leisten. Nach dem Tode Cristoforos und Roccos fürchtet Francesco, daß ihn der älteste Sohn von einem Meuchelmörder umbringen läßt; außerdem will er nicht riskieren, noch mehr Geld auszugeben, um Beatrice zu verheiraten. Er beschließt daher, mit Frau und Tochter auf die Burg Petrella in den Abruzzen zu fahren. Die Entfernung einer Dame von Rang vom Stadtzentrum bedeutet eine doppelte Gefahr – kurz und gut, entweder man mordet oder man wird ermordet. Für Beatrice Cenci war die Burg Petrella das nicht zu übersehende Entweder-Oder. Das einer Festung gleichende Schloß liegt völlig isoliert in der Provinz von Aquila, gehört zum Lehen des Prinzen Marzio Colonna und war nicht nur im metaphorischen Sinn ihr erstes Gefängnis. Denn Francesco entdeckt, daß Beatrice ihrem Bruder Giacomo Botschaften schickt, damit er, mit der (sehnsüchtig erhofften) Hilfe des Monsignor Guerra sie und die Stiefmutter von seinen Grausamkeiten befreie; da sperrt er Frau und Tochter in einen Flügel der Festung, zusammen mit zwei bediensteten Frauen, die er mit Hilfe einer Täuschung aufgenommen (praktisch entführt) hat.

Und nun höre man, wie Marzio, der Kapellmeister des Schlosses (der dann Komplize des Olimpio Calvetti beim Verbrechen sein wird), tragikomisch das Leben, das man im zweiten Akt der Tragödie *Beatrice Cenci* von Alberto Moravia führt, beschreibt: „Herr Francesco erheitert uns alle mit seinen Phantasien: Man kann sagen, daß er jeden Tag eine neue erfindet. Er läßt die Dienstmägde barfuß und nackt gehen, das ist wahr, doch er tut es nicht aus Geiz, sondern um uns ein bißchen durch weibliche Nacktheit zu erfreuen. Er schlägt, das ist wahr, seine Frau und seine Tochter sehr oft, doch auch das tut er nicht, weil er böse ist, sondern um uns zu erfreuen: diese Konzerte mit Schreien, Schluchzen, Schimpfen und Flehen sind ein Ohrenschmaus. Und ich versichere euch, daß man vor Lachen zerspringt, wenn man sieht, wie Herr Francesco seinen Leibstuhl zum Kamin schleift und sich im Hemd daraufsetzt, um seine Notdurft zu verrichten, und dann die Tochter ruft und ihr anschafft: 'Auf, Beatrice, putze mich gut ab (...)'. Frau Beatrice, die ihn mit abgewendetem Gesicht, um nichts zu sehen oder zu riechen, putzt, ist ein wahrhaft lächerliches Schauspiel. Und wer würde nicht auch lachen, wenn er Herrn Francesco sieht, wie er sich am Abend nackt ins Bett legt und sich von der Tochter die Krätze kratzen läßt? Er, der sagt: kratz, kratz, kratz fester (...) und sie, die ihn ängstlich mit beiden Händen kratzt und dabei die komischsten Grimassen vor Ekel macht? (...)".

Und Beatrice, die den Brief nach Rom geschickt hat und noch hofft: „Ich will einen Mann, der mich liebt und den ich lieben kann (...). Ich möchte einen Palast, einen Wagen, Pferde, Bedienstete haben; schöne kühle Säle, wo man sich im Winter mit der Familie aufhalten kann, einen schönen Garten, wo man in der schönen Jahreszeit spazierengehen kann. Und ich möchte Bälle, Feste geben (...) und ich möchte, daß mich ganz Rom besuchen kommt (...), daß mich die Maler porträtieren und die Musiker erfreuen, daß viele Gelehrte ins Haus kommen und mich unterrichten (...)".

Träume. Die Wirklichkeit ist anders. Die Wirklichkeit ist auch Olimpio Calvetti, der Burgvogt, der – ein bißchen aus Verzweiflung und vielmehr, um ihn durch den nun unausweichlich geplanten Vatermord an sich zu binden – verführt werden muß. Ja, durch ein tragisches Paradoxon ist Beatrice Cenci bei Orsino Guerra, den sie liebt und von welchem sie geliebt werden möchte, eine gescheiterte Verführerin: beim Vater eine auf schmerzliche Weise unbeabsichtigte Verführerin (und Artaud läßt Francesco Verwünschungen aussprechen: „Gott soll meine Tat bedauern. Warum hat er mich zum Vater eines Geschöpfes gemacht, an dem alles meine Begierde entfacht?"). Es gelingt ihr schließlich nur bei Olimpio Calvetti, sich der Verführung wie einer Waffe zu bedienen, der einzigen, derer sie sich verzweifelt bedienen kann, um sich von dem Ungeheuer zu befreien. Sie dosiert klug „wundervolle Liebkosungen", wie die Prozeßakten bezeugen werden, und kühle Zurückweisungen, was ihn zum Wahnsinn treibt: Im richtigen Moment enthüllt sie ihm auch, daß sie „Herr Francesco" schließlich besessen hat, um ihn zur Leidenschaft und Rachlust zu reizen.

Im Morgengrauen des 9. September 1598 wird das Verbrechen, nach verschiedenen mißlungenen Versuchen (am Abend vorher hat Olimpio einen Hustenanfall und Beatrice beschimpft ihn wegen seiner Feigheit) begangen, doch so schlecht, daß niemand an die von Beatrice konstruierte und von ihren Komplizen (der erschreckten Lucrezia, Olimpio und Marzio, welche es praktisch durchgeführt haben) akzeptierte Inszenierung glauben wird. Man stelle sich also den großen Körper Francescos vor, mit einer Axt und einem *Nudelholz* in seinem Bett ermordet, wie er wieder mit seinen Alltagskleidern angezogen und so in den Gemüsegarten geworfen wird, der sich unter einem schlecht befestigten Balkon (il mignano) außerhalb der Burg befindet; doch das Loch, durch welches „Herr Francesco" fallen sollte, als er noch schläfrig aus dem Zimmer kam, um ein wenig Luft zu schnappen, ist zu eng für sein Kaliber, während das Blut, das Leintücher, Matratze und Decken reichlich getränkt hat, dann den Hauptbeweis der Anklage darstellen wird.

Für den Fall, daß im Dorf von Petrella sofort der Tratsch und der Verdacht aufkommen, daß es sich um Mord und nicht um ein Unglück handle, beeilt sich die Familie Cenci, nach Rom zurückzukehren: Mit von der Gesellschaft sind Lucrezia (mehr tot als lebendig), Beatrice (gleichgültig), Olimpio (unruhig) und der erstgeborene Giacomo, der gekommen war, um die Schwester und die Stiefmutter abzuholen. Giacomo war mit dem Verbrechen einverstanden, ja er hatte Beatrice sogar eine giftige Wurzel geschickt, welche sie dem Vater ins Essen mischen und ihn so ohne allzu viele Risiken töten sollte; das ging jedoch nicht, weil Francesco Angst hatte, von den Seinen umgebracht zu werden und gerade die Tochter zwang, von seinem Teller zu kosten, bevor er auch nur eine Krume aß.

Der Palazzo Cenci mit seiner Fassade aus Quadersteinen und

seinem rätselhaften Medusengesicht über dem Portal nimmt nun Beatrice wieder auf: Sie hatte hier nicht mehr gewohnt, seit man sie im Alter von sieben Jahren aufgehoben hatte, damit sie die kalten Lippen der auf einem Katafalk aufgebahrten Mutter küssen konnte, und sie war sicher, daß ihr dieser Ort Unglück brächte. Eine Art Apathie hat die junge Frau befallen, sie hat keine Gewissensbisse, weil sie im tiefsten Innern überzeugt ist, richtig gehandelt zu haben, doch die Freiheit, von der sie träumte und die sie vom Schicksal mit dem Verbrechen erzwingen wollte, ist nun nicht einmal mehr ein Ziel: Es gibt sie einfach nicht. Nun muß sie sich dem erstgeborenen Bruder unterordnen, der ihr sofort zwei Dinge klar macht: Erstens, daß er mit dem Mord am Vater nichts zu tun hat, und zweitens, daß er nicht gewillt ist, den „Skandal" mit Olimpio, einem Mann niedrigen Standes, noch dazu verheiratet, Komplize und Geliebter der Schwester, zu dulden. Olimpio hat sich eingenistet, Beatrice denkt an nichts anderes als ihn loszuwerden, seine Zärtlichkeiten widern sie jetzt an, und wenn sie ihn vor dem Bruder verteidigt, geschieht dies nur aus Stolz. Die schwarzen Samtanzüge Olimpios, seine energischen Züge, seine Soldatenprahlereien (die sie in Petrella doch auf irgendeine Weise verführt hatten) sind ihr jetzt verhaßt geworden. Noch mehr, sie und der Bruder fürchten, von ihm betrogen zu werden. Man beschließt daher, mit Monsignor Guerra als Komplizen, den Calvetti aus Rom zu entfernen. Um ihn zu täuschen, zwingt sich Beatrice ein letztes Mal, Zärtlichkeit und Leidenschaft, die sie nicht mehr empfindet, die sie wahrscheinlich nie für ihn empfunden hat, vorzutäuschen: Sie schenkt ihm den Diamantring, welchen sie nach dem Verbrechen in der Kasse des Vaters gefunden hat, und einen prächtigen Mantel mit Goldborten und bringt ihn dazu, abzureisen. Olimpio wird nicht lebend nach Rom zurückkehren, nur sein abgeschlagener Kopf wird Monsignor Guerra überbracht, welcher am Komplott zur Eliminierung von Beatrices Geliebten teilgenommen hatte, doch eher um den Prinzen Colonna aus dieser Sache herauszuhalten denn um das Mädchen zu beschützen.

Doch die Ereignisse überstürzen sich. Clemens VIII. regelt sie von oben, sodaß die Güter der Cenci ohne Skandal für das Papsttum wiederum das Vermögen der Kirche bereichern, der sie durch Herrn Cristoforo entzogen worden waren. Nachdem man sich nun ohne den leisesten Zweifel überzeugt hatte (durch die Exhumierung der Leiche), daß Francesco Cenci nicht durch einen Sturz vom Balkon gestorben ist, beginnen die Verhöre und für die Komplizen von niedriger sozialer Stellung – wie dem Musikmeister und Spaßmacher Marzio Catalano – die Folter. Catalano gesteht alles. Monsignor Guerra weiß dies, verläßt vorübergehend seine *ständige* Geliebte, die Französin Odette Delessert und eilt zu Lucrezia und Beatrice, um ihnen zu sagen, daß sie sich bereithalten mögen, wahrscheinlich wird man sie in den Kerker der Engelsburg bringen, doch sie mögen keine Angst haben, denn ohne das Geständnis aller mutmaßlichen Täter bei einem Verbrechen kann die päpstliche Justiz kein Urteil sprechen. Und da die Adeligen von der Folter befreit sind (und mehr noch die Frauen), werden sie schließlich wieder herauskommen. Außerdem wird er sie dem Kastellan (eine Art Gefängnisdirektor) empfehlen, damit sie so behandelt würden, wie dies ihrem Rang entspricht. Doch die Empfehlung Orsinos wird nicht notwendig sein: Amerigo Capponi, dem die Kerker der Engelsburg anvertraut sind, verliebt sich unsterblich in Beatrice und wird jedes Mittel einsetzen, um sie zu retten.

Der Engel der Gerechtigkeit fliegt noch in den Lüften, auf dem Plafond des Gerichtssaals, in den Beatrice zum Verhör geführt wurde. Es ist ein relativ kleiner und kahler Saal (heute werden hier Waffen ausgestellt), wo groß, wenn auch verschwommen, die rosige „androgyne" Gestalt (wie sie bezeichnet wurde) segelt, ein Fresko, vielleicht von Perin del Vaga, in welchem sich die Symbole und die Sinngebungen vermischen: Es ist ein Engel mit einem Mädchengesicht, einem Schwert in der Hand und mit Flügeln, in seiner Rechten hält er einen Globus. Sicherlich wird sich Beatrice, als sie dem Richter Ulisse Moscato gleichmütig antwortete, in diesem Bild gespiegelt haben, das ihr von oben die gleiche Frische, die zwillingsgleiche reine Neigung ihres Antlitzes zurückschickte.

Moscato: Sagen Sie, ob Sie sich mit Olimpio gegen Ihren Vater verschworen haben.

Beatrice: Es ist nicht wahr, es ist nicht wahr (...). Er wird nie entdeckt werden!
Moscato: Gab es einen Hammer in der Burg?
Beatrice: Ich habe keinen gesehen. Ich bin kein Schmied, wenn Sie es wissen wollen.
Moscato: Wissen Sie wenigstens etwas über das Nudelholz?
Beatrice: In allen Küchen ist es gut, wenn eines zum Teigwalken da ist, deshalb haben auch wir eines gehabt.
Moscato: Um wieviel Uhr stand Herr Francesco auf?
Beatrice: Fragen Sie ihn das!

Nein, Beatrice hat keine Gewissensbisse, der Schatten des „Herrn Francesco Cenci" beunruhigt sie nicht mehr als er es damals, als er noch am Leben war, getan hat: Er war es, der sie für immer zerstört hat.
Das Mädchen wird unter der Folter schließlich gestehen, doch nur, um den kleinen Bruder Bernardo, den sie liebt, vor dem Strick und dem Rad zu retten.

Über dieses Thema, die gegenseitige zärtliche Zuneigung zwischen den beiden, die sich mit ihren blonden Locken und dem feinen Körperbau ähnlich sahen und sich von allen anderen Cenci unterschieden, hat Artaud eine der suggestivsten Szenen seiner Texte verfaßt. Da ist sie:

Bernardo: Hörst du sie? Es gibt keinen Winkel in diesem verfluchten Gefängnis, wo sie nicht foltern (...).
Beatrice: Am unglaublichsten ist, daß Ihr Euch von diesem Gefängnis, welches das Leben ist, etwas anderes als Folter erwarten konntet.
Bernardo: Ich weiß nicht, was für eine uns erwartet, doch seit ich sehe, daß du lebst, muß ich dir sagen, daß meine Seele nie eine Seele wie die deine wird vergessen können.
Beatrice: Adieu. Weine, doch verzweifle nicht. Aus Liebe zu dir beschwöre ich dich, bleib' der Liebe, die du für mich hegst, treu.

Doch was die Folter anbelangt, hat sich das von der päpstlichen Justiz dafür bestimmte *Decor* gewandelt. Lucrezia und Beatrice sind aus der Engelsburg weggebracht worden, wo sie Amerigo Capponi allzusehr protegierte, indem er unter anderem der jungen „Kriminellen" erlaubte, das kostbare, mit erotischen Fresken geschmückte Bad von Clemens VII. zu benützen; wo die von einer Bronze-Venus bewachte Wanne damals immer öfter nicht nur den verblühten Körper eines Greises, des Papstes, aufgenommen hatte, sondern den taufrischen und plätschernden einer Zweiundzwanzigjährigen, heimlich, mitten in der Nacht, führte Amerigo die angebetete Frau durch die mit der paradiesischen Malerei des Perin del Vaga geschmückte Sala Paolina, und sie kamen gemeinsam in den warmen marmorausgekleideten Raum, wo ihr die nackte Bronze-Venus, dieser lächelnde „Automat", das im Ofen gewärmte Wasser auf die berückenden Schultern goß. (Man sagt, daß sich, wenn der alte Clemens VII. ein Bad nahm, zu dem Liebesroboter wunderschöne junge nackte Mädchen gesellten.)

Jetzt, im Kerker von Corte Savella, wo Beatrice zusammen mit der Stiefmutter hingebracht wurde, ist alles dunkel, düster, furchteinflößend. Corte Savella, das Frauengefängnis für die einfachen weiblichen Gefangenen, lag in der Via Monserrato: Heute ist es schwer, den genauen Standort, wo die Kerker standen, wiederzufinden; einige Texte setzen ihn gleich mit einem Gebäude auf der linken Seite der Straße (wenn man von der Piazza Farnese in Richtung Banchi Vecchi geht), wo sie sich zur Piazzetta die S. Caterina della Rota öffnet, andere wieder mit großer Wahrscheinlichkeit mit dem heutigen Englischen College, einem Bau des 17. Jahrhunderts, dessen riesiger Hof mit einer niedrigen Innenstiege, mit niedrigen und dunklen Gewölben vielleicht als ein Überrest der mittelalterlichen Kerker angesehen werden kann und dessen Aussehen von einem Chronisten der Zeit der Cenci so beschrieben wird: „An der Fassade sind drei hohe Haupteisenbeschläge, ebenso sind unten einige weitere, ohne Rücksicht auf die architektonische Perspektive".

Von hier sollte Beatrice erst hinausgehen, um zur Enthauptung auf dem kleinen Platz beim Ponte Sant'Angelo, wo man das Schafott aufgestellt hatte, geführt zu werden. Stellen wir uns nun den Weg vor: Die zarte und rührende Gestalt Beatrices in einem dunkelblauen Taftkleid, die schlanke Taille mit einer Schnur gegürtet, mit einer Kapuze aus demselben Stoff wie das (plissierte)

Kleid (mit glockenförmigen Ärmeln über einem engen Hemd aus weißem Leinen), bewegt sie sich mit feierlicher Würde; doch rings um sie und für sie (nicht für die arme gedemütigte und erschütterte Lucrezia, nicht für den Verräter Giacomo, der sie als erster beschuldigt hat) rast das ganze römische Volk, die Via Monserrato ist an diesem strahlenden Septembermorgen, dem elften September 1599, ein dunkler Spalt zwischen den hohen Adelshäusern, wo die bunte und wilde Menge wimmelt. Clemens VIII., alarmiert von der Sympathie der Leute für die Tochter jenes Tagediebes, der nach Meinung der meisten gerechterweise durch die Hand eines Racheengels bestraft worden ist, hat sich mit dem Gouverneur von Rom, Taverna, beraten und ihn gefragt, ob es nicht möglich wäre, die Exekution zu verschieben: etwas beruhigt, hat er sich in seinen Palazzo auf dem Monte Cavallo (heute das Quirinal) eingeschlossen und versichert, daß er sich im Gebet sammeln würde, um den Seelen der Cenci die „rettende Absolution" zu erteilen! Jedenfalls wird Clemens VIII., um einen Volksaufstand zu vermeiden, im letzten Moment den Jüngling Bernardo begnadigen.

Doch mischen wir uns jetzt unter das unwahrscheinliche Gedränge auf der Straße, den Dächern und Balkonen, wenn Lucrezia und Beatrice im Kerkertor erscheinen: Einer Frau, die sich auf das Mädchen wirft, als wollte sie sie befreien, gelingt es, ihr einen silbernen Schleier um die Schultern zu legen, den Beatrice bis zum Augenblick, in welchem ihr Kopf vom Rumpf getrennt wird, anbehalten wird. Sie und Lucrezia gehen mit auf den Rücken gebundenen Händen zu Fuß vor dem Karren, auf dem Giacomo und Bernardo stehen (letzterer wird, als er bereits auf dem Schafott steht, von seiner Begnadigung erfahren): Beide mit nacktem Oberkörper, die beiden Brüder werden mit „Zangen gezwickt", mit glühenden Zangen (und Giacomo wird gemäß dem von den Richtern ergangenen Urteil auch gevierteilt werden). An der Spitze des Zuges schreiten psalmodierend die „Tröster" der Erzkonfraternität der Misericordia, welche seit 1488 das „Privileg" hatten, den zu Tode Verurteilten beizustehen. (Und noch heute wird in der nicht weit vom Kapitol entfernten Kirche von San Giovanni Decollato am 24. Juni eine Gedächtniszeremonie mit „in

Kapuzen gehüllten" Priestern und Laien, mit Litaneien und Weihrauch als Fürbitte für die Seelen der vielen Opfer der päpstlichen Justiz abgehalten.)

Was wird sich Beatrice in diesen Stunden gedacht haben? Bei Morgengrauen hat sie gebeichtet, kommuniziert, hat verfügt, daß ihr Körper in San Pietro in Montorio begraben wird. Am Vorabend hatte sie ihr Testament gemacht, in dem sie ihren über alles geliebten Schwestern von Santa Croce dreitausend Scudi als Mitgift für fünfzig arme Mädchen hinterließ: Es war ihr sicher klar, daß gerade das Fehlen von Geld eines der Grundelemente der weiblichen Versklavung war. Weiteres Geld hatte sie einem „Mündel" hinterlassen, in welchem die Phantasie des Volkes einen heimlichen Sohn von ihr, den sie vielleicht von Olimpio, von Monsignor Guerra oder, eine ausgefallene Hypothese, von ihrem Vater hatte, erblicken wollte. (Doch es scheint, daß diese Summe für den kleinsten Sohn von Olimpio Calvetti bestimmt war, während das kleine, um einige Jahre ältere Mädchen Vittoria von Beatrice bereits mit einer schönen Geldsumme bei einer Familie untergebracht worden war.)

Es sind die heißesten Stunden des Vormittags, die Sonne brennt, als ob es noch Sommer wäre, der Zug hat die Via dei Banchi Vecchi erreicht und von dort die Via del Banco die Santo Spirito. Am Ende dieser Straße in Richtung Tiber zeichnet sich das mächtige und harmonische Profil der Engelsburg ab: Als sie sich dem Schafott näherte, wird Beatrice vielleicht einen Blick auf den Engel von Raffaello die Montelupo (heute steht er im Hof der Engelsburg) geworfen haben, unter dessen marmornen Flügeln sie in Mondnächten, als sie schon eine Gefangene, aber noch nicht besiegt war, Spaziergänge machte und dabei Amerigo Capponi zuhörte, der für sie die Laute spielte. Aber jetzt ist alles aus: Die Statuen vom Heiligen Petrus und vom Heiligen Paulus, die ihr noch nie so drohend erschienen sind, bewachen die Brücke auf beiden Seiten, unter ihren Bärten beenden die Zimmerleute die Arbeiten am Schafott. Und so rekonstruiert Gabriella Drudi in ihrem bereits zitierten Roman Beatrices Gedanken: „Ich weiß nicht, welcher Tag meines Lebens heute ist. Denn ich habe meine Blicke fast nicht vom Zug abgewendet. Er hat vor dem Portal angehalten, um die Sonne zu genießen (...). Niemand hat mich mehr in die Arme genommen. Sie sind aus einem bloß ornamentalen Grund an die Säulen gebunden. Nun, kaum daß der Lärm der Familiengefühle aufgehört hatte, konnte ich frei und taub auf die Straße hinuntergehen".

An jenem Tag verloren in Rom auf Grund des Gedränges 13 Personen ihr Leben und 600 wurden verletzt. Eine Novizin beging Selbstmord: Dies ist die Chronik der Geste, mit der eine junge Frau sich entschloß, ihren eigenen Tod mit dem einer anderen jungen Frau zu verbinden, diese durch die Kirche gedeckte Ungerechtigkeit zu teilen und ihr Nachdruck zu verleihen.

„Mitleiderregend ist der traurige Fall, der einer gewissen Maddalena degli Onofri zugestoßen ist, einem achtzehnjährigen Mädchen, das im Begriffe stand, Nonne zu werden. Als sie sah, wie man der Cenci den Kopf abschlug, ist sie fortgerannt, hat sich die Kleider zerrissen und sich überall zerkratzt. Schließlich hat sie sich im Hause eingeschlossen, ein Hackmesser gepackt, hat sich mit der rechten Hand die linke abgehackt und ist verblutet."

Beatrices Haupt wurde auf einem Silberteller neben dem Körper in einer Grabnische in der Apsis von San Pietro in Montorio oder, nach anderen Versionen, in der Stufe zum Hauptaltar, auf dem sich damals die wundervolle Verklärung von Raffael (heute im Vatikanischen Museum) befand, beigesetzt. Im anliegenden Hof drückt der bernsteinfarbene kleine Tempel von Bramante sichtbar die absolute Vollkommenheit der Stille aus; deshalb läute ich ganz leicht an der Klosterpforte, wo es, wie man mir erzählt hat, einen alten Mönch, Fra'Filippo gibt, der noch für sie am 11. September jedes Jahres die Messe liest. Fra'Filippo glaubt, daß Beatrices Leichnam niemals wirklich aus der Kirche weggebracht wurde, auch wenn man bei den verschiedenen Renovierungsarbeiten nie mehr eine Spur von ihm gefunden hat. Eine der tausend (Volks-und Gelehrten-)Sagen, die auf jenem blutigen Nacken erblüht sind, besagt, daß Napoleon, als er nach Rom kam und sehr bewegt von der Geschichte war, das wunderschöne, wunderbarerweise erhaltene Haupt für sich haben wollte und es in einem Kristallschrein nach Paris habe bringen lassen.
Es ist jedoch sicher, daß Papst Clemens VIII. sich durch dieses

Blutbad der Reichtümer der Cenci bemächtigen konnte; daß der Verteidiger Prospero Farinacci ein Büchlein mit seiner vergeblichen Verteidigung herausgegeben hat, in der er Clemens VIII. ersucht, ja anfleht, ihm zu vergeben, daß er die Niederträchtigkeit besessen habe, das Verbrechen Beatrices rechtfertigen zu wollen; und es ist auch sicher, daß die von den Töchtern angezeigten blutschänderischen Vergewaltigungen in den Gerichtssälen sehr selten zur Verurteilung der Väter geführt haben.

Die Intellektuellen

Die Verführerinnen, die Frauen der Macht, die Intellektuellen – mit dieser Dreiteilung habe ich versucht, die von mir in diesem zweiten Teil des Buches *versammelten* Frauen, deren Gestalten in großer Anzahl zu finden sind und (fast wie die Perlen eines groben Rosenkranzes) chronologisch und historisch von den Punischen Kriegen bis zum Jahrhundert der Aufklärung enthüllt werden, zu ordnen. Doch wo sind die im Titel verheißenen Intellektuellen?

Namen gehen mir im Kopf herum, Vittoria Colonna, Gaspara Stampa, Barbara Torelli und Moderata Fonte. Nein, ich kann nicht behaupten, daß es in Italien keine Literatinnen gegeben hat, wenigstens nicht seit der Renaissance. Und dennoch bleibt, abgesehen vom Problem, das man sich im „feministischen" Hinterstübchen des Gehirns heute zum ersten Mal gestellt hat – und das, wie mir scheint, sehr aktuell und brennend ist –, ob die Renaissance, der Humanismus bei der Aufwertung des ganzen Menschen nicht zufällig zum x-ten Mal auf die Frau vergessen haben. Weit entfernt von einem solchen Verdacht, wie gesagt (und siehe diesbezüglich Maria Ludovica Lenzi, *Donne e Madonne*, Frauen und Madonnen), bleibt die Tatsache bestehen, daß es vor der Renaissance keine Literatinnen gab: Ich spreche von Literatinnen und in weiterem Sinne von *kultivierten Frauen*, deren Bedeutung in der Geschichte ausschließlich mit diesem Datum in Verbindung gebracht werden muß. Daß Julia, die Tochter des Augustus, die Poesie liebte (zumindest die Dichter in Fleisch und Blut) und wahrscheinlich Verse schrieb, wissen wir, das haben wir auch hier gesehen. So wie Johanna I. von Neapel von Petrarca wegen ihrer Liebe zu den Wissenschaften geschätzt wurde und Mathilde von Canossa Latein in Wort und Schrift beherrschte. Eine weitere Art von Kultur war in den Klöstern eingeschlossen (und darüber wurde in den letzten Jahren sehr viel geschrieben); was die Musik betrifft, waren die Höfe der Renaissancezeit, wie man gesehen hat, von musizierenden Frauen bevölkert. Ja, man könnte sogar sagen, daß der Musikerinnenberuf, wenigstens in Italien, der erste gebildete (oder „künstlerische") war, der Frauen gestattet wurde. Es beginnt mit der Sienesin Maddalena Casulana de Mezarii (ungefähr 1540 bis 1583), einer Sängerin, sie spielte die Laute und war Komponistin (und gerade diese letztere Tätigkeit „erboste" die männlichen Kollegen, von denen einer, Nicolo Tagliaferri, ihr vorwirft, sich in der Komposition „mehr als es einer Frau zukomme, zu betätigen"). Dann ist da Andreana Baroni Basile, eine Neapolitanerin (geboren 1580), auch sie eine Sängerin – Altistin –, Instrumentalistin und Komponistin (doch ihre Kompositionen sind verlorengegangen). Andreana wurde wegen ihres Talents und wegen ihrer Schönheit sehr bewundert, sowohl am Hof in Mantua, wo sie sechs Jahre lang die Rolle einer „Kapellmeisterin" ausfüllt, als auch in Neapel, Genua, Florenz und Rom: In der letztgenannten Stadt beschränkt sich Andreana, schon reiferen Alters, darauf, die beiden Mädchen, denen sie Musikunterricht erteilt hatte, auf der Laute zu begleiten. Und eine der beiden, Leonora, ist eine berühmte Virtuosin geworden und tritt in verschiedenen Sprachen auf. Sie schreibt Gedichte und Arien, die sie selbst interpretiert. Kardinal Rospigliosi, der spätere Papst Clemens IX., widmet ihr galante und leidenschaftliche Verse:

„Für dich ist diese weichherzige Sirene
nicht erfunden, sondern sie ist lebendig,
und die glühenden Lichter
mögen vom lieblichen Auge Liebespein übertragen (...)".

Auch der große englische Dichter Milton wird auf seiner Reise nach Rom im Jahre 1639 davon bezaubert und schickt ihr drei Epigramme in lateinischer Sprache: In einem erwähnt er den Wahnsinn Tassos, der durch die unglückliche Liebe zu Leonora hervorgerufen worden sein soll. Leonora („l'Adrianella" genannt) war mit dem Sekretär des Kardinals Barberini verheiratet, sie sang auch am französischen Hof, wo sie von der Regentin Anna von Österreich mit einem vorteilhaften Vertrag engagiert war.

Mit Francesca Caccini, der erstgeborenen Tochter von Giulio Caccini, haben wir wahrscheinlich die erste „Berufsmusikerin". Zusammen mit ihrer Schwester Settimia gründet Francesca ein Orchester, wird als Instrumentalistin und Sängerin an verschiedene ausländische Höfe gerufen – zum Beispiel zu Heinrich IV., König von Frankreich –, doch muß sie jedesmal die Erlaubnis der Medici, die (wie wir heute sagen würden) ihre ständigen Arbeitgeber sind, einholen.

Also, Musikerinnen hat es gegeben, Dichterinnen auch (wenn es auch anscheinend schwierig ist, die Grenze zwischen Dilettantinnen und Professionistinnen zu ziehen), es bleibt das Problem der Auswahl für ein Buch wie dieses, das keine Literatur-, Musik- oder Kunstgeschichte der Frauen in Italien ist, sondern nur der Vorschlag für einen Reiseplan *zum Weiblichen* in Italien durch Zeit und Raum. Und es ist besonders schwer, die Anzeichen einer *weiblichen Intelligenzia* in einer Landschaft, einem Garten, einem städtebaulichen Entwurf aufzuspüren. Deshalb habe ich mich darauf beschränkt, nur einige beispielhafte Fälle aufzuzeigen. Zum Beispiel das Leben von Isabella Morra, eines Mädchens, von dem man nur deshalb erfuhr, daß es Gedichte schrieb, weil es von seinen Brüdern ermordet wurde (eine Geschichte, die der vorher erzählten der Beatrice Cenci ähnlich ist). Kommen wir nun endlich zum 17. Jahrhundert, in welchem die Literatinnen, Musikerinnen und sogar Mathematikerinnen und Juristinnen, wenn schon nicht das *Recht auf die Staatsbürgerschaft in der Gesellschaft der Gebildeten*, so doch wenigstens die Möglichkeit haben, auf direkte oder indirekte Weise gegen den Ausschluß zu revoltieren; von vielen habe ich eine ausgesucht: Die „galante" Luigia Bergalli, der es kraft ihres literarischen Talentes und einer klugen Nutzung ihrer Anmut gelingt, den ersehnten *Sprung in eine andere Klasse* zu machen, das heißt, sie heiratet den venetianischen Schriftsteller-Grafen Gasparo Gozzi.
Wenige Fälle also, vielleicht willkürlich ausgesucht aus einem Urwald, der übrigens noch zur Gänze erforscht werden muß.

ROCCA DI FAVALE
Isabella di Morra

Bei der Geschichte der Isabella di Morra beeindruckt einen vor allem das Charakteristikum des Ausschlusses, der als ein *geographischer* beginnt. Isabella ist in eine jener südlichen Regionen Italiens verbannt, wo die Tatsache, *am Rande* zu stehen, an der Peripherie, in einem einsamen und verlassenen Ort zu sein, mit dem Niedergang der Magna Graecia begonnen hat, die trotz aller falschen – oder auch echten – „Modernisierungen" noch immer besteht und vor allem für Frauen besteht.
Heutzutage befleißigen sich die Massenmedien, „die Abkehrung von der Stadt" seitens der jungen Leute über den grünen Klee zu loben. Doch wer erinnert sich daran, was für eine Frau, und besonders für eine junge Frau, das Bewußtsein von *Gefangensein und Kontrolle* (über ihren Körper) bedeutet, verzweifelt, im „Geburtsort in der Wildnis" verwurzelt zu sein und überhaupt keiner schönen Zeit nachweinen zu können?
Man wird sagen: Schaut her, es ist richtig, Leopardi anzuführen. Er lebte nicht im Süden, er war keine Frau, und dennoch ist gerade er es, der den poetischen Fluch gegen „den Heimatort in der Wildnis" gerechtfertigt hat. Es werden doch nicht zufällig die Dichter gewesen sein, Männer oder Frauen, die ihre eigenen Ketten sind oder diese erfinden?

Sergio Solmi schreibt in seiner Einleitung zu den Werken Leopardis (Ed. Ricciardi 1956): „Dann besonders die Isolation seiner ersten Entwicklung. Einsamkeit, vor allem im geographischen Sinn, weitab von den Zentren politischen und intellektuellen Lebens (im) Mikrokosmos von Recanati, das tief in einer Provinz des Papststaates verloren liegt, und in einer familiären Umgebung päpstlichen und legitimistischen Adels". Für Leopardi (der von einigen wenigen Kritikern in der Nähe der lukanischen Dichterin angesiedelt wurde) bezog sich das marginalisierte Leben auf die französische „postrevolutionäre" Kultur; und für Isabella – eine außerordentliche Analogie der Schicksale – auf den Hof des Königs von Frankreich, wo ihr Vater und einer ihrer Brüder, Scipione, aufgenommen und als Edelleute und Literaten von beachtlichem Wert anerkannt wurden.

Doch abgesehen von der Gegenüberstellung, wird jedenfalls im Falle Isabellas der Umstand, daß sie eine Frau und eine Südländerin war, als *erschwerend* erachtet. Und wenn auch die besitzergreifende und bedrückende Vereinnahmung durch die Familie in dem einen und dem anderen Fall identisch erscheint, bleibt die Tatsache, daß Isabella mit sechsundzwanzig Jahren von ihren Brüdern ermordet wird.

Ich möchte nun rasch die Verknüpfung der beiden Umstände *weiblich* und *südlich* im Leben und im Tode Isabellas prüfen. In jenen Jahren (zu Beginn des 16. Jahrhunderts) sind die südlichen, zum Königreich von Neapel gehörenden Regionen, besonders Apulien, Kalabrien, Basilicata, wie Gregorio Rosso, ein Chronist jener Zeit, schreibt, „von drei Geißeln Gottes: Krieg, Pest und Hunger" erschüttert. Das war nicht einmal eine große Neuigkeit, denn „während Neapels Bevölkerung anwuchs und sich die Stadt kulturell erhob, fiel die südliche Provinz sowohl durch das übermäßige Anwachsen des Feudalismus als auch durch die zahlreichen Kriege in einen immer ruinöseren Zustand" (Giovanni Caserta, Isabella di Morra). Doch der Krieg, der das tragische Schicksal von Isabella besiegeln sollte, ist jener, der mit dem Frieden von Cambrai von 1529 zwischen Kaiser Karl V. und Franz I., König von Frankreich, beendet wurde. Wegen eines komplizierten Spiels europäischer Bündnisse bestätigte der Habsburgerkaiser durch den Sieg über den König von Frankreich die Herrschaft der Spanier in Süditalien, und der Vater Isabellas, Giovan Michele di Morra, der sich auf die Seite der Franzosen gestellt hatte, war gezwungen zu fliehen – und er floh nach Paris, in ein goldenes Exil am Hofe seines Souveräns.

Diese Ereignisse in der Geschichte hatten sowohl für das Königreich Neapel, vor allem für seine Provinzen, als auch für das persönliche Leben Isabellas verderbliche Folgen. Der Süden wurde mehr als zuvor ein von Banden erobertes und bekämpftes Land, wo die Rivalitäten zwischen den einzelnen Lehensherren in Verwüstungsstreifzügen von Briganten und jeder Art von in der Hauptsache ungeahndeten Verbrechen gipfelten. Isabella, die wegen des Krieges in der Rocca von Favale und nicht im freiherrlichen Palazzo in Neapel geboren wurde, blieb, wie sie selbst schrieb, ihr Leben lang – bis die Brüder beschlossen, sich von ihr zu befreien – „in solch einer elenden und schrecklichen Gegend". Das Verhalten von Giovan Michele di Morra gegenüber seiner Familie, die er, ohne sich daraus irgendein Problem zu machen, in der lukanischen Einöde zurückließ und jegliche Verantwortung dem ältesten Sohn Marcantonio übertrug, paßte vielleicht zu den Gebräuchen der Zeit. Sicherlich ist es herzzerreißend, von jenen Felsen Isabellas Schrei nach der Liebe des fernen, entrückten (zumindest in ihren Augen), mit der doppelten Aureole des Helden und Dichters verklärten Vaters zu hören.

„Von diesem Berg, von dem man das Meer erblickt,
schaue ich oft, deine Tochter Isabella,
ob ein Schiff darauf erscheint,
das mir von dir, Vater, Nachricht gäbe".

Der Vater hingegen scherte sich in Paris nicht darum, er genoß seinen geringfügigen Bekanntheitsgrad am Hofe des Königs („dir zu Ehren schmücke man deine Schläfen mit Lorbeer und Myrte", deklamierte für ihn ein Hofdichter), und laut der von Benedetto Croce gesammelten Dokumentation bezog er von Franz I. bis 1549 eine Pension (also noch ein Jahr nach dem Mord an seiner Tochter).

In Favale lebte inzwischen Isabella mit ihrer Mutter, Luisa Brancaccio, ihrem ältesten Bruder Marcantonio, der jedoch als Söldnerführer oft abwesend war, ihren anderen Brüdern, die alle jünger waren als sie (und von den vieren sollten Decio, Cesare und Fabio ihre Mörder werden) und der jüngsten Schwester Porzia.

Außer dem Vater fehlte auch der Zweitgeborene, Scipione, der fast gleichaltrig mit Isabella und zusammen mit ihr in Literatur und Musik erzogen worden war. Scipione war, als der Vater nach Frankreich floh, wahrscheinlich zwölf Jahre alt (Isabella zehn), und es ist bezeichnend, daß di Morra den zweitältesten Sohn zum Mitnehmen ausgesucht hat und nicht den ersten. Sicher, Marcantonio, der schon über fünfzehn Jahre alt war, mußte die Verantwortung für die „Frauen und Kinder" übernehmen (er sollte dann über diese vaterlose Familie eine absolute Herrschaft ausüben, Mutter und Schwestern terrorisieren und die jüngeren

Brüder zur Gewalt erziehen). Aber es mußte auch einige Ähnlichkeiten der Neigungen und der Talente zwischen dem Vater und jenem Sohn geben, einen Kreislauf, aus welchem Isabella im entscheidenden Moment ausgeschlossen wurde, nur weil sie ein Mädchen und kein Junge war. Bis dahin jedoch, bis zur Nacht des Jahres 1528, in welcher Giovan Michele di Morra für immer aus Favale fortging, war es Isabella gestattet, mit Scipione die väterliche Freude an der Literatur und den Künsten zu teilen; somit hatte sie eine ausgesuchte Erziehung, wurde den besten Lehrern anvertraut, die im Schloß zu Gast waren, hauptsächlich für sie, ein frühreifes und wißbegieriges Kind (Scipione wurde nämlich nach seinen ersten, mit seiner kleinen Schwester gemeinsam betriebenen Studien in ein Internat in Neapel gegeben).

Verse wie jene, die Isabelle di Morra hinterlassen hat, werden in der Tat nicht nur, wie die Kritiker bemerkt hatten, durch Eingebung geschrieben. Und wenn glücklicherweise ihre Leidenschaft und poetische Wahrheit ihre Wurzeln in dem großen Übermaß an Schmerz hatten, den ihr das Leben vorbehielt, übertraf sie schwungvoll die rein literarische, technische Fähigkeit, die ja auch vorhanden und sehr stark ausgeprägt war: Die Schriftstellerin ist sich dessen vollkommen bewußt, sie weiß, daß es eine „literarische" *Stilfrage* gibt, und dies auch zu ihrer, vom Petrarchismus geprägten, wie soll man sagen: *versüßlichten* Zeit. Deshalb sagt sie:

„Ich schrieb einst in einem bittern Stil, rauh und schmerzlich
– wie du weißt – gegen Fortuna,
so daß keine andere unter dem Mond
glühender über sie klagte (...)".

„Nach ihr richte ich meinen Stil
und meinen zarten Schleier
verhülle ich mit rauhen Kleidern (...)".

Hierin liegt das Vorrecht der gehobenen Klasse Isabellas (und das ist es, was in ihr die Verzweiflung vermehren wird). Es war gerade die *Klasse*, die ihr erlaubte, wenn auch auf anormale Weise geographisch isoliert, zu jener Renaissancekultur zu gehören, in der sich damals ein, wenn auch nur privilegierten Klassen (und

dem Klerus) gemeinsames literarisches Vermögen vereinte.
„Der Petrarchismus", schreibt Giovanni Caserta, „fand auch in Neapel eine weite Verbreitung, obwohl diese Stadt sonst bis zu Beginn des 15. Jahrhunderts an der kulturellen Bewegung Mittelitaliens nicht teilhatte.
Von Neapel aus wurde der Petrarchismus in die Peripherie der einzelnen südlichen Lehen der einen oder anderen Adelsfamilie gebracht. So war es der Fall bei Isabellas Vater (...), der, sagt Croce, aus den humanistischen Kreisen Neapels kam und selbst Dichter war. In seinem weitab gelegenen Schoß von Favale wollte er einen der vielen Erzieher und Literaturlehrer haben, die in jener Zeit in Ermangelung von Verbindung und Handel zwischen den großen Zentren und der Peripherie einen der seltenen Vermittlungswege für die Verbreitung von Ideen und Kultur darstellten. In dieser Umgebung erfuhr die adelige Isabella eine Erziehung, welche nur sie, eine Aristokratin, haben konnte".

Und es ist (meiner Meinung nach) gar kein Zufall, daß Decio, Cesare und Fabio di Morra zusammen mit der Schwester auch ihren Lehrer umbringen werden. War vielleicht nicht er schuld daran, einer Frau *Lesen* und *Schreiben* beigebracht zu haben, war er nicht verantwortlich für ihre *Ehrlosigkeit,* zumindest in bezug auf ihren (hypothetischen) Liebhaber, Diego Sandoval de Castro? In Wirklichkeit ist die Geschichte der Isabella di Morra eine, wie ich sagen würde, „wissenschaftliche" Demonstration der *Gründe* und des *Zwecks,* aus welchen und wofür jahrhundertelang die sexuelle Unterdrückung der Frau geplant und ihr auferlegt worden ist; denn die Beschützerin der *Ehre,* die biblische „versiegelte Quelle", mit welcher der Gesang der Gesänge poetisch die Vagina einer keuschen Ehefrau identifiziert, sind, denke ich, falsche Ziele: Man zielt auf den *Körper,* um den *Geist* zu treffen; es ist ihre Intelligenz, es ist ihr Wortverständnis, es ist, schlimmer denn je, ihre *Schrift,* die versiegelt werden müssen.

Der Widerspruch, der Irrtum, die ganz direkte und schrecklich Verantwortung des Giovan Michele di Morra in bezug auf seine Tochter ist folgende gewesen: sie zum Wort erziehen zu lassen und sie dann, indem er sie nach Favale verbannte, jeglichen Gesprächspartners, jeder Kommunikationsmöglichkeit zu berauben. „Wenn ich wegen dir so begründet leide", schreit Isabella, Fortuna verfluchend, „von der ich, Müde und Gescholtene wegen meiner Unwissenheit, nicht verstanden werde, die Du, wenn ich in der Stadt aufgewachsen wäre, mehr getadelt hättest und mehr Mitleid mit mir gehabt hättest." Die Stadt wird der Mythos und der Traum Isabellas, genauso wie sie dies für die Tschechowschen „Drei Schwestern" (Nach Moskau, nach Moskau!) und für die Mädchen aus dem Süden sein wird, die in den fünfziger Jahren nach Rom gehen, angezogen von der Illusion des Films. Die Illusionen Isabellas sind jedoch viel edler und außergewöhnlich ehrgeizig: Isabella sucht so nach der Liebe, einer Liebe, die sie aus der Einsamkeit herausholen soll (daß es sich um die Liebe eines Mannes handelt, ist zur Gänze strittig), aber mit derselben Leidenschaftlichkeit sucht sie den literarischen Ruhm:

„Ein würdiges Grab, wenn schon elend die Wiege war,
werde ich mit den geliebten Musen erwerben
und ich hoffe trotz der blinden, herben,
mir ungünstig Gesinnten ein wenig Mitleid zu finden".

Alle ihre Hoffnungen auf Ruhm (auf einen Ruhm, den zu erringen sie sich nicht vormacht, und wenn, dann nur nach dem Tode) vertraut sie mit rührender Naivität „ihrem" König an:

„Diese Hülle, die mich nun umschließt,
vielleicht lebt solch hehrer König auf der Welt,
daß er sie in festem Marmor begraben läßt".

Die Ereignisse in der Geschichte, also die Niederlage von Franz I. von Frankreich durch Karl V., kann von Isabella gewiß nicht politisch analysiert werden, doch sie identifiziert sie mit der „blinden, herben, ungünstigen" Fortuna: Sie ist der Grund für ihr Eingeschlossensein in Favale und für das Exil des Vaters, das, wie sich die Dichterin vormacht, nicht weniger bitter ist als das eigene. Und doch erfährt so eine, wie es scheint, *fatale*, unausweichliche Sicht der Geschichte Widerspruch durch ihren eigenen Willen zur Revolte; Isabella „politisiert" leidenschaftlich und naiv in dem Sinne, daß sie antispanisch und frankophil wird, daß sie auf der Erde nur einen einzigen möglichen Gesprächspartner sieht (erhofft, erträumt): den König von Frankreich.

Durch diesen, wenn man so will, „wunderbaren“ Vermittler (aber hat es noch andere gegeben?) dringt die Politik in das Bewußtsein, in das Erkenntnisvermögen Isabellas ein, so wie sie auch dramatisch in ihr Leben eingedrungen war; sie ist informiert über den Vertrag von Crepy (1544), sie umreißt in ihren Papieren ein (sicherlich imaginäres) Profil Karl V., sie verwünscht Fortuna, die es gewagt hat, „ihren“ König unter ihrem Rad zu zerquetschen: „Ich sehe voller Schrecken meinen König von dir besiegt und entkräftet unter deinem Rade“. Und hier beginnt das Märchen, das verzweifelte Märchen der verbannten Prinzessin, die davon träumt, einen König zu treffen, der ihr zur Flucht „aus diesen rohen Sitten von Leuten ohne Verstand, ohne Geist“ verhilft, und es ist, wiederhole ich, rührend, die Frau zu beobachten, die in dem offensichtlichen Versuch, sich zu befreien, um sich schlägt – die Leute, die sie umgeben, „ohne Verstand“ und „ohne Geist“, die primitiven Sitten, an welche sie sich anpassen muß –, und dennoch kann sie keine andere Hoffnung finden (und könnte dies auch gar nicht) als in der mythischen unerreichbaren Gestalt eines Königs. Aber für Isabella (und hier entsteht das grausame Märchen) wird der König eine Ausnahme machen, er wird sich offenbaren, er wird zu ihr kommen, er wird selbst kommen, um sie zu befreien, wenn er nur erfahren könnte, in welcher Situation seine Getreue lebt. Denn wenn er es wüßte, würde er dies sicherlich nicht dulden. So schreibt ihm die Gefangene von Favale, indem sie sich an Fortuna wendet:

„Jedes Übel vergebe ich dir
und die Seele wird nie über dich klagen,
wenn du nur dies tust,
– ach, ach, Fortuna, und warum solltest du es nicht tun?
Daß den großen König meine Seufzer erreichen!“.

Isabella unternimmt sogar etwas Konkretes, um mit „ihrem“ König in Verbindung zu treten; vielleicht erfährt das Mädchen aus den Briefen des Vaters, die er wenigstens eine Zeit lang an die Familie geschrieben haben muß, daß auch Luigi Alemanni, Freund des Giovan Michele di Morra und ein Dichter, am Hofe von Franz I. lebt und wirklich ziemlich renommiert ist: Isabella kennt die Werke Alemannis, die in der Bibliothek des Vaters

stehen (und vielleicht auch in der von Diego Sandoval de Castro), daher wendet sie sich an ihn als Vermittler.
Niemand weiß, ob sie Alemanni ihre Gedichte für den König geschickt hat und noch weniger, ob Franz I. diese jemals erhalten hat. Man weiß auch nicht, ob dieser Dichter sich die Mühe gemacht hat, zu antworten, darauf irgend etwas zu unternehmen, wenn auch nur aus Höflichkeit, was ihm und auch den anderen als die Raserei eines Mädchens, das noch keinen Gatten hat, erscheinen mußte. Jedenfalls ist die pathetische, dem Alemanni gewidmete Canzone Isabellas erhalten geblieben:

„Nicht nur der Himmel war Euch weit und günstig,
lieber Luigi, Ehre unseres Jahrhunderts,
mit einem selt'nen Stil, mit gut gereinigter Tinte,
aber mit einem edlen Thema, das Euch entzündet hat".

Der Dichter hatte in der Tat eine Ode für Franz I. veröffentlicht, weshalb er der Gefangenen von Favale als der am meisten Geeignete dafür erscheinen mußte, sie mit dem König zusammenzubringen:

„Franz ist der Bogen Eurer Lyra.
Für ihn seid Ihr heute und kein Zweiter
und Ihr könnt mit dem Klang den Marmor brechen".

Doch der Marmor blieb unausweichlich intakt; das marmorne Schweigen sollte für immer das Leben der Gefangenen umgeben, hätte ihr gewaltsamer Tod nicht einige Zeichen davon durchsikkern lassen.
Isabella lebt weiterhin in Favale, ist weiterhin verzweifelt und schreibt weiterhin Gedichte. Sie hat keine anderen sichtbaren Gesprächspartner als die Landschaft, die wilde Natur der Ortschaften, den unbezwingbaren Pollino, noch heute abseits und gespenstisch mit seinem gelben Tuffgestein, dem fernen Ionischen Meer, dem Siegel ihrer Einsamkeit aus purem Stahl, auf welchem die Dichterin weder „Ruder noch Segel" sieht, „so verlassen und unglücklich ist das Ufer, als daß es die Welle durchpflüge oder der Wind es blähe".

Doch es ist der antike, epische Fluß Siri, den sich die Gefangene von Favale im besonderen zum Zeugen ihres Schmerzes nimmt:

„Wilder Siri, von meinem großen Leid,
dessen bitteres Ende ich nahen fühle,
berichte meinen Schmerz dem teuren Vater,
daß ihn vielleicht sein Schicksal hierher zurückbrächte.
Sag' ihm, wie ich sterbend die rauhe Fortuna
und mein bitteres Schicksal nicht mehr mit Hader sehe,
als bemitleidenswertes und seltenes Beispiel
den unglücklichen Namen deinen Wellen bewahre".
(...)
„Sobald er zum felsigen Ufer gelangt,
rühre die Wellen mit grausamem Sturm
und sag': Ich wuchs so sehr, als sie lebte,
nicht durch ihre Augen, nein,
sondern durch die Tränenströme Isabellas".

Es ist wahr, daß die „Projektion" – wie man heute sagen würde – der eigenen Existenzängste auf die Natur immer eine Neigung und manchmal ein Ritual der Dichter gewesen ist (zumindest bis gestern, denn jetzt hat die Natur einen anderen und schrecklicheren Namen, sie heißt „Atom"); doch der Siri, der immer wieder in den Versen Isabellas vorkommt, hat eine tragische Prägung von Authentizität. Die ganze südliche Dichtung dieser Zeit wurde trotz ihres Petrarchismus' durch diese *starke* und dramatische Präsenz der Natur charakterisiert (siehe zum Beispiel die Verse des Girolamo die Tarsia, eines Zeitgenossen der di Morra). Im Falle Isabellas ist auch die Ahnung des bevorstehenden Todes keine poetische Fiktion, sondern nimmt die genauen Merkmale eine Vorahnung an. Vielleicht hatte sie, als sie die Ode an den „wilden Siri" schrieb, schon begriffen, daß sich die Brüder bald von ihr befreien sollten. Und, wie es bei den Frauen ist, wollte sie, daß wenigstens nach ihrem Tode jemand (und dieser hohe „Jemand" war immer noch ihr Vater) den ganzen Schmerz, der ihr auferlegt war, erkennen möge; deshalb rief sie den Fluß an, der mit seinem Sturmesbrausen dem Vater zeigen könnte, daß nicht „die Augen", sondern „die Ströme Isabellas" (also ihre Tränenströme) ihn so anschwellen und aufgerührt hatten. Wer weiß, frage ich mich beim Wiederlesen ihrer Verse, ob das Mädchen wußte, daß am selben Ort, wohin sie ihre Verzweiflung trug, an

den Ufern desselben Flusses eine Frau geherrscht hatte und der Fluß sogar ihren Namen trug. Der Mythos will in der Tat, daß Siri (nach Jean Bérard) eine Königin trojanischen Ursprungs gewesen ist, die auf diesem Territorium eine Stadt gründete und dem Fluß „seinen Namen gab". Damals war der Wasserlauf eindrucksvoll (laut Strabo) und schenkte dem Gebiet einen solchen Reichtum, daß man den historischen Siri um 575 v. Chr. als „nicht weniger fruchtbar als Sybaris" bezeichnete, und „der Reichtum und der Luxus der Syriten schon bald, schon im Zeitalter des Aristoteles, ebenso berühmt wurden wie der sprichwörtliche Reichtum der Sybariten". Also, in der Zeit der Magna Graecia hätte Isabella leben sollen. Doch sie büßte jetzt, im düsteren südlichen 16. Jahrhundert jener außergewöhnlichen epischen Kultur, indem sie unbewußt den Preis bezahlte (den Preis für einen Ruin), Tropfen für Tropfen, zuerst mit Tränen, dann mit Blut. Als eine sich dieser Tatsache selbst nicht bewußte Erbin einer mythischen Königin, einer sieghaften Frauengestalt, mußte Isabella das Opfer sein, aber kein passives, ein rebellisches, und der Atem ihrer Revolte kam von weit her, von anderen Schritten, von lang vergangenen Spuren, die an den Ufern des Siri eingeprägt waren. –
Heute heißt der Fluß Sinni, Valsinni das antike Favale, ein Dorf mit weniger als dreitausend Einwohnern, das auf einem Felsensporn, auf dem Weg von Metaponto nach Sapri und fünf Kilometer vom Ionischen Meer entfernt, verbarrikadiert ist. Das mittelalterliche Schloß, wo Isabella lebte und starb, existiert noch, wenn es auch im Lauf der Jahre viele Veränderungen und architektonische Verfälschungen durchgemacht und auch Zeiten von fast gänzlichem Verfall gekannt hat; zu Beginn dieses Jahrhunderts, im Jahre 1908, hat Isabella endlich ihren „Marmor", (welchen sie vom König von Frankreich zu erhalten gehofft hatte!) bekommen. Die an der Fassade des Rathauses angebrachte Steintafel besagt: „Zur Erinnerung an die berühmte Dichterin Isabella Morra, die glühende und duftende Blume der Basilicata des Horaz, in einer rohen Zeit an den Ufern des Sinni barbarisch gepflückt, gestiftet von dieser freien Gemeinde Valsinni, errichtet und gewachsen auf den Ruinen der düsteren Baronie von Favale, voll Mitleid und Bewunderung, damit sie diesen marmornen Grabstein, den sie sich vergeblich vom Mitleid eines Königs von Frankreich erhofft

hatte, wenigstens vom Mitleid ihrer Nachfahren in ihrem Heimatort, dreihundertundfünfzig Jahre nach dem Tode, hat (...)".

Doch kommen wir nun zur „schwarzen Chronik", welcher wir die Erinnerung an Isabella verdanken (nicht anders ist das heute mit dem Chronikteil der Tageszeitungen, der mit Frauennamen ganz verschwenderisch umgeht, wenn es sich nur um Ermordete oder Mörderinnen handelt). Und wie immer, wenn man eine Bluttat genau rekonstruieren will, muß man einen Schritt zurück tun. Zum „Märchen" der Verliebtheit Isabellas, welche eben das Motiv für das Verbrechen gewesen sein soll; und ich sage „Märchen", weil es mir scheint, daß diese Liebe, wenn es sie überhaupt gab, nicht die Richtung nahm, die man glaubt (und auf welcher, wie man sehen wird, alle jene, die sich in jüngster, jedoch nicht in allerjüngster Zeit mit dem Ereignis befaßt haben, *herumreiten*).

Nun, Isabella soll sich in Diego Sandoval de Castro verliebt haben, „der", wie Caserta schreibt, „in den Augen der jungen Frau alles repräsentierte (...), was eine 'arme Grasmücke' wie bei Verga bezaubern kann: Er war die Schönheit, der Erfolg, die Selbstsicherheit, die Freiheit, das Leben. Er war, wie man heute sagen würde, ein Mann von Welt, brillant, sicher und von sich eingenommen.
Von spanischer Herkunft, hatte er die Prinzessin Antonia Caracciolo geheiratet. Diego gehörte zur adeligen Familie de Castro, die vor einigen Jahren nach Süditalien übersiedelt war. Sein Vater, ein Mann der Waffen, hatte von König Ferdinand dem Katholischen als Gegenleistung für die ihm erwiesenen Dienste das Lehen von Bollita (heute Nova Siri) erhalten, dessen Erbe Don Diego geworden war. Auf dieses Land kam er jedoch nur hie und da, da er mit der Burgvogtei von Cosenza beschäftigt war. Hingegen residierte hier fast ständig seine Gattin".

Auch Diego Sandoval schrieb Gedichte, er hatte eine Sammlung im Jahre 1540 veröffentlicht, doch in ihnen gab es noch keine Spur einer weiblichen Gestalt, in der man Isabella erkennen könnte. Im übrigen reiste er viel in Italien herum; in Florenz war er Mitglied der florentinischen Dichterakademie, und hier hänselte ihn Lasca, weil er in Anspruch nahm, Gedichte zu schreiben, ohne

auch nur die italienische Sprache gut zu beherrschen.
Der Baron hatte den Ruf eines Aufschneiders (wie Croce feststellt) und aus dem einen oder anderen Grund war er oft von seinem Land verbannt. Es soll diese doppelte Aura – eines im Versteck Lebenden und eines Dichters – gewesen sein, die in Isabellas Herz eine Bresche geschlagen hat. Sie soll begonnen haben, Besuche im Turm von Bollita zu machen und eine leidenschaftliche Freundschaft zu Antonia Caracciolo zu entwickeln. Nun, der einzige Beweis, den wir für einen *Zustand der Verliebtheit* Isabellas haben, ist ihre wunderschöne, einer Frau gewidmete Canzone:

„Wie kannst du, mein geliebter Siri, dich preisen,
weil von deinem lieblichen und glücklichen Ufer
und auf dem Land der Name,
der mir heute so teuer ist, herkommt,
weil sie hier wohnt, die den zornigen Himmel
beruhigen kann und meine Hoffnung belebt,
trotz der herben und rohen Göttin,
die sich immer über meinen elenden Zustand freut".

Der Siri wird hier ein „geliebter" Fluß und sein Ufer „lieblich und glücklich", weil er an „*ihr*, die den zornigen Himmel" ... vorbeifließt.

Isabella fährt mit ihrem Gesang fort, indem sie ein Rebus vorlegt, das den wohlmeinenden Kritikern die akrobatischsten Interpretationen abverlangt hat. Hört ihn an:

„Nicht weniger nährt der Duft der Purpurrose
mit süßer Aura die Stelle,
als dies die heiligen Goldlilien tun.
Für sie wird mein Leben freudig sein,
meines schweren Kummers Hülle lege ich ab,
und diese Locken bekränze ich mit Lorbeer".

Dies ist ganz ein Gedicht der Freundschaft (und noch viel mehr: der Verliebtheit) und der Dankbarkeit und Hoffnung, gerichtet an eine Frau. In ihr vereinigen sich Isabellas Träume von Liebe und Ruhm, durch sie verkehrt sich endlich ihr Schicksal von einem tragischen in ein strahlendes. Die Dichterin hat es nun nicht mehr nötig, sich dem König von Frankreich anzuvertrauen („die heiligen Goldlilien"): Es gibt eine „Purpurrose" – eine klare Metapher für ein Frauenantlitz –, welche ihr Leben verändern wird.

Man sieht, daß eine Interpretation dieser Art bis heute noch von keinem Kritiker versucht worden ist; siehe Ferdinando Santoro (*Die lukanische Dichterin Isabella Di Morra*), der schmachtet: „Die Dichterin verrät hier das Geheimnis ihrer Liebe, jener Liebe, die uns zu eröffnen ihr ihre durstige (jawohl!) Schamhaftigkeit in ihrer Dichtung verbietet. Wenn wir in der Tat die Fiktion eliminieren (...) und *sie* durch *ihn* ersetzen, siehe da, daß *er* Gestalt annimmt, daß er zum schönen und männlich-dunklen Antlitz von Diego Sandoval wird (...)".

Der seriösere Caserta beschränkt sich auf die Meinung, daß die Canzone Isabellas, welche ganz offensichtlich Antonia Caracciolo gewidmet ist, geschrieben wurde, *bevor* die Dichterin in La Bollita auch Antonias Gatten Diego getroffen hat und sich in ihn verliebte. Croce seinerseits bemerkt hingegen, daß die Frau in der Canzone nicht Antonia Caracciolo hätte sein können, weil das Schloß La Bollita nicht genau an den Ufern des Siri oder Sinni lag.

Was die Verse anbelangt, die Diego der Freundin seiner Gattin gewidmet haben soll, siehe nun jene, in welchen man Isabella Morra zu erkennen geglaubt hat:

„Ich lag als lebensmüder Mann (...)
als vor meinen Augen
Madonna erschien und stehenblieb.
Wie kamst du jetzt her, sagte ich müde,
von jenen verlassenen und fremden Straßen?
Wie läßt sich solch große und göttliche Schönheit
herab, an einen bescheidenen und niedrigen Ort zu kommen?"

Lasca hatte in der Tat recht: Diego scheint kein großer Dichter zu sein. Es ist auf jeden Fall sicher, daß er Isabella „auf diesen verlassenen und fremden Straßen" getroffen hat; bei einem der kurzen Besuche bei seiner Familie wird er ihr zweifellos den Hof gemacht und sich dabei nicht vorgestellt haben, daß ihm aus diesem dummen Unterfangen der Tod erwachsen sollte. Marcantonio

Morra, der Sohn des Cesare (einer der Mörder, der sich nach Frankreich in Sicherheit gebracht hatte und mit einer französischen Edelfrau verheiratet war), erzählt in seiner Familienchronik, daß Diego den Namen seiner Frau benützte, um seine Gedichte ins Schloß von Favale zuzustellen, damit Isabellas Brüder keinen Verdacht schöpfen sollten. Doch er behauptet, daß – und dies ist nun ein offensichtlicher Widerspruch – der fatale Brief, jener, der in den Händen von Isabellas Erzieher entdeckt worden ist und zum dreifachen Verbrechen geführt haben soll, der erste war, den Diego an die Dichterin richtete. Also ein Betrug mit dieser Antonia, die als „Frau zum Schutz" fungiert und die von der Szene zu entfernen alle sich Mühe geben, um hier die kurze und flammende Liebe des adeligen Spaniers und der jungen Dichterin zu rekonstruieren. Nun, es ist nicht so, daß ich vorgäbe, daß Isabella sich ihrer Liebe zu Antonia bewußt gewesen wäre; die *Anerkennung des Lesbierinnentums* zwischen Frauen, die – wie drei Jahrhunderte später – den „Intellekt der Liebe" hatten, war im fortschrittlichen Florenz sowie im rückständigen Favale zwischen Isabella di Morra und Antonia Caracciolo historisch unmöglich.

Und jener leidenschaftlichen Bewegung, die schöne, junge (und oft wegen der Männer unglückliche) Frauen miteinander verband, gab man, und sollte dies auch weiterhin tun, bis gestern den Namen einer Vorzugsfreundschaft: Ja, Antonia war für Isabella „die Freundin des Herzens", und obwohl sie niemals davon phantasierte, „ihr den Gatten zu rauben" (wie wir heute sagen würden), muß sie sich von ihm mit dem Gefühl eines wirklichen Horrors zurückgezogen haben. Es ist klar, daß auch die Begegnung mit Diego für die Gefangene von Favale eine unverhoffte (und illusorische) Wendung war; endlich ein konkreter Gesprächspartner in Fleisch und Blut und auch gutaussehend, der aus der Märchenwelt der Kultur kam, der schrieb, der sich ihre Verse anhörte, der zumindest vorgab, sie genauso zu bewundern wie ihre Augen. Doch trotz allem ist es die „Purpurrose", Antonia, der Isabella sogar ihre Träume vom Ruhm anvertraut. Und von ihr, die einen brillanten Mann von Welt geheiratet hat, erhofft sich die Gefangene naiverweise, befreit zu werden: wer

weiß, wie. Vielleicht, so phantasiert Isabella, kann sie sie als Anstandsdame nach Florenz, nach Rom begleiten, wohin Antonia Caracciolo früher oder später ihrem Gatten hätte nachfolgen können (doch auch darin täuscht sie sich).
Es scheint auch kein Widerspruch zu sein zwischen dem, was ich bis jetzt gesagt habe und dem Sonett an Juno", die „Göttin der Ehe", in welchem die junge oder noch gar nicht erwachsene Frau (niemand hat genau die chronologische Folge der Schriften Isabellas festlegen können) gelehrig den vom Patriarchat für alle Mädchen vorgeschriebenen Traum träumt. Sie träumt von der Ehe, sie, Isabella, aber nicht mit einem Bestimmten (so erscheint es zumindest mir bei der Lektüre ihrer Verse):

„Heilige Juno, wenn die gewöhnlichen Lieben
deinem hohen Herzen so feindlich sind,
mach' meine Tage und Jahre hell und glücklich
mit deinen heiligen und wohlerlaubten Flammen (...).
Leg' mir um den Hals ein schönes, goldenes Band
mit deinen teuersten und ergebensten Dingen,
denn nur dir zu dienen bin ich bestrebt.
Leite Hymen mit liebenswürdiger Zuneigung
und mach' den Knoten, mit dem ich mich binde, so teuer,
daß nur eine Seele in unseren Körpern wohne".

Dies ist der Ausdruck des typischen „Platonismus der Gefühle", der jahrhundertelang (von heute weiß ich es nicht) das Heranwachsen der Frauen charakterisierte: Man träumt (oder träumte) von jemandem, einem wundervollen Er, mit dem man eine einzige Seele, geweiht durch eine legitime Ehe, bilden wollte. Für Isabella hingegen wurde der Tod vorbereitet.

Man weiß nicht genau, wie das Drama (die Gefangenschaft einer Frau) zu einer Tragödie wurde. Vielleicht begann das Gerede über die zu häufigen Besuche Isabellas im Turm von La Bollita. Die Brüder spionierten ihr jetzt nach, und eines Tages fielen sie wie die Falken über den Lehrer her, der ihr gerade ein Päckchen aus dem Lehen von Sandoval übergab. Jene Briefe, oder jener einzige erste Brief, wurden nicht einmal berührt von Isabellas Händen; vielleicht haben sie nicht einmal ihre Henker gelesen. Ohne sich von der Unterschrift Antonia Caracciolos täuschen zu lassen (aber war es denn eine Täuschung?), erdolchten sie zuerst den Erzieher (einen alten Mann, vielleicht ein Priester, von dem uns nicht einmal der Name überliefert ist) und dann die Schwester.

Diego wußte vom Verbrechen – und als echter Feigling hielt er sich viele Monate lang fern. Aber Cesare, Decio und Fabio (man weiß nicht, bis zu welchem Ausmaß sie vom erstgeborenen Marcantonio aufgehetzt waren) stellten ihm eine Falle. Im darauffolgenden Herbst (Isabella war wahrscheinlich Ende 1545 oder Anfang 1546 ermordet worden), als Diego Sandoval de Castro, nun zuversichtlich, gut davonzukommen, nach Bollita zurückkam, „wurde mit drei Flintenschüssen auf ihn gezielt, der eine traf am Auge, der nächste auf dem Lid desselben Auges und ein weiterer wurde auf die Schulter abgegeben und traf ihn in der Mitte des Halses". Der Hinterhalt lag drei Kilometer vom Lehen Sandovals entfernt in einem Ort, der damals „La Noja" hieß und heute San Giorgio Lucano entspricht. Außer den Brüdern di Morra nahmen auch zwei ihrer Bravi, Cornelio und Baldassino, an dem Attentat teil. Die zuerst zitierte Chronik gehört zum Bericht, den der Steueradvokat des Königreichs Neapel, Antonio Brattuccio, erstattet hat. Es scheint, daß der Vizekönig, Don Pedro von Toledo, sehr indigniert war, wenn schon nicht über die Ermordung Isabellas, so doch wenigstens über die eines Lehensmannes des Königs von Spanien. Die Zufälligkeiten der Geschichte: Don Pedro war der Vater von Eleonora von Toledo, einer anderen Frau, die – nach Meinung einiger Leute – wie Isabella durch Dolchstöße umgekommen sein soll. Der Bericht über die Ermordung des Diego Sandoval de Castro landete direkt auf dem Tisch von Kaiser Karl V.; der beauftragte Funktionär hatte emsig alle Informationen, die er über die Begebenheit finden konnte, beigegeben. Unter anderem die direkte Zeugenaussage des spanischen Gouverneurs der Basilicata, Antonio Basurto, eines Ex-Soldaten von Karl V. Der Gouverneur war von der Witwe Diegos, Antonia Caracciolo, gerufen worden und hatte sich zu Pferde bis zum Turm von Bollita begeben, um dort die Anzeige von Antonia entgegenzunehmen, „die ihm die Klage gegen den Baron von Favale und seine Brüder überreichte, weil sie den Verdacht hatte, daß diese ihn ermordet hätten oder ihn ermorden ließen, da das Gerücht ging, daß besagter Don Diego einer Schwester des besagten Barons und dessen Brüdern den Hof gemacht hätte und bei der sie gewisse Briefe und Sonette gefunden hätten, welche besagter Don Diego ihr geschickt und auf welche sie ihm geantwortet und ihm Gehör geschenkt hatte (...)".

Isabella stand daher in dieser ganzen Geschichte in einem schiefen Licht da: als Motiv für den Mord eines Menschen, der viel wichtiger war als sie.

Caserta betont in seinem Kommentar über den Bericht des Gouverneurs, wie „Antonia Caracciolo eher Zweifel gehegt hätte, als sich über den Betrug des Gatten sicher zu sein. Bemerkenswert ist auch, wie delikat sie die Gerüchte andeutet: Gleichsam als ob sie Angst hätte, die Erinnerung, wir wissen nicht, ob an Don Diego oder vielmehr sicherlich an die arme Freundin, zu entweihen (...)".

Nachdem er den Akt abgeschlossen hatte, fügte der spanische Beamte folgenden Schlußsatz hinzu: Daß Don Diego Sandoval de Castro „wegen einer gewissen Leichtfertigkeit, zu der er sich gegenüber der Schwester eines Baron hinreißen ließ", den Tod gefunden hatte.

Das ist alles. Über das andere Verbrechen, die Ermordung Isabellas, waren die Untersuchungen vage und ungenau. Marcantonio di Morra war eine Zeitlang eingekerkert (aber mehr wegen des Hinterhaltes auf Don Diego als wegen der Ermordung seiner Schwester, die er wahrscheinlich nur angeordnet und nicht persönlich durchgeführt hatte). Inzwischen flüchteten die drei Mörder-Brüder nach Frankreich: Giovan Michele di Morra verbürgte sich persönlich beim König für ihre „Reue"; kein Bedauern, keine Träne für jene Tochter, die ihm solch herzzerreißende und vergebliche Worte der Liebe gewidmet hatte. Gebunden an den Verschwiegenheitspakt unter Männern schützte der Baron ihre Mörder. Das Alibi wird wahrscheinlich das übliche gewesen sein: daß Isabella den Namen der Morra „entehrt" hatte!

Und auch der Lieblingsbruder des jungen Opfers, Scipione, der inzwischen am Hofe des Königs von Frankreich Karriere gemacht hatte, bemühte sich, die drei Verbrecher „ehrbar" unterzubringen: Decio trat in eine Augustiner-Abtei ein, deren Abt er bald darauf wurde; Cesare heiratete eine französische Adelige und seine Kinder erbten das Lehen von Favale, nur von Fabio sind die Spuren verlorengegangen.

Gewiß ist, daß sich die *Männerjustiz* niemals so in sich kohärent zeigte wie im Falle der Isabella di Morra, und das einzige Verdienst, welches man den *Untersuchern* des Falles (die so wenig in bezug auf diesen monströsen Vorfall *untersucht haben*), zugestehen muß, ist, daß sie aus purer Kleinkrämerei die im Schloß von Favale gefundenen Papiere der Dichterin gerettet haben: „Den Akten beigelegt", wie man mit der rituellen Formel sagt, bleiben also in irgendeinem neapolitanischen Archiv 10 Sonette und 3 Canzonen. Sie hätten für immer verlorengehen können, doch ein neapolitanischer Buchhändler, Marcantonio Passero, grub sie aus und schickte sie an den venetianischen Literaten Ludovico Dolce, damit er eine Kostprobe davon in den beiden von ihm betreuten Anthologien, eine über die *Reime* der neapolitanischen Edelmänner (im Jahre 1556 erschienen) und die andere über die italienischen Dichterinnen jener Jahre (1559) veröffentlichen solle. Im darauffolgenden Jahrhundert erschienen noch zwei Veröffentlichungen – 1663 und 1695 – der Gedichte von Isabella, aber – unglaublich, es zu sagen – aus religiösen Motiven heraus zensuriert. Dann nichts mehr bis zum Beginn des 20. Jahrhunderts, als 1907 Angelo de Gubernatis im Philologischen Kreis von Bologna einen Vortrag mit dem Titel „Der Roman einer Dichterin" hielt, dessen Text zusammen mit den Gedichten veröffentlicht worden ist. Es folgten weitere lokale Ausgaben, dann 1928 bis 1929 die aufsehenerregende Weihe: Benedetto Croce macht eine Reise nach Valsinni, stöbert, sucht, forscht (er läßt sogar die Grabsteine in der kleinen Kirche San Fabiano fuori le Mura, unter denen Isabella angeblich begraben worden war, entfernen, doch die Krypten waren leer) und veröffentlicht sein erstes Essay über das Thema, *Isabella di Morra und Diego Sandoval Del Castro, Mit Ausgabe der Gedichte der Morra und einer Auswahl der Gedichte des Sandoval.* (Die Monographie, vom selben Autor gut zweimal revidiert und erweitert, in seinem Buch *Leben der Abenteurer, des Glaubens, der Leidenschaft,* ist 1983 im Verlag Sellerio wiederveröffentlicht worden.)

Die Schwärmerei des neapolitanischen Philosophen, des Meisters der italienischen Ästhetik dieses Jahrhunderts, für Isabella di Morra ist kurios: Für ihn, der (oft mit sehr gefährlichen Folgen für

unsere literarische Gesellschaft) die Spaltung zwischen dem *Erlebten* und dem *Werk* theoretisiert hat, hätten Isabella und ihre Dichtungen ein *negatives* Leitfaden-Beispiel sein müssen. Statt dessen schreibt er: „Der persönliche Charakter der Verse der Morra und daß man darin kein Anzeichen von Übung oder literarischer Schönheit sieht, machen sie vor allem anderen anziehend". Ein Augenblick der glücklichen Hellseherei?
Der Schluß daraus ist leider der übliche: Indem er Isabella loben wollte, findet Benedetto Croce nichts Besseres als den verräterischen Satz: „Sie ist ein Dichter auf männliche Art".

Doch wie kann man so etwas sagen über ein menschliches Wesen, das gerade, weil es eine *Frau* war, mitleidlos und ohne Reue vernichtet wurde?

PIAZZA SAN MARCO IN VENEDIG
Luigia Bergalli

Es ist sie, Luigia Bergalli (oder Luisina), die inmitten des Feuerwerks des venetianischen 18. Jahrhunderts so weise taktiert, daß sie sowohl Ruhm als auch das „Eheglück" erwirbt: Die Idee ist die, weder auf das eine noch auf das andere zu verzichten; es gelingt ihr – oder beinahe: ich sage „beinahe" –, weil sie sich nicht der von der Geschichte verewigten Anschuldigung entziehen kann, das Vermögen ihres Gatten, des Grafen Gasparo Gozzi, vergeudet zu haben.

Doch gehen wir in der richtigen Reihenfolge vor. „Es ist etwas sehr Ernstes, Meister", trällert Luisina, „sich dem Urteil der Öffentlichkeit auszusetzen, und ich als Mädchen muß sehr die Kritik der Mädchen und Frauen fürchten, die es als Kühnheit bezeichnen werden, daß ich ein von mir verfaßtes Gedicht zum Vertonen hergegeben habe."
Die ganze (Verteidigungs-)Politik des Überlebens der Frauen ist in diesem klugen Satz enthalten: Meister Durante hatte Luigia, die zweiundzwanzigjährige Tochter eines Kollegen, als er sie in einem jener Salons, in welchen sich das Venedig des 18. Jahrhunderts, wie wir heute sagen würden, mit der größten Kreativität (Musik, Tanz, Maskeraden und Glücksspiel) ausdrückte,

gebeten, für ihn ein Gedicht zu schreiben, das er vertonen wollte. Luigia war in den mondänen Kreisen der Republik für ihre charmanten Gedichte schon bekannt; auch sie war eine „Schäferin in Arkadien" mit dem Namen Irminda Partenide, und außer dem Verfassen von Gedichten und Musik hatte sie auch bei Rosalba Carriera Malerei studiert. Also eine perfekte Intellektuelle (später wagte sie sich auch an das Verfassen moralischer Abhandlungen). Doch klug – oder schlau – genug, um zu wissen, daß es für eine Frau nicht gut ist, sich gegen ihre Umgebung zu stellen, daß es ihr nicht verziehen würde, daß sie existiert („zu sehr aufzufallen"), und daß schließlich schmerzlicherweise gerade die ärgsten Feindinnen gerade die Frauen sind, die anderen, jene, die aus Pessimismus, Resignation und Nachahmung (durch die hegemonische Kultur) darauf verzichtet haben, auch nur zu versuchen, in den verbotenen „Garten des Pindar" einzudringen: So entgegnet Luigia dem Durante, daß sie, wenn sie seinem Wunsch nachkomme, fürchte, sich insbesondere der Kritik ihresgleichen auszusetzen.

Es ist offensichtlich, daß es sich um eine Spiegelfechterei handelt; der Maestro besteht darauf, Luisina schreibt ihre Tragödie *Agide, Re Di Sparta,* welche Durante vertonen wird – es wird ein rauschender Erfolg.

Doch bevor ich mit der Erzählung von Luisinas Abenteuer beginne (Abenteuer und Pech – zumindest dann, wenn man Alfredo Panzini glaubt, der 1923 einen von ihr inspirierten Roman mit dem Titel *La Sventurata Irminda* veröffentlicht hat), ist es gut, schnell das Bild des Venedig des 18. Jahrhunderts zu umreißen, wo, wie bei einem prachtvollen Sonnenuntergang mit glutvoll schmelzendem Schein und Farben, der Vorhang vor der Republik fällt. Und hier einige Bilder: Beginnen wir mit dem Gemälde von Joseph Heinz, einem Maler aus Augusta, das uns die Erinnerung an die „Piazza San Marco" wie an einen Theatersaal hinterläßt, mit den in übereinander gelagerte Logen und Ränge verwandelten Procuratie, wo Damen und edle Herren sich herausbeugen und sich damit unterhalten, zu schauen, was unten passiert; und hier gibt es wie auf einer Bühne Pantomimen und Geschichtenerzähler, Marionetten- und Kasperltheater, Szenen aus der Commedia dell'Arte und Stierkampf. Das

Rot des Himmels mit seinen schweren herumirrenden Wolken scheint ebenfalls einen Kontrapunkt zum rosigen Ton der Bauten zu setzen. Hingegen Casanova, der einen seiner Sonnenaufgänge auf den Erberie die Rialto nach einer gänzlich von Mißgeschick geprägten, am Spieltisch verbrachten Nacht beschreibt: „Die Leute der guten Gesellschaft, die zeitig am Morgen auf den Erberie spazieren gehen, geben vor, daß sie dies tun, weil sie gerne hunderte, mit Gemüse, Obst und Blumen beladene Barken von den Gärten der Laguneninseln hierherkommen sehen: Doch alle wissen, daß hierher die jungen Burschen und Mädchen kommen, die die Nacht mit den Freuden der Venus, mit gastronomischen Exzessen verbracht haben oder aus Verzweiflung über ihr Unglück am Spieltisch und als Opfer ihrer Unvorsichtigkeit an diesem zauberhaften Ort eine frischere Luft und eine heitere Umgebung suchen (...). Es gehört daher zum *guten Ton*, bei diesem Spaziergang sein müdes Aussehen und die Zeichen einer schlaflosen Nacht vorzuzeigen".

Wie man sieht, ist das ganze venetianische Leben ein Gefecht zwischen Libertinage und Heuchelei: Die Frauen haben in der Tat viele Freiheiten, die sie mit der formalen Beachtung der Konventionen bezahlen. Und Luisina Bergalli spielt dieses Spiel mit, ja sie ist sogar eine perfekte Kämpferin. Sie wird bei der Heiratslotterie gerade einen der brillantesten Exponenten der Gesellschaft herausfischen, den Grafen Gasparo Gozzi, der sich in sie verliebt, als er knappe zweiundzwanzig Jahre alt ist (Luigia ist zweiunddreissig Jahre alt), und er widmet ihr einen Brief, der auf geheimnisvolle Weise an eine „liebenswürdige kleine Maske" gerichtet ist; hier beschreibt auch er nicht ohne Humor den Spaziergang auf dem Markusplatz und bezeichnet ihn als „das Vergnügen der großartigen und wirklichen Oberschichte", beschreibt das bunte Gedränge, die Eifersucht der Damen, das Gehabe der Kavaliere und endlich, indem er sich an seine schöne Unbekannte wendet: „Was für blondes Haar! Welch schneeweiße Hand! Siehst du nicht, was für Ringe sie hat – und was für kleine, ordentliche Schuhe sie hat (...). Und sind dies nicht die schönsten, lebendigsten, sprechendsten Augen, die es je gegeben hat?"

Kurz und gut, Gasparo heiratet Luigia, die geschickt ihre Fechtpartie führte, indem sie ihm, als er ihr seine Liebe gesteht, feierlich erklärt: „Was mir am Herzen liegt, ist ein vom Gesetz bestätigtes und von der Religion gesegnetes Band". So wird sie die Gräfin Gozzi und ruft den Haß des Schwagers, des jüngeren Bruders von Gasparo, hervor, jenes polemischen „reizbaren" Carlo, an den man sich immerhin in der Literaturgeschichte wegen seiner magischen und ironischen orientalischen Märchen erinnern wird.

Es ist wahrscheinlich, daß es die, den Nachfahren durch seine ätzenden *Memorie Inutili* (Unnütze Memoiren) überlieferten Bosheiten des Schwagers waren, die die arme Luisina für immer in die üblichen Fußnoten festnageln, welche die Geschichte den Frauen als typisches Beispiel der Unvereinbarkeit der Rollen einer *Literatin* und einer *Hausfrau* vorbehält. In der Tat, „der Ordnungsgeist oder der Sinn für häusliche Sparsamkeit waren nicht das, weswegen diese berühmte Frau am meisten brillierte", oder aber „ganz der Literatur ergeben, trug sie zur finanziellen Unordnung des Gatten bei"; weiters: „Gasparo Gozzi heiratete 1730 die Dichterin Luigia Bergalli, wurde Vater von 5 Kindern und befand sich sehr bald in einem ökonomischen Engpaß, wofür alle, begonnen mit Carlo Gozzi, die Schuld der Bergalli gaben".

Die Beschreibung der Kaprizen und der mondänen Ausgaben von Luisina ist sehr pittoresk: Die Gastmähler wechselten sich mit Bällen ab, die Theateraufführungen – zwei Jahre lang führten Gatte und Gattin auf ruinöse Weise das Sant'Angelo-Theater – gipfelten um zwei Uhr nachts in Festessen für alle, Schauspieler und Zuschauer, die immer in dem von tausenden Lämpchen erleuchteten gräflichen Palast gegeben wurden. Sicher, Luigia hatte ebenso wie Gasparo Freude am Luxus, welcher jedoch stets vom Licht der Intelligenz beleuchtet war; und wenn ein Chronist der Zeit ihr vorwirft, daß sie, um in ihrem Hause den Philosophen Montesquieu zu empfangen, „eine Haube aus Alenconnes-Spitzen und eine kastanienbraune Perücke" bestellt hat, beide von einem Boten zu Pferde von Paris nach Venedig gebracht, bleibt die Tatsache, daß Montesquieu die Gräfin Gozzi und niemand anderen besuchte. Und dann, im Gegensatz zu ihrem Gatten, der jahrelang Venedig mit seinen Klagen erfüllte (welche uns durch seine Reden überliefert sind), achtete Luigia ohne Raunzen darauf, Geld zu verdienen; zusammen mit ihrem Gatten machte sie

Übersetzungen und fühlte sich dadurch nicht erniedrigt, im Unterschied zu Gasparo, der protestierte, sich dazu herabgelassen zu haben, "seinen Geist zum Handelsobjekt zu machen und ihn für die unersättlichen Buchhändler arbeiten zu lassen". Nein, Luigia arbeitete und basta (und zog auch fünf Kinder groß, was nicht wenig ist). Es war sie, und nur sie allein, die die erste italienische Prosa-Übersetzung von Racine machte und übersetzte weiters auch Terenz in freien Versen. Von ihren Tragödien erinnert man sich an die *Elektra*, von ihren Komödien in Versen an *Die Abenteuer des Dichters* (1730). In Zusammenarbeit mit ihrem Mann tat sie etwas für ihre Zeit Revolutionäres: die Herausgabe von zwei Zeitungen, den *Gazzettino* und den *Osservatore*. Sie starb schließlich 1779, „rechtzeitig", schließt der zynische Chronist, „um beim gänzlichen Ruin der Familie nicht dabeisein zu müssen". Was Gasparo anbelangt, der einige Jahre vorher versucht hatte, sich umzubringen, indem er in den Bacchiglione in Padua sprang, heiratete dieser „aus Dankbarkeit" die junge Französin Sara Cenet, die ihn nach dem mißlungenen Selbstmordversuch „getröstet" hatte.

So war Luisina endgültig begraben. Von ihr ist nichts übriggeblieben als ein verblaßter Schein von Ruhm, der wenigstens zu ihren Lebzeiten (für eine Frau) bemerkenswert gewesen sein muß, und dies nicht nur auf Venedig beschränkt. Die Bergalli fuhr bis nach Ungarn und Albanien, um ihre Gedichte zu deklamieren; sie reiste ohne ihren Gatten, und einmal, am Strand von Zara, passierte ihr ein häßliches Abenteuer. Noch in diesem Jahrhundert war die Adria von Piraten (Narentinern) befahren, die das Schiff, auf welchem die Dichterin fuhr, überfielen und versuchten, sie zu entführen. Doch diesmal (und dieses Detail erscheint rätselhaft) war Luisina nicht allein: Es begleitete sie Carlo Gozzi, dem es mit Schwert und Pistole gleichzeitig gelang, die verhaßte kleine Schwägerin zu retten. Ob es zwischen den beiden ein Einverständnis gab, das sich später durch die Enttäuschung eines betrogenen Liebhabers in Haß oder Verleumdung verwandelte?

Um diesen Flash auf die *Intellektuellen* abzuschließen (welcher auf den den „Neapolitanerinnen" gewidmeten Seiten um das Profil anderer Frauen erweitert wird), ist es vielleicht der Mühe wert, einige Worte über die Arcadia zu verlieren, eine kulturelle Einrichtung der modernen Zeit, wo die Frauen, ohne einen Skandal und den Widerstand irgendeines rückständigen Menschen zu entfachen, eintreten konnten.

Was war die Arcadia und warum wurden die Frauen darin aufgenommen?
Indem er sie analysierte und, wie er sagte, der „historischen Wirklichkeit" Rechnung trug, schreibt Benedetto Croce: „Die Arcadia war die Reaktion gegen den Barockismus, welcher über ein Jahrhundert lang in der italienischen Literatur und den italienischen Gebräuchen gewütet hatte und dem sie ein Ende machte (...), indem sie gegen den Kult des *Überraschenden* und seiner Künstlichkeit den ernsten und friedvollen Ausdruck der Gefühle und Gedanken förderte und verbreitete (...)". Außerdem, so behauptet Croce weiter, repräsentierte die Arcadia auf europäischem Niveau noch die typisch italienische Teilnahme „an jener intellektuellen Bewegung des Rationalismus, der im Verlaufe des 17. Jahrhunderts nach und nach die Richtung der europäischen Kultur bestimmt hat (...). Und der Rationalismus, dessen erste große Bestätigung in der spekulativen Sphäre die cartesianische Philosophie war, brachte praktisch die den Bedürfnissen des neuen Zeitalters gemäßen Reformen mit sich". Für Croce hat die Arcadia also auch den Wert einer moralischen und politischen Reform; was die Teilnahme der Frauen daran anbelangt, ist es offensichtlich, daß er sich daraus kein Problem erwachsen läßt, auch wenn er einerseits seinen Freund Salvatore Di Giacomo liebevoll hänselte, der, wie er sagt, frei ist, „seine Frauen Violanti und Isabelle und Bettine, Gräfinnen, Marchesas, die die Harfe schlugen, das Spinett spielten, Arietten sangen und mit den Kavalieren und den Priestern kokettierten (...), und die, wohlgemerkt, geziert und ein bißchen dumm waren", und andererseits bemerkte, „daß unter den Müttern und Erzieherinnen italienischer Patrioten viele bejubelte Hirtinnen von Arcadia waren", ohne, wie er schließt, „die Heldin Eleonora Pimentel, auch sie eine Arkadierin mit dem Namen Altidora Esperedusa", mitzuzählen.

Eine Analyse der Mitgliedschaft von Frauen bei der Arcadia gibt es also bei Croce nicht und könnte sie vielleicht auch gar nicht geben: Wahrscheinlich (so wage ich zu behaupten) lag der Grund, weshalb die Frauen – die Frauen der gehobenen Stände, wohlgemerkt – in diese Institution aufgenommen und auch bejubelt wurden, eben in der Harmlosigkeit und Leichtigkeit des von ihnen vermittelten (oder besser: ihnen zugeschriebenen) Bildes; jene *Kleinen Hirtinnen von Arkadien*, „geziert und ein bißchen dumm", schienen der männlichen Vorherrschaft im Reiche der Kultur keine Bedrohung zu sein. Es ist gar nicht auszuschließen, daß viele sich des Alibis der „deliziösen Vignette einer eleganten, auf einem breiten Felsen sitzenden Schäferin, die in eine lange Trompete bläst", bedienten (auch dies ist eine Beschreibung von Croce), um mit der von innen ausgehenden Zersetzung der Bastion der Männerherrschaft zu beginnen: Die glühend engagierte Polemik des Aretefila gegen Volpi ist ein Beweis dafür, während sich am Ende jenes Jahrhunderts, im Jahre 1799, eine weitere Arkadierin die Maske herunterreißt, um an der Bewegung der Parthenopeischen Republik teilzunehmen und schließlich aufgehängt wird. Aber auch darüber wird noch gesprochen werden ...

III. Das 18. Jahrhundert in Neapel: Königinnen, Verführerinnen, Revolutionärinnen

Die Neapolitanerinnen

Die Neapolitanerinnen, warum? Warum ist dieser Teil speziell den Verführerinnen, den Frauen der Macht und den Intellektuellen des neapolitanischen 18. Jahrhunderts gewidmet? Vor allem (so gestehe ich), weil mir das beim Erforschen der drei Richtungen Verführung, politische oder finanzielle Macht und der Intellektualität angehäufte Material so unter den Händen angewachsen ist, daß ich in einem Teil allein keinen Platz gefunden habe: Denn gerade in Neapel, dem Neapel der Aufklärung vom Anfang bis zum Ende des 18. Jahrhunderts, blüht ein Bouquet von Frauen, in dem sich wie vielleicht nie zuvor und anderswo Schönheit (und deshalb Verführung), Macht (auch im Sinne der Vorherrschaft des Geldes und Vermögens außer in der Politik) und Intelligenz, manchmal eine revolutionäre, wie es die Intelligenz von Frauen oft ist, findet. Verführerinnen, Frauen der Macht und Intellektuelle, sie sind alle in diesen märchenhaften hundert Jahren vertreten, und der Glanz des damaligen Neapel überträgt sich auf seine Frauen oder von den Frauen strahlt und leuchtet es, wie dies zur selben Zeit vielleicht nur in Paris und Wien der Fall war. Im neapolitanischen 18. Jahrhundert wurzelt für einen langen wundervollen Augenblick der Luxus des Spätbarock (formale, spanische, überschäumende Schwelgereien) und jener, um es mit Talleyrand zu sagen, der „vorrevolutionären" Aufklärung, oder aber äußerstes Raffinement, Liebe zu den Freuden der Literatur, aber auch Libertinage, Philosophie und Glücksspiel: Also – erinnert ihr euch? – *Wie das Leben schön war vor der Revolution?*

Im Zentrum dieses Szenarios, das vom riesigen Palazzo Cellamare von Chiaia bis zum Palazzo Donn'Anna in Posilippo, vom Palazzo Filangieri bis zum Königsschloß von Capodimonte, vorbei am Königspalast und am Palazzo Satriano und weiter zu den Villen von Santa Lucia, Posilippo und Portici geht, dominieren bekannterweise die Frauen: Königinnen oder Abenteurerinnen, Fürstinnen, Prinzessinnen, Hofdamen, Sängerinnen. Wenige sind in der Stadt geboren, einige sind sogar Ausländerinnen, aber alle agieren – oder besser: „stellen sich dar" – auf der großen Bühne aus himmelblauer Seide, welche das kosmopolitische

Neapel jener Zeit ist. Dann, das ist klar, gibt es die Kehrseite der Medaille: Hunger, Pest, Volksaufstände – und nochmals eine Frau; doch diese „betrügt" die Klasse ihrer Herkunft, sie ist eine Intellektuelle, es genügt ihr nicht mehr, in Arcadia Gedichte zu schreiben, und sie wird am Galgen enden, zusammen mit dem Jahrhundert.
Ein Jahrhundert, das schon im Prunk der künstlerischen Freuden „debütiert": Pergolesi und Metastasio, der Musiker und der Dichter, werden beide von der neapolitanischen Gesellschaft der ersten Jahrzehnte des 18. Jahrhunderts „lanciert, und mit beiden verbindet man die Geschichte von Frauen", die jedoch eher am Rande stehen (besonders, was Pergolesi anbelangt), im Vergleich zum charakteristischen Bild, zu den Umständen und noch vielmehr zum Protagonismus der Frauenangelegenheiten jener Jahre. Deshalb ist es gut, diese beiden Episoden nur anzudeuten, bevor man sich in den „gierigen Rachen" (würden Verona und Corelli sagen) der Neapolitanerinnen stürzt.

Kloster von S. Chiara in Neapel
Die Nonne von Pergolesi

Das Kloster von S. Chiara (nach den Bombardements vom August 1943 restauriert) ist das leuchtendste, glücklichste architektonische Beispiel für die für das 18. Jahrhundert typische und hundertprozentig neapolitanische Verknüpfung des Prinzips der Lust mit der mystischen Glut, die auch in der Stadt der Parthenope seinen sublimsten Moment gerade in dieser von einer Königin, Sancha von Maiorca, der Gattin des Robert von Anjou, geforderten Kirche hatte.

Sancha materialisierte, da sie nicht selbst Nonne in der Klausur werden konnte, wie sie es sich gewünscht hatte, den Ort ihrer Phantasien als einen wunderbaren und strengen Konvent für die Clarissen. Aber im Jahrhundert der Freuden und im Neapel der ständigen Selbstdarstellung wurde S. Chiara sozusagen auf die brillante und bunte Bühne der Stadt gehoben, und wo das keusche Kloster der Clarissen mit Spitzbögen, aus kaltem grauen Stein gebaut, stand, wurde vom Architekten Domenico Antonio Vaccaro wie ein Bühnenbild ein Garten *en plein air* errichtet. Hier war die Landschaft klarerweise unsichtbar, nun wurden die nackten mittelalterlichen Mauern mit hauptsächlich himmelblauen und grünen Majoliken aus Capodimonte bedeckt, auf denen man ländliche Idyllen, Feste im Grünen, Maskeraden, Flußufer, Meeresbuchten, mythologische Szenen und sogar Karnevalsumzüge sah. In dieser Atmosphäre wurde Maria Spinelli, eine junge neapolitanische Adelige, in die Pergolesi sich zu verlieben gewagt hatte, von ihren eifersüchtigen Brüdern eingeschlossen und gezwungen, Nonne zu werden. Inwieweit die Geschichte wahr ist und inwieweit hingegen im vergangenen Jahrhundert „romantisiert" wurde, ist schwer festzustellen; es bleibt jedenfalls wahr, daß die Künstler in jener Gesellschaft (und in den anderen) sehr wohl gefördert, unterstützt und gefeiert wurden, doch sehr selten die Erlaubnis erhielten, mit dem Adel verwandtschaftliche Bande zu knüpfen. Deshalb ist es glaubhaft, daß ein junges Musiker-Wunderkind wie Giovambattista Pergolesi (er starb mit sechsundzwanzig Jahren an der Schwindsucht) von den Brüdern der Maria Spinelli (in Neapel gibt es drei Palazzi mit diesem Namen) „als Plebejer" betrachtet wurde. Croce zweifelt sehr an der Glaubwürdigkeit der Love Story und, wie es seine Gewohnheit ist, auch an der Existenz Marias. Er ironisiert die verschiedenen Melodramen des 19. Jahrhunderts, die aus dem Ereignis (oder der Legende) schöpften: Zum Beispiel die Verse des Baldacchini, welche die fatale Szene beschreiben, in der die Brüder Marias vor dem erschreckten Mädchen das Schwert ziehen und Todesdrohungen ausstoßen:

„(...) Eines Tages (Elende!)
traten in das einsame Zimmer
ihre Brüder ein,

bleich und stumm
zogen beide ihr Schwert (...)
Schwester, hüte dich
vor der geschwinden Rache.
In unserer Hand ist das Schwert.
Wehe, wenn sich ein Plebejer
erkühnt, sich ihm entgegenzustellen (...)".

Jedenfalls kursierte die Anekdote seit Beginn des vergangenen

Jahrhunderts in Neapel, und 1869 machte Florimo darauf aufmerksam, indem er sie in seine *Historische Betrachtung der Neapolitanischen Musikschule* hineinnahm. „Giambattista Pergolesi", schrieb er, „war das Opfer einer unglücklichen Liebe; und ich werde zu dieser Liebesgeschichte den folgenden, aus privaten Papieren entnommenen und überschriebenen Abschnitt bringen (...)." Es folgt die Erzählung der bereits zitierten Szene mit den Schwertern: „(...) eines Tages erschienen die drei Brüder vor Maria Spinelli mit gezogenen Schwertern und drohten ihr: wenn sie sich nicht binnen drei Tagen einen ihrer Geburt würdigen Ehemann aussuche, würden sie mit jenen drei Schwertern den Musikmaestro Giovambattista Pergolesi, ihren Liebhaber, erstechen (...)". Maria weigert sich, einen anderen zu heiraten, eher würde sie Nonne bei den Clarissen werden; die Brüder, wahrscheinlich froh darüber, sich eine Mitgift zu ersparen, gestatten ihr, daß die Zeremonie ihrer Profeß (sie sollte 1734 stattfinden) im hohen Kirchenschiff der Kirche der Santa Chiara vom Klang der von Pergolesi komponierten und dirigierten Musik begleitet werden sollte. Und ein Jahr darauf, 1735, wird das junge Genie die Trauermusik für Maria dirigieren. Also eine zu Tränen rührende Begebenheit (über Maria könnte man die zynische Analyse, die der junge Marx im *Feuilleton der Mysterien von Paris* von der Person der Fleur de Marie machen wird, anführen: Sie haben, sagt er, ein Wesen voller Leben in eine reuige Sünderin, eine reuige Sünderin in eine Nonne und eine Nonne in eine Tote verwandelt).

Was Pergolesi anbelangt, bestätigt die Geschichte (die mit den Frauen immer ein bißchen nachlässiger umgeht), daß sein Tod in Pozzuoli im Jahre 1736 erfolgte, kaum ein Jahr nach dem Tod der Nonne von S. Chiara, die er weiterhin, bis er eben daran gestorben war, geliebt haben soll.

Laut Croce soll es sich hingegen um reine und einfache „Unregelmäßigkeiten (...), die nicht zuletzt der Grund für sein frühes Ende waren (...), gehandelt haben. Ein bitteres Ende, das einer der berühmten *Italienreisenden*, der Präsident De Brosse, mitleidig und voll Bedauern beschreibt: 'Von allen Musikern', wird er einem Brief anvertrauen, 'ist mir Pergolesi der liebste (...). Ach! Was für ein Genie voll Grazie, einfach und natürlich! Man kann (Musik)

nicht leichter, graziöser und geschmackvoller schreiben.
Tröstet mich in meinem Schmerz, ich brauche das sehr, da mein armer Lieblingsmusiker in Pozzuoli im Alter von sechsundzwanzig Jahren an einem Brustleiden gestorben ist (...)'".

Im Flusse jener anmutigen und brillanten Musik (sei es ein Oratorium, eine Trauermesse oder das Meisterwerk, die Opera Buffa La Serva Padrona) verschwindet das Bild der neapolitanischen Clarisse trotz ihrer grausamen und bemitleidenswerten Legende in einem Klima von paradiesischer Schönheit, begleitet vom Klang der von Pergolesi gespielten Orgel. So verabschiedet sich Maria in den Versen eines anderen Dichters des 19. Jahrhunderts „von der Welt":

„(...) Sie bleibt einen Augenblick stehen, schaut umher,
sucht ein Antlitz, und ihre Stimme bebt.
Eine Klangwelle umhüllt sie und zugleich (...)
der Schrei eines Mannes, ein hoher und langer Schrei,
er schien im weiten Gewölbe widerzuhallen,
so daß jeder auffuhr. Dann löste er sich auf (...)
und die Orgel verstummte (...)".

Und die Nachkommen der Familie Spinelli die Cariati (der Maria angehört haben soll) selbst „eigneten sich" ein Jahrhundert nach ihrem Tod ihre Legende „an" und ließen von Salvatore Altamura eine Szene jener nun von der Zeit und dem Ruhm des Musi

HOFTHEATER IM KÖNIGSPALAST IN NEAPEL
Marianna Benti Bulgarelli, genannt die Romanina

Ob Maria Spinelli existiert hat oder nicht (aber die Häufung der Zeichen auf jenem bleichen Antlitz jenseits der Kreuzgitter sind zu eindrucksvoll, um nicht ein Körnchen Wahrheit vorauszusetzen), sicher gehörte sie nicht zu der Zahl der sieghaften, aggressiven Frauen, die immer die Hauptrolle spielen und das 18. Jahrhundert in Neapel charakterisieren. Anders als sie war Marianna Benti Bulgarelli, genannt die Romanina, eine Frau, die im Mittelpunkt stand: Als berühmte und an allen Herrscherhäusern der Zeit gefeierte Sängerin bediente sie sich ihrer Macht, nicht so sehr für sich als für den Mann, den sie liebte, Pietro Metastasio, dessen

Karriere, Ruhm und Reichtum sie aufbaute. Deshalb gehört Marianna nicht einmal voll und ganz zu den Neapolitanerinnen, die alle mit Ausnahme der Revolutionärin Eleonora und vielleicht einer sensiblen Dichterin, der Herzogin d'Erce, für sich selbst im eigenen Namen das Glücksroulette drehten und umso weniger die Waffen der verbalen Revolte gebrauchten, je mehr ihre (weibliche) Rolle sie zu erdrücken drohte.

Schließlich war Marianna eine Sängerin, und auch für sie galt jene Regel, laut der ihr nur eine Ehe mit einem Adeligen Einlaß in die High Society von Neapel des 18. Jahrhunderts verschaffen konnte. Aber die Romanina liebte ihren Dichter ..., der der Sohn eines römischen Greißlers war!

In der Kanzlei eines neapolitanischen Advokaten arbeitete im zweiten Jahrzehnt des 18. Jahrhunderts ein ganz junges Priesterlein, nicht viel mehr als zwanzig Jahre alt, dessen Leben jedoch von Anbeginn an den Weg und die Farbe eines Märchens annahm: Als Sohn eines Greißlers (eines Ex-Soldaten) befand sich der zwölfjährige Pietro Trapassi in einem Goldschmiedeladen, um das Handwerk zu erlernen, als ihn der Herzog von Gravina Verse improvisieren hörte; dies genügte, daß ihn jener kunstliebende Herr adoptierte, um einen berühmten Dichter aus ihm zu machen. Weiters, um damit anzufangen, gräzisierte er seinen zu plebejischen Nachnamen in Metastasio. Als sein Wohltäter starb, hatte Metastasio schon in Kalabrien die cartesianische Philosophie studiert und einen Band *Reime* veröffentlicht. Außerdem hatte er die niederen Weihen bekommen.

Im Alter von knapp zwanzig Jahren zum Universalerben seines Mäzens geworden, verschleuderte er das ganze Vermögen in wenigen Monaten. Dann kam er nach Neapel, um Arbeit zu suchen. Er fand sie in der Kanzlei eines Advokaten, der ihm jedoch unter Androhung der Entlassung verbot, weiterhin seine Zeit mit der Dichtung zu verlieren. (Jedes Märchen hat sein Ungeheuer oder seinen Feuerfresser, aber auch, und dies werden wir gleich sehen, seine kleine Fee mit türkisfarbenem Haar.) Offensichtlich hielt sich Metastasio nicht an die Vorschriften des Chefs, und so gelangte der Ruf seines Könnens bis zum Vizekönig von

Neapel, Marcantonio Borghese, der beschloß, bei diesem Schreiber des Advokaten ein Melodram zu bestellen, das im Theater des Königsschlosses anläßlich des Geburtstages der österreichischen Kaiserin uraufgeführt werden sollte. Metastasio lehnte ab, aus Furcht, seinen Posten zu verlieren; offenbar hatte sich der reuige Verschwender bald gewandelt, da er so wenig Abenteurergeist zeigte und so ängstlich war, aber der Vizekönig garantierte ihm die Anonymität.

So wurde Marianna Benti Bulgarelli von Maestro Nicola Porpora gerufen, um die neue Oper eines unbekannten Autors – *Die Gärten der Hesperiden* – zu proben: Marianna versuchte, den Maestro zu überzeugen, ihr den Namen des Dichters zu verraten; die Arien verführten sie, sie probierte sie mit voller Stimme im gelben Damast-Salon, sie verlor sich an die Leichtigkeit und Heiterkeit der Worte und Rhythmen:

„Das Atmen wäre in der Liebe süß,
wenn nicht immer
zusammen mit der Liebe
die Eifersucht käme".

Und dann, den Frauen und der Veränderlichkeit ihrer Launen gewidmet:

„Lachend weint ihr,
weinend lacht ihr,
und schon ist auf jenem Antlitz
vom Lachen und Weinen
aus Liebe oder Ärger
kein Zeichen mehr da".

Schließlich hob sich der Vorhang des Hoftheaters an einem Abend des Jahres 1721: Der riesige, von Fontana zu Beginn des 17. Jahrhunderts erbaute Königspalast war schon damals in jenem für das 18. Jahrhundert in Neapel typischen Rokokostil ausgebaut worden. In spanischem Prunk, mit allersteifster Note habsburgischer Eleganz gekleidete Damen und Herren stiegen paarweise die mit verschiedenfarbigem Marmor, von Rot bis Grün, Grau und Bernstein geschmückte Ehrentreppe im Kuppelgewölbe hinauf. Von hier kam man in den weiträumigen Theatersaal (er wird von den Bombardements des Zweiten Weltkrieges praktisch zerstört), wo sich die Gäste auf langen, mit rotem Samt tapezierten Bänken niederließen; in der Mitte waren die Thronsessel des Vizekönigs und der Vizekönigin. Versteckt, im Schatten, der Priester. Marianna Benti Bulgarelli hatte in den (ganz durchsichtigen) Gewändern der Venus ihren durch die königlichen Herrschaften (wie dies der Brauch war) angespornten Triumph, welchen der Adel bei solchen Gelegenheiten seinen Lieblingen bereitete (und sie dabei jedoch weiterhin von jeglicher „legalen Intimität" ausschloß).

Nach der Aufführung der *Hesperiden-Gärten* wurde die Romanina in die Loge des Vizekönigs gerufen: Marcantonio Borghese steckte ihr einen Diamantring an den Ringfinger, der Herzog von Sorrent geruhte, auf ihrem fuchsienfarbenen Damastgürtel eine kleine, mit Brillanten verzierte Uhr zu befestigen, die Marchesa die Lanciano streifte ihr ein Goldarmband mit ihren eingravierten Initialen über das Handgelenk, der Fürst von Venosa bat um Erlaubnis, persönlich das Dekolleté des Kleides der „göttlichen Sängerin" mit einer goldenen Brosche schmücken zu dürfen. Für Marianna sowie für Metastasio (im Augenblick ihres gemeinsamen Triumphes kannten sich die beiden noch nicht) begann damals im kleinen prunkvollen Hoftheater ein Crescendo des Ruhms, der sich einige Jahre später in einem geeigneteren Rahmen, im Teatro San Carlo, entfalten sollte. Und hier sollte auch der neapolitanische Adel seinem Hang zum Luxus nachkommen, indem er den Narzißmus einer ganzen Gesellschaftsklasse in einer Art eher unbewußten denn bewußten Apotheose ausdrückte. 1737 im Auftrag von König Karl von Bourbon nach einer Zeichnung von G.A. Medrano erbaut, wurde das San Carlo im November desselben Jahres mit der Aufführung des *Achille in Sciro* von Pietro Metastasio, Musik von Domenico Scarro, eröffnet. Das Theater erfuhr im Lauf der Jahre verschiedene Umbauten, die immer darauf gerichtet waren, seine Großartigkeit und seinen Glanz zu erhöhen, wie es Stendhal auf seiner im Herbst 1816 begonnenen Italienreise mit folgenden Worten beschrieb: „Es gibt nichts in Europa, was man damit vergleichen könnte (...). Dieser in dreihundert Tagen (nach einem Brand) wieder aufgebaute Saal ist ein Staatsstreich; er bindet das Volk mehr an den König als an die Sizilien gewährte Verfassung, die auch Neapel gerne hätte (...). Der Saal ist aus Gold und Silber, die Logen sind himmelblau; die Verzierungen, welche die einzelnen Ränge voneinander trennen, sind großartig: Mit Trauben von goldenen Lilien vermischte Fackelbündel; die Logen weisen auch Reliefs aus Silber auf, und die Damen – es ist unglaublich (...) – klagen darüber, zu sehr gesehen zu werden, weil das übermäßig starke Licht die Farben ihrer prunkvollen Kleider und sogar die delikaten Farben ihrer Gesichter blaß macht (...)".

Doch zurück zum kleinen Priester, der an diesem Abend des Jahres 1721 um den Erfolg seiner „ersten Oper" zittert: Da erzählt uns die Fabel, daß Marianna mit der Intuition der Venus für diese Art von Geheimnissen sofort in ihm den Autor der *Gärten der Hesperiden* erkannt hat und sich ab diesem Moment seiner annahm. Pietro Metastasio lebte seitdem mit der Romanina in einem Palast in Toledo zusammen; die Sängerin mit ihren zwanzigtausend Scudi Rente jährlich gewährleistete ihm die Möglichkeit, problemlos zu schreiben. Und sofort entstand aus der Zusammenarbeit der beiden die zweite lyrische Oper, die das sentimentale und angenehme Genie des Metastasio bestätigen sollte: Es war die *verlassene Dido*. Marianna interpretierte die leidenschaftliche Rolle der Dido mit einem Elan, mit welchem sie scheinbar bereits die Traurigkeit eines anderen Verlassenwerdens vorausnahm: „Du siehst mich nicht an und schweigst? (...) Vielleicht hat mein Bild in deinem Herzen schon die Liebe erlöschen lassen (...)".
Ihr Zusammensein dauerte jedenfalls zehn Jahre lang, und Marianna war viel klüger als Dido: Als sie fühlte, daß ihre Stimme den Höhepunkt zu überschreiten begann, sorgte sie dafür, ihren Pietro als nichts weniger als den kaiserlichen Hofdichter in Wien „unterzubringen"; sie war weiterhin seine Verwalterin, und als sie starb, vererbte sie ihm hunderttausend Scudi.

Aber der nunmehr berühmte Dichter, dessen Ruhm in ganz Europa galt, verzichtete auf die Erbschaft zu Gunsten jenes harmlosen Ehegatten der Romanina (von dem uns die Chroniken nicht einmal den Namen überliefern), der sehr diskret ihre Liebe begünstigt hat.

Palazzo Sessa in Cappella Vecchia
Emma Lyons

„Cavaliere Hamilton, der als Botschafter Englands immer in Neapel ist, hat nun, nach einer so langen Liebe zur Kunst, nach einem so langen Studium der Natur, den Gipfel aller Freuden der Natur und der Kunst in einem schönen Mädchen gefunden. Der Cavaliere hat eine junge, kaum zwanzigjährige, schöne und wohlgestalte Engländerin bei sich, der er ein griechisches Kostüm machen hat lassen, das ihr wunderbar steht. So gekleidet, löst die wunderschöne junge Frau ihre Haare auf, nimmt ein paar Schals und vollführt so viele Verwandlungen von Situationen, Bewegungen und Haltungen, daß man schließlich zu träumen glaubt (...)".

Dies ist das (ekstatische) Porträt, das Goethe von Emma Lyons zeichnet. Vor dem damastblauen Hintergrund von Neapel drückte die vom alten Sir William Hamilton geschickt „in Szene gesetzte" Bierkellnerin aus Cheshire die Liebe zur klassischen Welt aus, die damals bei den gebildeten Europäern gerade wieder auferstand: Klassizismus in den Formen der Architektur (und für Neapel wird er die Namen des Vanvitelli, des Fuga, des Niccolini tragen), eine leidenschaftliche archäologische Neugierde auf die außerordentlichen und aufregenden Ausgrabungen von Herkulaneum und Pompeji (die vom Bourbonenkönig Karl III. im Jahre 1738 angeordnet wurden) und dann – als unausweichliche Folge einer strukturierten und seriösen kulturellen Bewegung im Kielwasser, als Schaum auf den Wellen – dieses vielleicht ein bißchen *kitschige Divertissement* der schönen flatterhaften Engländerin in fließenden hellenisierten Tuniken mit dem „alten Cavaliere, (der) ihr das Licht hält und der sich mit ganzer Seele diesem Amte hingibt".
„Er findet in ihr", bemerkt Goethe noch, „alle Schönheiten der antiken Statuen, die schönen Profile der sizilianischen Münzen bis hin zum Apollo von Belvedere. Sicher ist, daß die Unterhaltung einzigartig ist (...)".

So zeichnet Wolfgang Goethe ein faszinierendes Porträt von Emma: Er, genauso schwankend wie der schimmernde tanzende Körper dieser Frau, war von ihr bezaubert und glaubte, in den Gesten der Engländerin „all das, was so viele Tausende Künstler

Emma Hamilton als Tänzerin; nach einem Rehberg-Kupferstich aus dem 19. Jhdt.

erschaffen hätten wollen", zu erkennen, sah sie aber auch etwas ironisch (jener alte Cavaliere mit der Lampe in der Hand ...). Im Gegensatz zu ihm war Herder, ein protestantischer Pastor und überdies laut Benedetto Croce „heimgesucht" von einer eifersüchtigen Gattin, angeblich „wirklich entrüstet über sie" und begründet seine Entrüstung folgendermaßen: „die H... Hamilton (sie heißt Madame Harte) machte in ihrem griechischen Gewand ihre tausend Positionen und Figuren, ich stichelte sie, und sie richtete in Gegenwehr vor allen Leuten ihre Bacchantinnen-Posen an mich. Übrigens ist sie *au fond* eine sehr vulgäre Person ohne feines Empfinden für irgend etwas, das groß, auf ewig schön ist (...)". Die Dosis erhöhend, schließt er: „Eine Äffin jedoch, wie es keine größere gibt. Nachdem die Vorführung beendet war, war ich wirklich entrüstet über sie, weil sie mich so grob aus meinen Träumen gerissen hat und einen Großteil meiner in Wahrheit ein bißchen übertriebenen Ideen über künstlerische Haltungen zerstört hat. Ich sehe also, daß nur irgendeine Fähigkeit nicht genügt für das wahre Kunstgefühl und ich kehre aus dem Lande der Kunst als Feind jeder äffischen Kunst zurück (...)". Nun muß noch vermerkt werden, daß der strenge Pastor dieses geißelnde Urteil in einem Brief an seine Frau schrieb, vor der er sich wahrscheinlich dafür rechtfertigen zu müssen glaubte, daß auch er an den „Bacchanalen" des Hauses Hamilton teilgenommen hatte.

Der neapolitanische Palazzo, der in jenen Jahren das persönliche Theater der schönen Bierkellnerin geworden war, ist heute durch die städtebauliche Entwicklung versteckt worden, die jenen Teil von Neapel zwischen der Piazza dei Martiti und Santa Caterina in Chiaia erweitert und überfüllt hat: Ein ganz kleines Gäßchen, fast eine zwischen den Gebäuden ausgehöhlte Spalte, bewahrt der Vicolo Cappella Vecchia noch die feudale Verpflichtung einer Maut; man zahlt ein Billett und kommt zu einem großen Garten, der jenseits einer hohen Mauer üppig blüht. Hierher kommen die alten Weiblein aus Neapel, um ihre Lieblingskatzen zu begraben; ein Gitter öffnet sich, es kommt eine Bäuerin heraus, eine Frau mit ihrer Schachtel unter dem Arm geht hinein, beide entfernen sich ins grüne Dickicht. Der Katzenfriedhof, ein magisches und pietätvolles Relikt im verwüsteten Körper der Stadt, wo Arbeitslosigkeit und die Camorra wüten.

Nun, zu der Zeit, als Goethe in Neapel weilte, waren der Garten und der Palazzo die unwidersprochene Domäne Emmas: Sir Hamilton hatte das Gebäude gemietet, und der große deutsche Dichter beneidete ihn ehrlich, nicht nur um das „schöne

Mädchen", sondern auch um seine Unterbringung. Er hatte für sich eine Bleibe in der Locanda Moriconi gefunden, welche ihm gleich nach seiner Ankunft ihrem Schild gemäß „prächtig und pompös" vorgekommen war (sie befand sich in der Weite des Schloßplatzes, wo zu Beginn dieses Jahrhunderts die Galleria Umberto I. erbaut wurde); doch dann vergleicht er sie mit dem Palazzo Sessa in Cappella Vecchia und wird schreiben: „Wer freilich, wer sich Zeit nimmt, Geschick und Vermögen hat, kann sich auch hier breit und gut niederlassen. So hat sich Hamilton eine schöne Existenz gemacht und genießt sie nun am Abend seines Lebens. Die Zimmer, die er sich in englischem Geschmack einrichtete, sind allerliebst und die Aussicht aus dem Eckzimmer vielleicht einzig. Unter uns das Meer (damals gab es keine Häuser zwischen Chiaia und dem Golf von Neapel), im Angesicht Capri, rechts der Posilipo, näher der Spaziergang Villa reale (heute die Villa des Rathauses), links ein altes Jesuitengebäude, weiter hin die Küste von Sorrent bis ans Kap Minerva. (Diese Beschreibung wird von Croce auf den Palazzo Sessa bezogen. Für andere handelt es sich hingegen um eine Villa in Posilippo, die im vorigen Jahrhundert abgerissen wurde). Dergleichen möcht' es wohl in Europa schwerlich zum zweitenmale geben, wenigstens nicht im Mittelpunkte einer großen bevölkerten Stadt.
Hamilton ist ein Mann von allgemeinem Geschmack und, nachdem er alle Reiche der Schöpfung durchwandert, an ein schönes Weib, das Meisterstück des großen Künstlers, gelangt."
Einzigartig auf der Welt der Wohnort, ein Meisterwerk die Frau, die der alte Pygmalion dort hineingesetzt hat. Aber wer war nun Emma Lyons? Und was machte sie im Jahre 1787 in Neapel?

Wie es in Fernsehspielen üblich ist (und in den *Feuilletons* üblich war), machen wir den klassischen Schritt zurück. Im Stil des *Feuilletons* des 19. Jahrhunderts des Verona und des Corelli entdecken wir Emma bei der Arbeit im Bierlokal Oldney beim Londoner Hafen: Mit roten Wangen, schwarzem Haar, beschäftigt damit, den Matrosen, aber auch jungen Offizieren, die sie belagern, Punsch und Gin zu servieren. Bis der Kommandant der Indomable (eines Kriegsschiffes) selbst an Land kam und, angelockt vom Gerede, das seine Männer in bezug auf die schöne Emma an Bord bringen, geht er sie suchen. „Seid ihr gern hier, meine Schöne, in diesem Bierlokal?“ „Ach, wenn ich etwas Besseres fände, wovon man leben kann, Herr, würde ich keinen Augenblick zögern, diesen teuflischen Ort zu verlassen (...)“.

Und nun kommt der unglaubliche Antrag (Verona und Corelli offensichtlich von der *Prüderie* und den guten Sitten diktiert): „Würde es euch gefallen, Emma, als Haushälterin bei mir zu wohnen?“.

Das Mädchen akzeptiert anscheinend sofort: „Nun müßt Ihr, meine Schönste, nur mehr einen Mietwagen besteigen und Euch mit Eurem Gepäck zu meiner Wohnung in Charing Cross Nr. 12 bringen lassen. Ich werde meinem Diener sagen, daß er Euch eine Wohnung vorbereitet und sich mit meiner Pförtnerin in Verbindung setzt, um Euch zu empfangen (...)“.

So übersiedelte die graziöse sechzehnjährige Abenteurerin – trällern Verona und Corelli weiter – ins Haus des tapferen Marineoffiziers, nachdem sie schon Gouvernante bei den Kindern einer Familie Hawarden, Köchin bei einem Geschäftsmann in der City, Kammermädchen bei einer großen Dame, die sie entlassen hatte, weil sie einige ihrer Beziehungen mit Theaterleuten entdeckt hatte, und zuletzt Saalmädchen in dem Bierlokal Oldney gewesen war.

Doch rekonstruieren wir nun mittels der „ernsten“ Biographie von J.V. Jeaffreson, *Lady Hamilton und Nelson, Eine historische Biographie* (1882) den Lebenslauf Emmas: Sie wurde am 26. April 1763 in Denhall, Cheshire, als Tochter eines Eisenschmiedes, Henry Lyons, geboren. Der Vater starb, als sie zwei Jahre alt war, doch die Mutter sollte ihr bei allen Reisen und Abenteuern folgen, und als Emma die intime Freundin und Vertraute (und politisches Instrument) der Königin Maria Carolina von Neapel wird, wird die Mutter gleichfalls empfangen und geehrt, auch bei Hof, unter dem Namen einer Mrs. Cadogan. Aber das neapolitanische Volk, das sich in Posilippo drängte und, wenn Emma vorbeikam, vor Begeisterung schrie („Wie ist sie schön! Sie sieht aus wie die Heilige Jungfrau“), hatte ihrer Mutter einen liebevollen und schüchternen Spitznamen gegeben, welcher in jenen Jahren den energischen Müttern, die Virtuosinnen im Belcanto waren, als ein

Recht zustand: ò madro (dies ist eine Tradition, die bis zu den Divas unserer fünfziger Jahre, von Sophia Loren bis Rosanna Schiaffino, weitergehen wird und heute in den geschmacklosen Revivals aufkommt). Mit vierzehn Jahren arbeitete Emma bereits, und vielleicht ist dieser Zug von ihr – die frühzeitige Mühe als Bedienstete, als sie fast noch ein Kind war – ihren Zeitgenossen stets, ob sie sie nun bewunderten oder verachteten, entgangen, und sie hatte, nachdem sie den später von Marx emphatisch definierten „Ketten des Proletariats“ auf die einzige oder damals fast einzige einer Frau mögliche Art entkommen war, sicher kein Interesse, an ihre Herkunft zu erinnern. Es ist wahr, daß sie Amme war (im Hause einer gewissen Frau Thomas), zuerst in Hawarden und dann in London beim Ehepaar Budd, sie war persönliche Kammerzofe einer Londoner Adeligen, und im Bierlokal Oldney lernte sie schließlich einen jungen Marineoffizier (sein Name war vielleicht Payne) kennen, von dem sie ein Kind bekam, das sie gleich verließ. Dem Offizier folgte ein Adeliger, Henry Fetherstonehaugh, der sie, wenn auch nur als seine Geliebte, in die beste Londoner Gesellschaft einführte. Da er sie beim Flirt mit einem seiner besten Freunde ertappte, gab er ihr auf typisch englische Art den Abschied; er ordnete tatsächlich an, daß man ihr ihr Gepäck übergäbe und ließ sie im Wagen vor das Haustor ihres Freundes mehr „bringen“ als begleiten. Dieser entledigte sich ihrer jedoch bald. Emma fiel mit nicht viel mehr als achtzehn Jahren in die Hände eines Scharlatans, der sich Arzt nannte, des Doktor Graham, der sie im Kostüm (übrigens ein anständiges, wie Jeaffreson bezeugt) der Göttin Hygieia vorzeigte. Dies war der erste Kontakt der kleinen englischen Proletarierin mit jener Mode des Hellenismus, welche sie dann in Neapel triumphieren ließ. Bereits in London begann die blühende Göttin der Gesundheit, die Künstler zu inspirieren: Der Maler Romney malte sie als Kleopatra, Hebe, Helena, Leda mit dem Schwan. In jenen Jahren „überschritt“ Emma „nie“, wie ihr seriösester Biograph behauptet, „jene Linie, welche den strengen Moralisten so unbedeutend und den Frauen, die versucht sind, diese zu überschreiten, so sichtbar und wichtig erscheint“. Rätselhafte Worte, die vielleicht suggerieren sollen, daß die zukünftige Lady Hamilton sicherlich eine Kurtisane, niemals aber eine Prostituierte war. Es gelang ihr zumindest auf dem Markt des weiblichen Körpers, den Sprung in eine andere Klasse zu vollziehen, der dann durch das Verhältnis mit Hamilton gefestigt wurde: Emma war nie, nicht einmal in ihren ersten Jahren, den allerdunkelsten, eine *Sexproletarierin* gewesen. Mit anderen und rauheren Worten: Sie hatte genügend Geschicklichkeit und Glück gehabt, sich gut zu verkaufen. Aber um Verkauf handelte es sich immer und auf jeden Fall.

In der Tat kam Emma Lyons durch einen unter zwei Edelmännern abgewickelten und durch die Heuchelei der High Society kaum maskierten Vertrag hierher nach Neapel. Emma hatte durch das Zelebrieren ihrer Riten im Londoner Gesundheitstempel des selbsternannten Doktor Graham schließlich einen Lord bezaubert: Charles Frances Grenville. Und von 1782 bis 1786 lebte sie, die (sogar von Croce) als „historische Schönheit" definiert wurde, laut ihrer Biographen mit dem jungen Lord heimlich zusammen, weil sie hoffte, daß er sie heiraten würde. Vier Jahre des „Glücks" und des mondänen Prestiges, ihr Haus war der Ort der Begegnung für die bekanntesten Künstler der Hauptstadt, Emma wurde von Malern und Kupferstechern porträtiert (die Kupferstiche machen aus ihr abwechselnd eine Bacchantin, eine Niobe, eine Sapphische Tänzerin), und alles in allem schien ihr Abenteuer wie in den Märchen nun bald auf das „glückliche" Ende zuzusteuern. Aber eines häßlichen Tages (stürzen wir uns nun wieder in die Prosa des Duos Verona-Corelli) „umarmte sie Lord Charles und sagte ihr mit zitternden Lippen:

„Ich habe es dir bis jetzt nicht gesagt, um dir nicht weh zu tun, meine teure Emma, doch du mußt wissen, daß mir meine Gläubiger einen sehr lästigen Krieg bereiten (...)".
„Was willst du sagen?"
„Ich möchte sagen, daß ich, ein Lord und Peer des Vereinigten Königreiches, Gefahr laufe, daß meine Möbel und mein Palast vor meinen Augen zum Verkauf angeboten werden, und Gott möge mich davor schützen, daß mir nichts Schlimmeres passiert (...)".
„Schlimmeres?"
„Ja, Emma, das Schuldgefängnis (...)".
„Himmel, was höre ich!"

Die beiden Liebenden sehen sich ganz traurig an, daraufhin fuhr

Emma fort:
„Und da gibt es für Euch keine Abhilfe?"
„Meine gute Freundin (antwortete ihr Lord Grenville), mir kommt eine glänzende Idee in den Sinn (...)".
„Oh, sprecht, sprecht!"
„Mein Onkel, Cavaliere Hamilton, englischer Botschafter in Neapel, ist sehr reich, er ist ledig und hat nichts einzuwenden gegen eine schöne und geistreiche Frau (...)".
„Was wollt Ihr? (...)"
„Daß meine süße Emma nach Neapel geht, um meinem edlen Onkel meine traurige Lage zu unterbreiten und ihn mit ihrer so überzeugenden Rede dazu brächte, meine Schulden zu bezahlen (...)".
In Wirklichkeit zählte der geschwätzige Lord auf etwas ganz anderes als auf die „Rede" Emmas.

Es ist nicht die „Rede" der Frau, die bei dieser Art von Verträgen nützlich ist, denn es sollte ein echter Vertrag zwischen dem alten Onkel und dem jungen und zynischen Neffen verhandelt werden: Lord Grenville sollte dem Alten (der nicht ledig war, sondern Witwer) die eigene „Ausgehaltene" überlassen; dafür hätte ihm der Onkel „seine verschuldete Lage saniert", indem er ihm erlaubte, eine Ehe zu schließen, die so beschaffen war, daß sie ihm für den Rest seines brillanten Lebens für jeglichen Bankrott Abhilfe verschaffe. Und es ist nicht auszuschließen, daß Lord Grenville dies entschlossen anging und sich vor Emma in einer so schrecklichen wirtschaftlichen Lage zeigte, um die Möglichkeit zu finden, sich leichter von ihr zu befreien. Er rechnete auch mit der „Käuflichkeit" der Geliebten, da er sicher war, daß Emma niemals Ansprüche darauf geltend gemacht hätte, einen Mann zu heiraten, der unfähig war, „sie" in luxuriöser Weise „zu erhalten".
Man müßte sich auch nicht darüber entrüsten, wenn die junge Frau diese Rechnung angestellt hätte: Ihr ganzes Kapital bestand in ihrer Schönheit, ihrem Körper, und sie mußte sie nutzen, solange das eine und das andere noch frisch und intakt waren.

Es scheint jedenfalls, daß sie sich des „Verkaufs" ihrer Person nicht bewußt war, wenigstens nicht, als sie London in Richtung

Neapel verließ: Der feine Lord Grenville hatte auch daran gedacht, ihr ein Alibi zu verschaffen, damit sie nicht vor Sir Hamilton vom ersten Tag (oder der ersten Nacht) an nackt und bloß als eine auf dem Sex-Markt ausgestellte und gehandelte Ware dastünde. Er hatte sie daher mit Vorstellungsbriefen für die Lehrer der berühmten neapolitanischen Musikschule, in die sie Sir Hamilton hätte einführen sollen, ausgestattet. Und noch in den ersten Monaten ihres Aufenthaltes in der Stadt der Parthenope fuhr Emma fort, dem Lord leidenschaftliche Briefe voll Entrüstung über die *Avancen*, die ihr der alte Botschafter (sich seiner Rechte sehr wohl bewußt) zu machen begann, zu schreiben. Aber Grenville antwortete ihr, daß er nicht eifersüchtig wäre und ließ ihr sogar jede Freiheit, ihrem neuen und glücklicheren Stern zu folgen.

Ein Kaufvertrag verursachte also das Erscheinen einer Frauengestalt auf der Bühne des Neapel des 18. Jahrhunderts, die Dichter, Künstler und Königinnen bezaubern, Scheinheilige und Heuchler entrüsten und die Herzen eines Volkes, des neapolitanischen Volkes, erobern sollte, das immer empfänglich für Schönheit war – und Emma war schön. Sogar Croce (wie vorhin angedeutet) schreibt über sie: „Ihre historische Schönheit erstrahlt noch auf den vielen Gemälden Romneys, auf den Kupferstichen Rehbergs, auf den Bildern Tischbeins, der Kauffmann (die beiden letzteren porträtierten sie während ihrer neapolitanischen Zeit). (...) Mit Worten kann man jene Schönheit nicht beschreiben, da man nur wenige ihrer persönlichen Merkmale angeben kann. Sie war groß und schlank, die Züge ihres Gesichts waren von klassischer Reinheit und Eleganz, der Ausdruck sanft, liebenswürdig, jungfräulich. Dicht und kohlschwarz war ihr Haar, die Augen blau, und in einem sah man eine bizarre und bezaubernde Anomalie, einen schwarzen Schatten; der Mund war (sagt Jeaffreson) 'die bemerkenswerteste Attraktivität ihres Gesichtes' (...)".

Aber nach solch einer ergötzlichen „ästhetischen" Darstellung kann es Don Benedetto nicht unterlassen, sich auf der „moralischen Seite" der Frau Genugtuung zu verschaffen und fährt fort: „Was ihre moralischen Qualitäten anbelangt, kann man von Emma weder sagen, daß sie gut noch daß sie böse war. Wie hätte sie denn aktiv niederträchtig sein können, sie, die hofiert und bewundert und fast so heikel wie ein kostbares kunstvolles Schmuckstück behandelt wurde? Von mittelmäßigem Verstand, oberflächlichem kraftlosem Geist, schrieb man ihr mit großem Lob eine gewisse Sensibilität und Zartheit des Herzens zu, von welcher uns wahrhaftig etliche Dokumente überliefert wurden, aber die sehr gut zusammen mit einer niedrigen Moral aufscheinen können, wie die Psychologen und Moralisten wissen". (Und hier sind wir im reinen Lombroso!)

Croce, auch wenn er Emmas Wert herabsetzt, zieht es vor, die Rolle, die die Engländerin bei der heftigen Unterdrückung der Parthenopeischen Republik im Jahre 1799 spielen sollte, zu minimieren. Doch auf diesen Punkt und darauf, wie im scheelen und blutigen Bild der totalen Unterdrückung der liberalen Ideale in Neapel zwei Frauen – der Königin Maria Carolina und ihrer „Vertrauten" Emma Lyons – eine andere Frau gegenübergestellt wird, die Revolutionärin Eleonora de Fonseca Pimentel, und zum mutmaßlichen Beitrag, den Emma zu ihrem Tode leistete (ein Aspekt, der in einem Buch wie diesem besonders dramatisch erscheint), wird es besser sein, zurückzukommen, wenn mit der Gestalt der Maria Carolina, der Eleonora de Fonseca Pimentel und dem 18. Jahrhundert in Neapel auch dieses Buch zu Ende geht.

Brechen wir daher die Geschichte der Emma Lyons im Augenblick ihres glanzvollen Debüts in Neapel ab, um den Blick auf die anderen Frauen, die entweder vor ihr oder gleichzeitig mit ihr ihren Zauber ausübten, aber für einige – genauso gebildet wie sie – mischte innerhalb dieser Gesellschaft, wie ich bereits erwähnte, das Interesse für Philosophie, für Literatur, Musik (und auch für die Politik der „Aufklärung") mit den Freuden des Eros, des guten Essens und des Glücksspiels.

Palazzo Maddaloni in Neapel
Victoria Guevara di Bovino

Man hat schon Giacomo Casanova an der Seite der furchtlosen Lady Kingston, der man später einen Prozeß wegen Bigamie machen sollte, in Neapel bei Schwimmvorführungen von Pagen und jungen Mädchen gesehen. Jetzt kehrt der venetianische Abenteurer auf die neapolitanische Bühne zurück und gesellt sich dabei zu weiteren Frauengestalten. Zuerst eine, die ihm, wie man in den rosa Romanen des 17. Jahrhunderts sagte, „tugendhaft widerstand":

Es ist dies Victoria Guevara, Herzogin von Bovino und verehelicht mit Carlo Carafa, Herzog von Maddaloni. Der Herzog war der größte Verschwender von Reichtümern, den Neapel in jenen Jahren (ungefähr 1750-1770) beherbergte, und das, obwohl die Stadt voll war von grandiosen spanischen Aristokraten. Doch offenbar kannte Carlo Carafa nicht die Techniken der Ausbeutung des Volkes, die seinesgleichen zu ihrem Vorteil ausübten und mit denen bekannterweise durch Donna Anna, Herzogin von Medina und Vizekönigin des Reiches, Schluß gemacht worden ist. Daher sah sich der Herzog schließlich so stark verschuldet, daß er Gefahr lief, seinen prächtigen Palast in Toledo zu verlieren. König Karl stellte ihn also aus Sorge vor einer wahrscheinlichen Katastrophe in einer der wichtigsten Familien seines Hofes unter Kuratel. Der Kurator des Carafa-Vermögens war ein gewisser Tommaso Varano, der im Jahre 1765 in Ablehnung der Forderung seitens der Intendanz des Teatro San Carlo, endlich die Schulden des Herzogs Maddaloni zu bezahlen, die Verwalter des Theaters dazu anhält, Carlo Carafa nicht mehr als eine Loge zu vermieten, „ohne allen anderen, die besagter Herzog aus einer Kaprice heraus mieten möchte, Rechnung zu tragen". Tatsache ist, daß sich Carlo einbildete, ein Theaterautor und Schauspieler zu sein, und als er auftreten und spielen wollte, wußte er nichts Besseres zu tun, als das glänzendste aller Theater, eben das San Carlo, zu mieten und es mit der besten Gesellschaft jener Zeit zu füllen. Eine Art Claque also auf allerhöchstem Niveau. Anscheinend war er jedoch ein schlechter Schauspieler und spielte nur die Rollen der *Liebhaber* gut; besser auf der Bühne als im Leben, bemerkt Benedetto Croce ein bißchen geschwätzig (und boshaft). Denn drei Jahre lang (und damals war das viel) ist es dem Herzog nicht gelungen, einen Sohn zu bekommen, und als ihm 1758 endlich ein Kind, Carlo Carafa, geboren wurde, errichtete er in Erfüllung des von ihm getanen Gelübdes die Kirche von S. Francesco in Maddaloni. In Neapel gingen jedoch neben anderen Gerüchten Satiren in Versen um, in welchen die Vaterschaft des Herzogs in Zweifel gezogen wurde. Casanova war Zeuge einer wirklich „theatralischen" Episode in dieser Sache. Er kam in den Palazzo Maddaloni, als Carafa sich zusammen mit den üblichen dreißig oder vierzig Gästen noch bei Tisch befand: Carlo (der ihn schon als kleiner Junge kennengelernt hatte) kam ihm mit ausgestreckten Armen entgegen und ließ dann sofort das (bereits schlafende) Kind bringen, um es dem Freund zu zeigen. Casanova, schreibt Croce, „schlau, wie er war, rief bewundernd, daß es (das Kind) ganz das Abbild des Vaters sei. Doch ein gutgelaunter Mönch, der bei Tisch neben der Herzogin saß, protestierte, sagte, daß es nicht wahr sei und daß es dem Herzog überhaupt nicht ähnlich sähe. Die Herzogin drehte sich ganz kaltblütig zu dem Mönch um und gab ihm eine Ohrfeige, die dieser lächelnd hinnahm".

Dies genügte Giacomo Casanova, eine Frau zu begehren, die, wie er schreibt, „wunderschön und stolz wie die Zeit war" (eine kuriose Metapher) „und immer die Herrschaft über ihre Augen hatte". Aber da ist nichts zu machen: „J'ai perdu mon latin (ein nicht zu übersetzender französischer Ausdruck, um zu sagen, daß alle Resourcen und Energien erschöpft sind) gut zwei Tage lang (...)" (der venetianische Abenteurer war nicht der Typ, der mehr als zwei Tage an die Eroberung einer Frau verschwendete), „beim Versuch, mit ihr ins Gespräch zu kommen: unmöglich, daß es gelungen wäre". Enttäuscht, sagt er schließlich: „Da ich bei ihr überhaupt kein Gehör fand, überließ ich sie ihrem Stolz (...)".

Der stolze Charakter Donna Victorias wird auch in den ihr von Giuseppe Passeri gewidmeten Versen hervorgehoben, die mit entzückenden Details über Sitten und Gebräuche das morgendliche Lever einer großen neapolitanischen Dame des 18. Jahrhunderts beschreiben. Das Gedicht heißt *Die Toilette*:

„Hier steht dir die fleißige
treue Magd zur Seite, und der erfinderische
Friseur deiner schönen Haare, der uns
vom fremden gallischen Strand geschickt wurde
und neue Zierden in Gedanken entwirft.
Doch schon hast du dich gesetzt und die Augen dabei

zum kristallenen Imitator um Rat suchend gewendet:
Schon wird dein weißgepudertes Haar
vom Elfenbeinkamm gestrählt (...)".

Eine persönliche Kammerzofe, ein französischer Friseur, der täglich eine neue Frisur erfinden soll, die Geste, in den Spiegel zu schauen („kristallener Imitator"), indem man „den Ratgeber" fragend anschaut, das Puder, das mit dem Elfenbeinkamm sorgfältig auf dem Haar verteilt wird. Dies alles sind Sequenzen eines Menuetts, welches auf sichtbare Weise das Jahrhundert chiffriert; aber bei der „Toilette" der Victoria Guevara gibt es, wie uns der Hofdichter ein bißchen bedauernd mitteilt, keine Koketterie:

„Und schon (...), aber
wie bin ich überrascht? Rings um dich herum
sehe ich kein Lachen, kein Spiel, die mit jugendlicher Schönheit
unzertrennlichen Amouretten.
Es gibt keinen, der deinen Blicken,
der dem Beben deiner Lippen,
der einem Muttermal, der einer Blume,
die ein hinterlistiges Feuer entfachen,
Gesetze vorschreibt oder ihren Ort verrät".

Ohne jede Metapher nehmen an der Morgentoilette von Donna Victoria keine der üblichen Hausfreunde und auch keine anderen Bewunderer oder galante Schmeichler teil. Donna Victoria duldete sie nicht, auch wenn sie schon „berühmte" Männer von Welt wie Casanova waren. Passeri schließt:

„Dir zur Seite bleibt nur
die strenge Tugend, wenn auch getrennt
von der stolzen Strenge.
(...)
Ihr errötet leicht,
Euer stolzes Betragen
ist mit Süße vereint (...)".

Und wie stark für unseren Geschmack diese Personifizierungen der Charaktere erscheinen mögen, hätte man doch auch Lust, zu verstehen, ob hinter der Traurigkeit der Herzogin von Bovino und Maddaloni nicht das Geheimnis einer unglücklichen Ehe steckt, deren

Unglück die Frau jedoch aus Stolz und einer tiefen Selbstachtung nicht an die Öffentlichkeit dringen läßt. Es scheint in der Tat so, daß der Herzog von Maddaloni impotent war und Victoria ihn trotzdem liebte: So sehr, daß sie sich bereit erklärte, von einem jungen Diener, den man sofort aus dem Palast entfernt hatte, den Sohn zu empfangen, den sich der Herzog seit Jahren wünschte. Geschichten dieser Art sind immer in den großen Familien geschehen, die sich ungeduldig ihre Nachkommenschaft sichern wollten, und die Frauen waren verpflichtet, sich den Beschlüssen des *Clans*, der für jedes Detail der Sache sorgte, zu unterwerfen. Im Falle Victorias traf jedoch sie selbst die Wahl: Sie soll ihren Gatten in bezug auf seine Männlichkeit „getäuscht" haben, indem sie ihn, einfach, weil sie ihn liebte, glauben machte, daß er zeugungsfähig wäre. Daß der Herzog von Maddaloni impotent war, gibt auch Casanova zu verstehen, als er erzählt, wie er ihn mit einem jungen Mädchen bekannt gemacht hatte, das er protegierte und „pour la forme" als seine Geliebte gelten ließ. Und an dieser Stelle ein Knalleffekt und ein „Wiedererkennen" (das die Historiker jedoch eher der krankhaften Phantasie des Venetianers als der Realität zuschreiben): Der Abenteurer beginnt, der Pseudo-Geliebten des Herzogs den Hof zu machen, er hat Erfolg und entdeckt, daß das Mädchen Leonilda seine Tochter war! Sie stammte von seiner Liebschaft mit Lucrezia Monti.

Abgesehen von dieser klassischen *feuilleton*haften Episode, ob sie nun wahr oder erfunden ist, war der Aufenthalt Casanovas in Neapel als Gast des Herzogs von Maddaloni in dessen Palast sehr angenehm: Er beschreibt die Ställe des Herzogs voller arabischer, andalusischer und englischer Pferde; die glänzende Gemäldegalerie (noch heute glänzt der Barockpalast in der Via Toledo Nr. 46, der glücklicherweise sehr gut erhalten ist, mit seinem großen Gemälde von Fedele Fischetti, das den „Einzug Alphons I. von Aragon in Neapel" darstellt und das über dem Gewölbe des prachtvollen Salons mit den vergoldeten Tribünen hängt). Giacomo Casanova erzählt von seinen genußvollen Ausflügen in die Bibliothek des Herzogs, die eine Abteilung mit „verbotenen Büchern" hatte, und von den Abenden, an welchen ihn Carlo Carafa sowohl ins San Carlo als auch ins Teatro dei Fiorentini führte, das im darauffolgenden Jahrhundert von Stendhal ange-

Neapel: Das Theater von San Carlo

führt wird, der es „frisch und graziös" fand. Doch die vom Venetianer bevorzugte Unterhaltung war das Glücksspiel, bei welchem er bezaubernd und geschickt mogelte; damals wurde in allen neapolitanischen Adelshäusern gespielt und Pharao war modern. Casanova konnte, da er vom Herzog von Maddaloni in die exklusivste Adelsgesellschaft eingeführt worden war, nicht sofort mit seinen Mogeleien anfangen, so gewann er in den ersten Wochen ein bißchen und verlor ein bißchen. Doch er sollte bald wieder er selbst sein.

Der Königspalast von Caserta
Maria Carolina, Königin von Neapel

Die Persönlichkeit Maria Carolinas von Österreich, die Königin von Neapel und beider Sizilien geworden war, hat eine moderne politische Dimension, und es ist unmöglich, bei den anderen bis jetzt beschriebenen *Frauen der Macht* der Geschichte eine zu finden, die ihr gleich wäre. Carolina hatte (oder besser: nahm sich) eine direkte Regierungsverantwortlichkeit, auch wenn formal ihr Gatte Ferdinand IV. König war und blieb, und sie stand zum ersten Mal Phänomenen und Fakten gegenüber, in denen noch immer die politische Geschichte Europas der letzten zweihundert Jahren verwurzelt sind: So die parlamentarischen und konstitutionellen Forderungen, so – und ganz besonders – das epische Ereignis der Französischen Revolution im Jahre 1789, die genau dann begann, als sie mehr als die Hälfte von Italien regierte und durch ihre Persönlichkeit eine heftige „Regression" (wie wir heute sagen würden) gegen den Absolutismus der Monarchen mit einem starken Willen zur Unterdrückung der liberalen Bewegungen und Ideen provozierte.

Jedoch machen das Vorherrschen des politischen Charakters der Persönlichkeit und der Raum, den sie sich in der Geschichte zu erobern suchte, keine bloß eindimensionale, nur öffentliche Gestalt aus ihr; im Gegenteil, Carolina erscheint ganz lebendig und in jedem Sinn, im guten und im schlechten, „weiblich" mit allen Widersprüchlichkeiten ihres Temperaments: leidenschaftlich und beschränkt, eifersüchtig, rachsüchtig, aber auch gezeichnet und von den schweren Ketten eines doppelten „Schicksals", einer Frau und einer Königin, wie ein zu zartes Gewebe verletzt – wegen der aus Staatsraison aufgezwungenen Ehe, der Kränkung in der Hochzeitsnacht (und man wird sehen, wie) und wegen der neunzehn Schwangerschaften ...

Gewiß, die Frau war vor allem ehrgeizig. Für die Tochter von Maria Theresia von Österreich, Schwester der mit Ludwig XVI. verheirateten Marie Antoinette, kann man sich vorstellen, daß ihr die Ehe mit Ferdinand IV. (oder *Re Lazzarone* = Tagedieb-König an einem Hof, den Napoleon ohne Zögern als „miserabel" bezeichnet hätte) deklassierend erschien, als Abstieg von mehr als einer Stufe vom Prunk und insbesondere vom politischen Prestige des Wiener Hofes. Aber da sie bald durch die klaren Worte der Mutter gelernt hatte, was das Schicksal der heiratsfähigen Prinzessinnen sei, bemühte sie sich mit all ihrer Kraft, ihr eigenes zu verbessern. Der Mann, den sie kriegte, war in ihren Augen fast abstoßend, seine Züge und sein paradoxes Betragen sind sowohl von seinen Zeitgenossen als auch von den Historikern unterschiedlich bewertet worden: Er war ein armer Idiot, ein geistig Zurückgebliebener, dessen intellektuelle Entwicklung als gerade noch der Norm entsprechend erachtet werden konnte und nicht viel besser war als die des legitimen Thronerben, des Infanten Philipp, dessen medizinisch bestätigter Blödsinn an seiner Statt seinen jüngeren Bruder, eben ihn, Ferdinand IV., an die Regierung gebracht hatte; oder aber, daß er ein demokratischer und volkstümlicher König war, der die aristokratische Heuchelei haßte und sich nicht höher oder geringer als die anderen Menschen einschätzte, und daß, wenn es Lücken in seiner Erziehung gab (und die gab es, für alle sehr sichtbar), dies der teuflischen List seines Erziehers, des Premierministers und *Faktotums* Bernardo Tanucci zu verdanken war, der ihn, da er seit seinem neunten Lebensjahr immer bei ihm war, in Unwissenheit gelassen hatte, um dann an seiner Stelle regieren zu können. (Und es ist gerade der Bruder Maria Carolinas, Kaiser Joseph, der scharfsinnig ana-lysiert: „Tanucci", schreibt er, „hat mit seinen eigenen Augen die schändliche Erziehung des Königs gesehen; und nur er hätte sie ändern können (...), doch dies paßte ihm nicht, wenn er auch, als ich mit ihm darüber gesprochen habe, so tat, als ob er dies wünschte. Aber ich hatte keinerlei Schwierigkeit, zu bemerken, daß jener Unglückliche vor Angst davor zitterte, daß ich dem König die Augen öffnen könnte (...)".)

Wie war also das Betragen von Ferdinand IV., das die Angehörigen seiner Klasse schockierte (und das neapolitanische Volk entzückte)?

Wie waren seine wirklich unangenehmen Züge (die, wie man sagte, sogar abstoßend waren, besonders für eine Frau, die vom Gesetz und bis zum Tod gezwungen war, mit ihm intim zu sein), wie waren seine sozialen und politischen Ideen, wie war seine Haltung in bezug auf die Kultur?

Auf alle diese Fragen sollte man versuchen, zu antworten, andernfalls würde es nicht gelingen, das (existenzielle und politische) *Projekt* zu verstehen, welches Maria Carolina verbissen dieser erzwungenen Ehe aufzupfropfen versuchte.

Es gibt unendlich viele Anekdoten über den Re Lazzarone, und viele davon, ob nun wahr oder nur wahrscheinlich, sind zweifellos von den Historikern des Risorgimento dazu verwendet worden, angefangen mit Ferdinand IV. die ganze Bourbonen-Dynastie zu diskreditieren. Andererseits gab es in jüngerer Vergangenheit eine entgegengesetzte Bewegung, die, obwohl reich an Analysen und Dokumentationen, einen gleichen (und antagonistischen) Geist von Parteilichkeit enthüllt (es genügt, als ein Beispiel für alle das Buch von Harold Acton, eines Nachkommen von Lord Acton, *Die Bourbonen von Neapel*, zu zitieren).
Auf Ferdinand lastete immer ein tiefes, unausgeprochenes Minderwertigkeitsgefühl gegenüber seinem Vater, dem großen Karl III., der, sobald er König von Spanien geworden war, gezwungen wurde, den Thron von Neapel seinem Sohn, als dieser noch ein Kind war, zu überlassen. Es ist klar, daß diese „psychoanalytische" Deutung seines Verhältnisses zum Vater vom Re Lazzarone aus vor allem historischen Gründen nicht erkannt werden konnte, aber instinktiv flüchtete er sich in eine Art „Entfernung" von seinen königlichen Pflichten und Rechten und beschränkte sich bei diesen darauf, nur die angenehmsten auszuwählen, für welche ihn seine Natur und – warum nicht? – sein *Neapolitanertum* reichlich prädestinierten. 1767, in jenem Jahr, in dem er Maria Carolina heiraten sollte, schrieb der intelligente Beobachter Sir William Hamilton folgendes über ihn: „Unglücklicherweise gibt es für ihn und sein Volk keine Lehrer, die imstande sind, ihn zu unterrichten, und keine Erzieher, die versucht hätten, ihn zu Ideen, die seines Ranges würdig sind, zu inspirieren. Das Volk von Neapel liebt ihn einfach, weil er in Neapel geboren wurde, und wenn er die Neapolitaner liebt, wie es scheint, ist es vielleicht deswegen, weil er, da man ihn immer von gleichaltrigen Adeligen entfernt gehalten hat, veranlaßt worden ist, eher die Gesellschaft von bezahlten Bediensteten und von Leuten niedrigsten Standes zu suchen als die von Personen mit besserer Erziehung; in der Tat fühlt er sich in Gesellschaft der ersteren wohler,

während er die zweiteren so behandelt, als ob es gar keinen Unterschied zwischen ihnen und den anderen gäbe (...)".
Demokratie oder Neigung zum Pöbel, egalitäre Tendenzen oder, wie der Überlieferer Sir Hamilton suggeriert, Suche nach „niedriger Schmeichelei"?

„(...) In diesem letzten Jahr", fährt der englische Botschafter fort, „zählte der junge König, ungeduldig, großjährig zu werden, die Tage, denn er wollte unabhängig werden, mehr um seinen eigenen Vergnügungen nachzugehen als um seine Reiche zu regieren: Er befaßt sich nicht mit Geschäften, widmet sich nur seinen Kapricen, welche er mit Leuten des niedrigsten Standes, deren Benehmen er imitiert, teilt (...)".

Eine weitere englische Zeugin, Frau Piozzi: „Er reitet und rudert, geht auf Wildschweinjagd, geht im Golf fischen und verkauft den Fisch auf dem Markt so teuer er kann: Doch dann verschenkt er sofort, was er dafür bekommen hat, sodaß man ihn nicht der Knausrigkeit, sondern nur einer plumpen Jovialität beschuldigen kann (...)".

Er sprach ein plattes Neapolitanisch, er maß sich im Ringkampf mit den *Lazzari* (und oft gewann er und entschädigte dann den besiegten Gegner mit Geschenken aller Art), seine schlechten Tischmanieren waren so arg, daß Tanucci beschlossen hatte, daß der König keine Gäste an seinem Tisch haben durfte; aber sehr geistreich (meiner Meinung nach) löste er das Problem, indem er die Tische beim Essen abschaffte. Und auch Maria Carolina mußte sich damit abfinden.

Dies ist die Beschreibung (die wir der lebhaften Feder von Lady Anne Miller verdanken) eines Balles mit nachfolgendem Souper im Teatro San Carlo: „In keinem Saal gibt es Tische, doch wenn alle sitzen, wird das Abendessen folgendermaßen serviert: Die schönsten, aus dem königlichen Wachekorps ausgewählten Soldaten bringen das Abendessen genauso ordentlich, regelmäßig und gravitätisch, als wären sie bei einem militärischen Manöver. Zuerst kommt ein Soldat mit einen großen Korb voller Servietten, gefolgt von einem Pagen, der sie öffnet und jedem Gast auf den Schoß breitet (...), doch wenn die Königin an der Reihe ist, dann bietet ein Ehren-Edelmann Ihrer Majestät die Serviette an. Dem ersten Soldaten folgt unmittelbar ein zweiter, der einen Korb voll mit Silbertellern bringt; dann ein dritter mit Messern und Gabeln; er wird begleitet von einem *Tranchierer*, der mit einem ungefähr dreißig Zentimeter langem Messer bewaffnet ist, mit dem er die Pastete in Scheiben schneidet und auf die auf den Knien der Gäste liegenden Teller füllt (...)". Es ist also die Erfindung unseres (sehr unbequemen) Essens im Stehen, jedoch mit dem Vorteil für die Bourbonen, daß sie ein ganzes Regiment zur Verfügung hatten, um in aller Ruhe zu essen und zu trinken. Die friedliche Nutzung des Heeres war übrigens eine weitere Vorliebe Ferdinands, der praktisch mit Zinnsoldaten spielte, und zwar mit seinem Lieblingsregiment, den Liparioten. Der diabolische Tanucci, der an sehr viel schuld sein wird, doch nicht daran, ein Kriegsverursacher gewesen zu sein, tröstete sich mit der Bemerkung: „Wolle Gott, daß dies die einzigen Kriege sind, die unser Land ertragen muß!" Die Furcht vor dem Vater, die Ferdinand auf obskure Weise dazu brachte, sich die Rolle des Komischen Königs zu wählen, wird übrigens bereits von seinem Schwager, Kaiser Joseph, mit äußerster psychologischer Subtilität erkannt, als er schreibt: „Ich sprach mit ihm über die Pflichten gegenüber dem Staat, den Ruhm, die Reputation und die Freiheit: Ich versuchte zu erfahren, ob es für ihn irgendeine Hoffnung gäbe, jenen augenblicklichen Zustand der Degradierung und der Unterwerfung unter die Zügel, mit denen er von Spanien gehalten wird, abzuschütteln. Ich konnte alle diese Gefühle aufkeimen sehen, doch ich sah auch eine solche Abneigung gegen alles Neue, eine solche Indolenz und einen solchen Widerwillen gegenüber jeder Überlegung (...)".

Nun bleibt noch seine fast *physiologische* Ablehnung der Kultur zu erwähnen; ein weiteres Detail, das seine Aversion, auch nur den eigenen Namen unter Briefe und Dokumente zu setzen, bezeugen könnte, ist die Verwendung eines Stempels für die eigene Unterschrift (dies war jedoch eine an den europäischen Höfen und sogar bei den Adeligen ziemlich verbreitete Sitte, so sehr, daß in

Süditalien bis zur Einigung Italiens die notarielle Formel „Er unterschreibt nicht, weil er Baron ist" kursierte). Sir William Hamilton beschreibt einen Ausflug auf den Vesuv und nach Pompeji, bei dem er selbst als Vulkanologe, Fachmann und Sammler klassischer Antiquitäten den Auftrag hatte, den König zusammen mit Kaiser Joseph zu begleiten: „Joseph", schreibt Hamilton, „der das Fehlen an Kultur bei seinem Schwager sehr mißbilligte, versuchte, sich ihm gegenüber jener überheblichen Art zu befleißigen, welche die Starken leicht gegenüber den schwächeren Geistern zeigen; aber Ferdinand, wenn er sich auch selbst gegenüber eingestand, in puncto Kultur und Erziehung geringer zu sein, war gar nicht geneigt, sich dessen Meinungen anzueignen. Ja, er zeigte sogar bei verschiedenen Gelegenheiten und Gesprächen, daß er, wenn seine Erziehung auch mangelhaft sein sollte, ebensoviel gesunden Menschenverstand und sogar ein genauso scharfes Urteilsvermögen wie der Kaiser habe (...)".

Der arbeitsscheue König legt sich (wer weiß, mit was für einem Seufzer der Erleichterung!) beim Abschied vom überaus feinen und sehr mächtigen österreichischen Kaiser eine Hand aufs Herz und singt die Romanze *Pazzo Briccone* von Attilio Regolo; es ist, als ob er mit den Mitteln, über die er verfügt (und das sind wenige), sein eigenes Selbstporträt malte – inmitten einer seiner üblichen trivialen Späße das Echo eines Bedauerns wegen der Geisteserziehung, auf die er (und das erscheint paradox) kein Recht gehabt hatte. Zum Beispiel gefielen ihm die Bilder des deutschen Malers Philipp Mackert, der in der Tat, zusammen mit der Kauffmann, Hofmaler wurde, und eines Tages sagte er mit einem Seufzer zu ihm: „Ich würde gerne Tausende Dukaten dafür geben, um auch nur den zehnten Teil dessen zu können, was Ihr könnt. Aber unglücklicherweise hat man mich, als ich klein war, malen genauso gelehrt wie man mich die anderen Dinge gelehrt hat (...). Gott möge meinen alten Lehrern, die jetzt im Himmel sind, vergeben!".

Der König war ein Ignorant und rächte seine schlechte intellektuelle und gesellschaftliche Erziehung in auffallender Weise mit Lausbubenscherzen (den Damen einen Klaps hinten drauf geben, die Edelmänner mit eiskaltem Wasser anspritzen) oder unanständigen

Späßen (er benimmt sich schlecht bei Zeremonien, er beansprucht widerlicherweise, daß ihm die Höflinge Geschichten erzählen und ihm die Gattin auf dem Klavier vorspielt, während er auf dem Topf sitzt); aber die Universität wurde um einige neue Lehrstühle reicher, es wurden Gelehrte konsultiert, denen man Regierungsposten gab (Gaetano Filangieri, Domenico Caracciolo, Abate Galiani), und Bernardo Tanucci (der laut Kaiser Joseph die schlechte Erziehung Ferdinands geradezu programmiert hatte) bemerkte zufrieden: „Hier sehe ich Künste, Literatur und Sitten wachsen (...)". Es ist wahr, daß er hinzufügte: „Ich spreche von den Männern, denn auf die Frauen darf man in keiner Nation zählen: Sie sind alle entweder Messalinen oder Agrippinen, verschlossen gegenüber jeglicher Tugend, und flüchten im Alter nur aus Angst zur praktizierenden Religion der Mönche und Priester." Der König gründete inzwischen die *utopische Stadt* San Leucio. Ob ihm diese erleuchtete Idee von seinem Premierminister diktiert worden ist (der ihn vielleicht, indem er ihn mit philantropischen Aktionen beschäftigte, von jeglichem Versuch ablenken wollte, sich in die Politik einzumischen) oder ob es Ferdinand selbst war, der sie wünschte, blieb ein Geheimnis: Es ist wirklich seltsam, daß ein derart schreibfaules Individuum, das sogar der Mühe einer Unterschrift aus dem Wege ging, ein Vorwort zu dem den Einwohnern von San Leucio vorgeschlagenen juridischen und moralischen Codex geschrieben (oder eventuell diktiert) haben soll. Und dennoch ist in jenen Ideen, jenen Maximen, in jenen Konzepten genug „gute" paternalistische Haltung, um glaubhaft zu machen, daß man ihm das Attribut eines „guten" Königs jener Zeit gab. Man beginnt zu sagen, daß der König jenen Ort ausgewählt hat, um zu meditieren und auszuruhen und mit seinen Untergebenen die reine Luft eines ruhigen Lebens zu teilen wünschte, deshalb errichtete er eine Schule für die Erziehung der Kinder und eine Seidenmanufaktur, damit alle Familien ihr sicheres Brot hätten. Es folgen die Theoretisierungen: Die Menschen sind alle gleich, werden von Gott allein regiert und von jenen, die Er dazu ausersehen hat, sie zu leiten, wie den, der diese Gesetze herausgegeben und die Gründung einer Kolonie von Handwerkern geplant hat, die für das Glück seines Reiches die Produkte einer freigiebigen Natur umwandeln.

Wie Frau Piozzi klug bemerkt, nachdem sie alle „Narreteien" des

Königs aufgezählt hatte, „ist er ein Mann, der entschlossen ist, glücklich zu sein, und ebenfalls entschlossen, niemanden unglücklich zu machen". Harold Acton behauptet, daß San Leucio die beste Seite Ferdinands IV. ausdrückt, die er hätte entwickeln können, „wenn er nicht von der Furcht vor der Französischen Revolution abgelenkt worden wäre".

Aber konnte der Mann (der junge Mann), der *entschlossen war, niemanden unglücklich zu machen*, Maria Carolina glücklich machen? Offenbar nicht, und die sechzehnjährige Prinzessin, die ihn heiraten sollte (ohne ihn jemals gesehen zu haben), wußte das. „Sie hätten besser daran getan, mich ins Meer zu werfen", sagte sie zu ihrer Mutter, die ihr die Heirat mit derselben mitleidlosen Überlegung befahl, mit der sie sie der älteren Schwester Carolinas, Maria Josepha, die einen Monat vor ihrer Hochzeit mit Ferdinand an Pocken gestorben war, auferlegte. „Betrachte dich als Opfer der Politik: Wenn du deine Pflicht gegenüber Gott und deinem Gatten erfüllst, wirst du zufrieden sein, auch wenn du nicht glücklich sein wirst." Aber Maria Carolina war nicht liebenswürdig und gelehrig wie Maria Josepha; wenn sie jene Heirat nicht verweigern konnte (die Alternative wäre das Kloster gewesen, und für das Klosterleben war sie absolut nicht geschaffen), konnte sie sich ihrer zumindest als einen Zugang zur Regierung bedienen, die auszuüben es noch keiner modernen Königin (in Italien) gelungen ist. Gewiß, diese Ideen waren nicht klar und bestimmt im Kopf einer Sechzehnjährigen, und die ersten Monate ihrer Beziehung zu Ferdinand (den sie per procura in Wien am 7. April 1767 geheiratet hatte) waren ein Alptraum. Das Märchen sagt, daß „ihre blauen Augen vor Glück leuchteten", als ihr am 12. Mai desselben Jahres der König zu Pferde in den Campagne von Portella entgegenkam, um sie unter Artilleriesalven und Blumenregen bis zum Königspalast von Caserta zu geleiten. Aber als sich ihr Bruder Joseph und die Würdenträger des österreichischen Hofes, die sie auf ihrer Hochzeitsreise nach Italien begleitet hatten, verabschiedeten, zitterte die sehr junge Königin wie Espenlaub, und Kaiser Joseph fürchtete, daß sie nahe daran war, in Ohnmacht zu fallen. Die ganze italienische Reiseroute war dazu angetan, den Schmerz dieser Trennung zu lindern: Es gab

Feiern in Mantua und in Florenz, wo der Großherzog der Toscana ebenfalls ein Bruder Carolinas war, Leopold, wegen seiner kulturellen Interessen „der Herrscherphilosoph" genannt. Und in Florenz schlossen sich der Großherzog und seine Gattin dem Zug an, um mit ihrer verwandtschaftlichen Anwesenheit der „kleinen Königin" Sicherheit zu geben. („Sie ist eine sehr hübsche kleine Königin", schreibt der englische Botschafter in Florenz, Horace Mann, „doch man hat Angst, daß ihre äußerst feine Art und ihr gesunder Menschenverstand das Fehlen dieser beiden Eigenschaften bei ihrem Königlichen Gemahl (...) sie umso mehr verspüren lassen"). Maria Carolina schrieb ihrerseits nahezu verzweifelte Briefe nach Wien: „Ich bleibe meinem Vaterland treu. Die Dinge hier sind vielleicht schöner als in Wien, aber für mich ermangeln sie der starken Anziehungskraft meiner Stadt". Und Maria Theresia antwortete umgehend: „Sprich nicht immer von unserem Land und stelle keine Vergleiche mit unseren und ihren Gewohnheiten an. Sei eine Deutsche in deinem Herzen und in der Rechtschaffenheit deines Geistes, in allem aber, was keine Bedeutung hat (...), mußt du als eine Neapolitanerin erscheinen".

Keine Vergleiche anstellen. Sicher, eine Jungfrau kann keine anstellen. Und dies ist die Zeugenschaft Sir William Hamiltons über die *erste Nacht* von Carolina und Ferdinand im Königspalast von Caserta.

„Ferdinand zeigte weder Leidenschaft noch Indifferenz gegenüber der Königin. Am Morgen nach der Hochzeit stand er, da es sehr heiß war, wie gewöhnlich zeitig auf, ging auf die Jagd und ließ seine junge Gattin im Bett zurück. Die Höflinge, die ihn begleiteten, fragten ihn, ob ihm seine Gattin gefallen habe: 'Sie schläft wie eine Tote', antwortete er, 'und schwitzt wie ein Schwein'."

Weder Gleichgültigkeit noch Leidenschaft ... sie schwitzt wie ein Schwein ... Und doch war Maria Carolina mit sechzehn Jahren schön (später sollte sich ihr zu langes Gesicht mit dem „willensstarken" Unterkiefer – um einen bei den Hofschreibern beliebten Euphemismus zu gebrauchen – verdüstern, die neunzehn Schwangerschaften und die Spannungen der *öffentlichen* und *privaten* Angelegenheiten sollten sie merklich häßlicher werden

lassen, so sehr, wie Swinburne bezeugen wird, daß sie „unangenehm“ aussah). Nun denn ... Lady Anne Miller schrieb 1769: „Ihre Majestät ist eine schöne Frau, sie hat den feinsten und durchsichtigsten Teint, den ich jemals gesehen habe, ihre Haare sind von einem glänzenden hellen Kastanienbraun, das ich so bewundere und das überhaupt nicht rot ist; große glänzende dunkelblaue Augen, gut gezeichnete Augenbrauen, die dünkler sind als die Haare, fast eine Adlernase, einen kleinen Mund, sehr rote Lippen (aber nicht dick wie die österreichischen Lippen), wunderschöne weiße und regelmäßige Zähne, und wenn sie lacht, bilden sich zwei Grübchen in den Wangen, welche die Anmut ihres Gesichtes vervollständigen; sie hat eine perfekte Figur (...), graziöse Bewegungen (...). Nach meinem Geschmack ist sie eine solche Schönheit, daß ich nicht mehr darüber sagen kann, um dieses Blatt nicht zu sehr vollzuschreiben (...)“.
Höfische Übertreibungen ohne Zweifel, doch es ist sicher, daß Maria Carolina, die „äußerst Zarte“ (wenn dies ein Synonym für Zerbrechlichkeit gewesen wäre, hätte sie in tausend Stücke zerbrechen müssen nach jener trivialen und gewalttätigen *ersten Nacht*) ihren ganzen Zauber mobilisierte, um jenen Mann für sich zu erobern, der sie physisch abstieß, der sie beleidigt hatte, von dem sie aber nicht absehen konnte, wenn sie eine erzwungene Ehe in ein vor allem politisch erfolgreiches Unternehmen verwandeln wollte.
Sie schrieb ihrer Erzieherin nach Wien, daß sie Ferdinand nicht liebte, aber daß sie mit Takt und Höflichkeit versuchen würde, seine Zuneigung zu gewinnen. Und das gelang ihr. Ferdinand war überzeugt, daß Maria Carolina wahnsinnig verliebt in ihn war, und die Überzeugung, eine um so vieles höher stehende Frau erobert zu haben, machte ihn glücklich und zahm unter ihren Händen. Aber für sie, bemerkt eine neapolitanische Dame, die ihre Vertraute geworden war (später wird die Königin sie ins Exil schicken), „war es wirklich mühsam, Freude vorzutäuschen, wo sie sich sehr oft langweilte, überdrüssig und voller Heimweh nach Wien war (...)“.

Das junge Ehepaar (Ferdinand war kaum neunzehn Monate älter als seine Frau) verbrachte noch fünf Tage zusammen mit dem riesigen Gefolge im Versailles der Bourbonen. (Es ist kurios, wie ungefähr ein halbes Jahrhundert später Stendhal den Königspalast von Caserta als „nichts anderes als eine Kaserne, genau so ungünstig gelegen wie Versailles", beschreibt.) Es wurden Feuerwerke, Konzerte und eine Opernaufführung, *L'Idolo Cinese*, organisiert, um das kostbare Hoftheater zu eröffnen, dessen Bühne sich zum riesigen Park hin öffnete, der das Gebäude des Vanvitelli umgab. Wenn sich Maria Carolina auch in den folgenden langen Jahren in jene Örtlichkeiten verlieben und einen berühmten englischen Botaniker damit beauftragen sollte, einen Garten speziell für sie anzulegen, der seinetwegen „Englischer Garten" genannt wurde und wo es bis heute ganz seltene exotische Pflanzen gibt (auch die erste Kamelienpflanze, die nach Europa gebracht wurde), ist zu bezweifeln, daß sie in jenen Tagen die spektakulären Attraktionen des Königspalastes genießen konnte. Doch sie benahm sich sowohl in Caserta als auch in Neapel, wo das königliche Paar am 22. Mai Einzug hielt, immer äußerst würdevoll, und es ist noch einmal Sir Hamilton, der uns erzählt: „Da Ihre Majestäten der beiden Sizilien und der Großherzog und die Großherzogin von Toskana immer unter den Augen der Öffentlichkeit standen, war jeder erstaunt über den Kontrast zwischen dem Betragen Seiner Majestät, des Königs, und jenem der Königin und des Großherzogs. Der neapolitanische Adel verbirgt nicht seine üble Laune wegen der mangelhaften Erziehung seines Herrschers (...)". („Niemand kann sich vorstellen", sollte Stendhal noch in sein neapolitanisches Tagebuch schreiben, „was eine liebliche Neapolitanerin, die im Geiste Voltaires erzogen wurde, sei.")

„Der Prinz von San Nicandro", fährt Hamilton fort, „beugt sein Haupt, wohl wissend, daß er der letzte Hauslehrer Seiner Majestät gewesen ist, und bei jenen Höflingen selbst, die bis vor kurzem ihren Herrn zu seinem lausbubenhaften Benehmen ermutigten, sehe ich, daß sie sich schämen, an Seiner Seite in der Öffentlichkeit zu erscheinen, weil sie fürchten, daß Seine Vertraulichkeit ihnen gegenüber besagen könnte, daß auch sie an der fehlenden Erziehung Ihrer Majestät Schuld trügen, was ja auch nur allzu wahr ist (...). Man kann leicht verstehen, wie sehr die Königin und der Großherzog leiden mußten, denn ihr gesunder

Menschenverstand und ihre Erziehung werden bei jedem Wort und jeder ihrer Handlungen offenkundig (...). Die Freundlichkeit und die Güte der Königin von Neapel", schließt der englische Botschafter, „finden hier sehr großen Gefallen, doch sie fühlt sich wegen der vielen Feiern nicht gut, und die Großherzogin von Toskana hatte unglücklicherweise eine Fehlgeburt."

Carolina hatte also die erste Prüfung bestanden. Nun mußte sie mit der politischen *Machtausweitung* beginnen: Ihre Mutter hatte Sorge dafür getragen, daß in ihren Ehevertrag eine Klausel aufgenommen wurde, die der Tochter erlauben sollte, am Staatsrat im Augenblick der Geburt des ersten Sohnes, des Thronerben, teilzuhaben. Maria Carolina wartete auf den Tag, der ihr schließlich gestatten würde, den hassenswerten Einfluß jenes Premierministers, des Marchese Tanucci, der Spanien allzu sehr verbunden war und in welchem ihr Kaiser Joseph (ihr Bruder) sofort den ärgsten Feind „von Neapel" (und von ihr selbst) zu erkennen gab, zu schwächen und nach und nach zu annullieren.

„Die Frauen bei Hof", predigte Tanucci, „sind wie der Teufel: neidisch, jähzornig, unduldsam, *non est ira super iram mulierum.*" Aber Carolina zeigte sich freundlich, liebenswürdig und versuchte, schwanger zu werden: Die erste Geburt verfehlte den Zweck, es war eine Tochter, ebenso die zweite; das dritte Kind war ein Knabe, aber zu schwach, um zu überleben; sie tauften ihn auf Karl Titus und er starb. Endlich wurde Francesco geboren, der Erbe, der am Leben bleiben und die schwankende Stellung der Mutter festigen sollte, die sofort nach der Geburt von Karl Titus ihr Recht auf den Eintritt in den Staatsrat geltend gemacht hatte, aber wegen der zarten Gesundheit des Kleinen ihre Lage gefährdet sah; es war ihr jedenfalls schon gelungen, den Marchese Tanucci in ein Amt mit größerem formalen Prestige, doch mit weniger Macht „zurückzustellen", und sie hatte sich sofort an die Arbeit gemacht, um das Schicksal nochmals zu versuchen. Eine vierte Schwangerschaft, der zweite Knabe (1777); der Erbe scheint kräftig zu sein, und in diesem Moment geschah das, was Ferdinand in einem Brief an seinen Vater „den Unfall vom 13. August" nennt und so beschreibt: „An diesem Abend wurde sie zur Furie. 'Ein Jahr lang, ob du stirbst oder explodierst, weigere ich mich, schwanger zu werden', hatte sie mich angeschrien und sprang mich dabei an wie ein Hund, sie biß mich sogar in die Hand, so daß ich noch eine Narbe davon habe". Der nunmehr seit mehr als zehn Jahre komprimierte Abscheu explodierte endlich in der Frau, die sich der Rolle als Gebärerin untergeordnet hatte, nicht, um sich dem weiblichen „Schicksal" zu fügen, sondern weil sie beschlossen hatte, dieses „Schicksal" im Unterschied zu so vielen anderen als einzige Waffe zu benützen, die ihr zu benützen erlaubt war. (Und im Grunde verlangte sie nur eine Pause, ein Jahr der Ruhe am Fließband der Schwangerschaften, Geburten und Wochenbetten, die wieder beginnen sollten, unausweichlich, aus Angst, den König zu verlieren, dessen Sexualgelüste scheinbar keine Grenzen kannten.)

In jenen Jahren wurden die Briefe Ferdinands an seinen Vater nach und nach klagender (aber ist es nicht seltsam, daß ein Analphabet so viel schreibt?): „Was meine Frau anbelangt, hat diese Änderung (die Entfernung Tanuccis) ihren Mut gestärkt und nun, aufgehetzt von ihrem Land, tut sie ihr Möglichstes, um auf Dauer in die Regierung einzutreten. Ich werde versuchen, sie daran zu hindern, wenn sie mir auch von jeder Seite droht und mir erklärt, wer sie ist, wer ihre Eltern sind, und daß es für uns eine große Ehre und ein Glück gewesen ist, sie in unsere Familie zu bekommen. Ich bitte Eure Majestät, in Eurer Antwort nicht zu zeigen, daß Ihr dies wißt (...), denn wenn Maria Carolina dies erführe, hätte ich mein ganzes Leben lang Unannehmlichkeiten, da sie ja immer noch predigt, daß es zwischen Mann und Frau völliges Vertrauen geben muß und wünscht, alle meine Geschäfte zu sehen und zu kennen und alle meine Briefe liest. Jedoch, wenn ich sage, daß ich ihre lesen möchte oder zumindest wissen möchte, was sie nach Hause schreibt, dann gibt es Krieg (...)".

Es war auch in jener Zeit, daß eine Reihe von *Verbannungen aus sexuellen Gründen* der Damen begann, die die Anträge Ferdinands erhörten, und wegen *Majestätsbeleidigung* seitens derer, die ihn zurückwiesen. In der Tat wurde Sara Goudar ausgewiesen, nachdem die Königin ihren „skandalösen" Brief den Händen des Gatten entrissen hatte, und die Herzogin von Lusciano wurde gezwungen, sieben Jahre lang ihren Lehen fernzubleiben. (Aber bevor sie als Mann verkleidet abreiste, begab sie sich zum König, der wie gewöhnlich auf einer Jagdpartie beschäftigt war, und sagte ihm ihre Meinung: Daß er ein Trottel und ein Schwächling wäre, daß er sich zuerst entdecken und dann von der Gattin bestrafen ließ etc.) Schließlich bekam auch die Herzogin von Serra die Cassano, weil sie schuldig war, Ferdinand abgewiesen zu haben, ihre Strafe (lies: Verbannung); in der Tat, wer glaubte sie zu sein, daß sie sich erlaubte, einen Mann zu verachten, den zu heiraten sich Maria Carolina von Österreich herabgelassen hatte?

Zu einer bestimmten Zeit, bezeugt Beccattini, „gab es in Florenz eine große Versammlung von Damen und Personen, die das Pech hatten, Ferdinand IV. zu gefallen", während es in Neapel laut Benedetto Croce „nicht einmal mehr eine Tänzerin oder Schauspielerin gab", die bereit war, ihn zu erhören.
Und Swinburne erzählt: „Es ist etwas Unangenehmes am Aussehen und Betragen der Königin; wenn sie spricht, bewegt sie das ganze Gesicht und gestikuliert heftig. Ihre Stimme ist heiser und sie verdreht die Augen. Sie hat runde Schultern bekommen und zeigt gerne ihre schönen Hände her. Wenn sie sieht oder den Verdacht hat, daß dem König eine Frau gefällt, läßt sie ihn keinen Moment in Frieden, ist voller Arglist und unterläßt nichts, bis es ihr gelingt, jegliche Bindung zwischen den beiden zu brechen, entweder aus echter Eifersucht oder aus Furcht, die Macht, die sie über ihren Gatten hat und die sehr stark ist, seitdem sie sich vom alten Tanucci befreit hat, zu verlieren (...)".

Auch wenn Angelika Kauffmann sie noch ganz lieblich und zart in einer idyllischen Landschaft malte, umgeben von der Anmut der beiden heranwachsenden Prinzessinnen, von denen eine die Harfe spielt und die andere einen der kleinen Brüder in den Schlaf singt, während ein sehr großer, in Gedanken versunkener und eleganter König sie, hinter ihr stehend, zu beschützen scheint und rundherum Blumen, samtige Wiesen, wundervolle Jagdhunde ein ewiges Glück sichern, zeigte die Königin nun, und nicht nur durch ihre immer häufigeren „hysterischen Krisen", sondern im Gesicht und an ihrer Person die Zeichen eines verzehrenden Machtkampfes, den sie (und da gab es keine andere Wahl für eine Frau) im Schatten und im Verborgenen führte. Um Tanucci zu liquidieren, hatte sie begonnen, sich der Freimaurerei zu bedienen; es war bei (oder wegen) dieser Versammlungen, daß man ihr ihre ersten Liebhaber zuschrieb: den Prinzen von Caramanico und einen Gardeoffizier namens Capece Galeoto. Und Ferdinand schrieb an den Vater: „Nicht, daß ich eifersüchtig wäre, aber ich glaube nicht, daß diese Personen einen guten Einfluß auf meine Frau haben, die immer wieder ihre Bitte vorbringt und mich überzeugen will, daß ich Freimaurer werden soll; ich habe mich einige Male entschuldigen müssen, indem ich ihr sagte, daß mir diese Dinge nicht gefallen (...)".

Die (sexuelle und gefühlsmäßige) Nicht-Eifersucht Ferdinands war übrigens keine Ausnahme. Herr De Berenger, französischer Handelsbeauftragter, schreibt: „Die hiesigen Ehegatten sind sehr viel toleranter als jene anderer Länder (...). Der Ton unverschämter Vertraulichkeit, Unziemlichkeit und Freizügigkeit, der an diesem Hof vorherrscht, ist unfaßbar. Um zu den Hofbällen in Caserta zugelassen zu werden, muß man einen bestimmten Rang haben. 'Erlaubt mir, meinen Geliebten mitzubringen', sagte die Herzogin La Tipalda zur Königin, 'wir beten uns an, und ich langweile mich, wenn ich ihn nicht sehe (...)'." Und Madame Saussure bemerkt: „Wenn man die alte Gräfin Duro, die dick und rot wie eine Lebensmittelhändlerin ist, mit einem schönen Offizier sah, der ununterbrochen an ihrer Seite ist, war dies etwas sehr Komisches (...)". Eine feierliche (mit dem Klerus vom König und der Königin angeführte) religiöse Prozession kommentierend, schreibt sie: „Was mich ebenso sehr wie die Prozession unterhielt, waren die Ekstasen, die Schreie und die Gesten der Damen, mit denen ich den Balkon teilte (...). Sobald sie einen ihrer Freunde oder Liebhaber erkannten, begannen sie zu schreien: 'Schau, da ist dein Liebster! Da ist meiner! Oh, wie ist er schön! Mein Sohn! Meine Freude' (...). Alle Frauen, alte, junge, schöne, häßliche, haben mehrere Liebhaber. Die Prinzessin von Belmonte hat im allgemeinen drei (...)".

Was die Königin anlangt, berichtet Swinburne: „Die böswilligen Personen sagen, daß die Königin viele Liebschaften hat (...). Der König ging einmal im Scherz so weit, daß er einen von ihnen, Guarini, an der Hand nahm und ihn bei einem großen Essen in

Posilippo bis ans Ende der Tafel zum Sessel neben der Königin führte und sagte, daß dies sein Platz wäre. Die Königin wurde wütend (...)". Die Favoriten der Königin erhielten verschiedene Belohnungen: Der Prinz von Caramanico, der sie am meisten bei ihrem Krieg gegen Tanucci und Spanien unterstützt hatte, erhielt den Posten des Premierministers, Guardini das komplette Mobiliar für sein Haus, ein großartiges Porzellanservice und einen Stern und ein Kreuz aus Diamanten. Aber, schließt Swinburne, „sie hat nur eine Unterstützung von fünfzigtausend Dukaten im Jahr für ihre Ausgaben zur Verfügung, daher kann sie nicht sehr großzügig sein".

Es scheint fast unmöglich, daß eine Frau, die beinahe immer schwanger war (aber wie viele ihrer Kinder waren nun wirklich vom König?), die Zeit und die Energie hatte, sich mit so vielen Favoriten zu umgeben. Wahrscheinlich ließ Maria Carolina auch Erfindungen über ihre eigene Persons zirkulieren, um sich für die (authentische) Untreue Ferdinands zu rächen; doch der König war nicht eifersüchtig und, wenn überhaupt, bediente er sich des Geredes bei Hof als Möglichkeit, die heftige Eifersucht seiner Frau einzubremsen. Jedenfalls war das, was die Königin interessierte, eher die Macht als das Vergnügen: Einige ihrer Favoriten waren ihr nützlich, um ihre politischen Pläne zu verwirklichen. Doch als sie beschloß, den bereits berühmten General Acton zu engagieren, um die neapolitanische Flotte zu reorganisieren, wendete sich ihr glänzender Plan, diesen Mann auch als Geliebten an sich zu binden (um ihn besser beherrschen zu können), gegen sie wie ein Bumerang: Sie verliebte sich tatsächlich in ihn. „Was die Königin am meisten anzog", schrieb Lady Morgan, „war die offensichtliche Indifferenz gegenüber ihrer Anziehungskraft, auf die Acton am schlemmerhaften Hof ihres Gatten scheinbar als einziger unsensibel blieb. Außerdem war er Ausländer, und dies traf mehr oder weniger offensichtlich mit dem tiefen und authentischen Haß und der Verachtung der Königin gegenüber dem Volk, das sie regierte, zusammen. Prinzessin X. hat mir versichert, daß sie die Leidenschaft der Königin für Acton auf die natürliche Unempfindlichkeit dieses letzteren für die Anziehungskraft von Frauen zurückführen könne (...)". (Bezieht sich diese Anspielung vielleicht auf die etwaige Homosexualität des englischen Generals? In diesem Fall wäre dies auf Grund der Gewohnheiten der Seeleute nicht verwunderlich, Gewohnheiten, die sie nicht daran hinderten, kräftige Liebhaber zu sein, wenn sich ihnen dazu Gelegenheit in Gestalt einer Frau ergab).

„Das ausdruckslose Aussehen Actons", fährt Lady Morgan mit ihrer Erzählung fort, „war kalt wie sein Herz, und wenn die Königin mit ihm sprach, waren die einzigen Augen, die nicht leuchteten, jene des Generals. Maria Carolina begann damals, sich kokett zu benehmen, worin sie wie ihre Schwestern eine besondere Meisterin war, und Acton, obwohl geschmeichelt, jedoch nicht besiegt, war schon nahe daran, nachzugeben, als ihn ein Freund darauf aufmerksam machte, daß er, wenn er sich fügte, verloren wäre, daß er nur einer der *Tausend und Einen* der Königin wäre. Acton verstand die Predigt, und die Königin, an eine solche Gleichgültigkeit nicht gewöhnt, wurde immer unterwürfiger. Als sie ihm einen indiskreten Brief schrieb, kompromittierte sie sich schließlich unweigerlich. Von diesem Augenblick an wurde sie seine Sklavin, und durch die Königin war der König nichts weiter als der Agent der Pläne Actons, Pläne, welche fast der Ruin aller, jedoch insbesondere eines unglücklichen und unterdrückten Volkes waren (...)."

Und nun sind wir bei der Französischen Revolution angelangt, die Maria Carolina doppelt katastrophal traf, sowohl politisch als auch familiär; sie hatte als erste erkannt, früher als Ferdinand (der weiterhin auf die Jagd ging und tosende Karnevalsfeste veranstaltete), wie das angemaßte Verhältnis *Gott – König – Volk*, das bis zu diesem Augenblick auf „natürliche und göttliche Weise" die absolute Autorität ihresgleichen legitimiert hatte, für immer demaskiert und zerbrochen worden war. Als Ludwig XVI. damit einverstanden war (beim Versuch, die Monarchie zu retten), einem bereits revoltierenden Land die Verfassung zu geben, schrieb sie: „Da der König von Frankreich das, was man vom ihm gefordert, akzeptiert und unterschrieben hat, ist nun seine Rolle zu Ende gespielt. Alle Herrscher werden früher oder später dasselbe tun müssen, das ist meine Überzeugung". Doch das Schlimmste sollte für sie noch kommen, sowohl auf politischer

Ebene als auch auf der gefühlsmäßigen. Das Königreich von Neapel, das mit größter Festigkeit und möglichster Umsicht von General Acton geführt wurde, wählte zuerst ein neutrales Verhalten; das führte so weit, daß im Teatro San Carlo der Vertreter der neuen Republik Frankreich, der Bürger Armand De Mackau, empfangen wurde, der sich „mit seiner heiligen Freiheitsmütze" zeigte, um „die Königin in aller Öffentlichkeit und in ihrem Hause herauszufordern".

Mackau wurde auch in Audienz empfangen, im Königspalast (wohin Ferdinand und Carolina übersiedelt waren, nachdem sie die ersten Jahre ihrer Ehe im wundervollen Königspalast von Capodimonte verbracht hatten), „aber die Königin (...) zerbrach sofort, als der Besuch stattfand, ihren Fächer (...)". Schließlich wurde beschlossen, daß die Flotte der Republik im Hafen von Neapel als Vertreter eines befreundeten Landes aufgenommen werden sollte. Der französische Kommandant Latouche hatte wissen lassen, daß, falls die Bourbonen auch nur einen einzigen Schuß abgäben, er die ganze Stadt mit Kanonenschüssen zerstören würde. Die Neapolitaner strömten zum Hafen, applaudierten und schrien: „Nur Mut! Bravo die Franzosen! Macht nur weiter so! (...)". Maria Carolina schrieb: „Ein hassenswertes Unglück, um den Krieg zu vermeiden, doch weniger schrecklich, wenn das Volk zustimmt, wir liebkosen die Schlange, die uns vergiften wird (...)".

Am 21. Jänner 1793 wurde Ludwig XVI. guillotiniert.
„Ich kann mir Ihre Erregung vorstellen", schrieb die Königin ihrem getreuen Korrespondenten, dem Marchese del Gallo, „als Sie von dem schauderhaften Verbrechen am unglücklichen König von Frankreich hörten, begangen worden mit allem festlichen Pomp, in aller Ruhe und illegal. Wir haben es aus der *Gazette* erfahren, und da ich immer ängstlich bin, fiel mein Auge auf diesen Artikel (...). Der Bericht über die Tragödie wurde mit derartig gleichgültigen Worten ausgedrückt, daß ich ihn dreimal lesen mußte (...). Er war das Oberhaupt unserer Familie, unser Verwandter, Cousin und Schwager. Was für ein abscheuliches Volk! (...) Ich hoffe, daß die Asche dieses guten Fürsten, dieses allzu guten Fürsten, der vier Jahre lang Schande und Schmach er-

litten hat (...), von der göttlichen Gerechtigkeit eine schreckliche und sichtbare Rache fordern wird und daß sich die Mächte Europas zu einem einzigen und einheitlichen Wollen vereinigen werden (...)". Aber der Wunsch der Königin nach einem Krieg wurde weder von ihrem Adoptivland unterstützt, wo Acton wußte, daß er trotz aller Anstrengungen mit keiner ausreichenden Militärstärke rechnen konnte, noch manifestierte er sich rechtzeitig in Österreich.

Inzwischen wartete Marie Antoinette auf den Tod. „Aus dem höllischen Paris", schreibt die Schwester, „habe ich Nachricht von schrecklichen Einzelheiten. Jeden Moment, bei jedem Geräusch oder Schrei, jedes Mal, wenn sie das Zimmer betreten, kniet meine arme Schwester nieder, betet und bereitet sich aufs Sterben vor. Die unmenschlichen Rohlinge in ihrer Umgebung unterhalten sich auf diese Art und Weise (...). Der Tod ist das einzige, was man dieser armen Seele wünschen kann. Ich bete zu Gott, daß er ihn ihr schicken möge, damit sie endlich aufhört, zu leiden. Ich wünschte, daß diese schändliche Nation in Stücke gehauen, vernichtet, entehrt, annulliert würde (...)".

Und in diesen für sie tragischen Augenblicken geschieht es, daß sich Maria Carolina mit einer sehr starken und vielfach außergewöhnlichen Freundschaft an eine andere Frau bindet: an die „Abenteurerin" Emma Lyons. Zuerst, in noch ruhigeren und freudigeren Zeiten, war es die Neugier, die die Königin dazu veranlaßte, sich in einem Wagen ohne die königlichen Insignien zur Promenade von Posilippo bringen zu lassen, wo die fast immer griechisch, in fließende weiße Faltengewänder gekleidete Emma mit ihrem kohlschwarzen, über dem statuengleichen Hals hochgesteckten oder auf die Schultern fallenden Haar ihre täglichen Triumphe beim neapolitanischen Volk einheimste. Maria Carolina hörte unentwegt von Emma sprechen, die jedoch, obwohl sie beim besten Adel der Hauptstadt empfangen wurde, bei Hofe keinen Einlaß fand, da sie noch nicht die Gattin von Sir William Hamilton war. Vielleicht war beim ersten Impuls mit der Neugierde Neid vermischt, der die Königin zu diesem fast kindlichen Inkognito-Ausflug veranlaßte, um mit eigenen Augen die berühmteste Schönheit Neapels zu sehen: Felicita Alliata di Villafranca (die in ihrem geschmackvollen Buch *Sachen aus anderen Zeiten* über das Exil Maria Carolinas in Palermo Zeugenschaft ablegt) bemerkt, daß der Königin „jede schöne Frau verhaßt war", und die dauernden Eifersuchtsszenen gegenüber dem Gatten bestätigen nur diesen (unangenehmen) Zug ihres Charakters. Aber warum Emma? Vielleicht, weil sie die Schönste war und Maria Carolina wie alle wirklich ehrgeizigen Menschen die *Primaten* jeglicher Zugehörigkeit und jeglicher Art liebte und anerkannte; denn man kann vermuten, daß sie bei Emma die „absolute" Macht der weiblichen Verführung gesehen hat. Diese einzige Macht, die irgendwie und durch irgendeinen seltsamen Zauber all ihre Macht als absolute Monarchin und als nicht reizlose Frau aufwog (Maria Carolina von Österreich war intelligent genug, um zu verstehen, daß die Männer, die sie bei Hof „blendete", sehr viel mehr durch ihren Rang als durch ihre prekäre Schönheit verführt oder sogar entflammt wurden).

Und dann war Emma eine freie Frau, frei vor allem von der Last eines lächerlichen Gatten: Sir William war zwar dreißig Jahre älter als sie, ein magerer, athletischer alter Mann, und, was mehr zählte, humorvoll, intelligent, kultiviert ... und von politischem Prestige!
Emma war schließlich frei von der monströsen Kette von Schwangerschaften. Ihr Körper blühte nur für ihre eigene Lust. Niemand wird je „dokumentieren" können, das ist klar, ob im Elan, der Maria Carolina dazu brachte, Emma zu ihrer vertrautesten Beraterin und Freundin (und dann Komplizin) zu machen, die von mir bis jetzt angedeuteten Gefühlskomponenten mitwirkten: Die Frauen, auch jene, die am leichtesten über ihre eigenen Gefühle sprachen, gaben in ihren Briefen und Tagebüchern sehr darauf acht, auch vor sich selbst den wahren Charakter der Beziehung, die sie an eine andere Frau band, zu verhüllen. (Aber Napoleon fand es richtig, bei seinem Zusammentreffen mit der Königin von Neapel diese zu beleidigen, indem er sie „eine Lesbierin" nannte.)

Für Maria Carolina waren die *verstandesmäßigen* Gründe vorhanden, die sie dazu veranlaßten, Emma Lyons sofort nach ihrer Heirat mit Sir William bei Hof zu empfangen (und es sind die einzigen, die die Historiker sehen): „Das war nicht der Moment“, schreibt Harold Acton, „um sich um die private Moral Sorgen zu machen; es war viel wichtiger, dem britischen Botschafter zu gefallen, denn die Königin wünschte die Allianz mit Großbritannien (...). Ziemlich bald war sie (Emma) so weit, vor dem König zu singen und *en famille* mit der königlichen Familie zu Abend zu essen, 'aber bei den Empfängen', schrieb sie ihrem Ex-Geliebten Grenville, 'habe ich Distanz gehalten und zeigte für die Königin soviel Respekt und Ehrerbietung, als ob ich sie niemals zuvor gesehen hätte, was ihr sehr gefiel. In der Tat war sie unlängst am Abend sehr höflich mit mir und wiederholte mehrmals, daß sie mein Benehmen bewundere'“. Und die Porträtmalerin Vigee-Le Brun, die damals von Sir William beauftragt war, das Bild der Gattin für immer mit ihrer künstlerischen Hand festzuhalten, erzählt: „Lady Hamilton (...) gab der Königin verschiedentlich Nachhilfe in kleinen diplomatischen Geheimnissen, welche Ihre Majestät dann vorteilhaft in Staatsgeschäften anwandte“.

Staatsraison war daher die Grundlage für das königliche „Wohlwollen“ Maria Carolinas für ihre geliebte „Abenteurerin“. Und was Emma anbelangt, ist es nicht verwunderlich, daß sie die Freundschaft der Königin mit Dankbarkeit erfüllte, aus der sie mit der volkstümlichen Spontaneität, die ihr nie verloren gegangen ist, kein Geheimnis machte. Sie schrieb noch an Grenville: „Ich muß mich gegen meinen Willen mit Politik befassen, aber ich mußte unserer teuren, vielgeliebten Königin einige Neuigkeiten erzählen. Ich kann ohne sie nicht leben, für mich ist sie eine Freundin und alles! Wenn Ihr sie so kennen möchtet wie ich, wie würdet Ihr sie anbeten! Sie ist die liebste Frau der Welt und ihr Herz ist gut und treu (...)“.

Es ist das im Königspalast vorgelassene Aschenbrödel, das verzaubert mit den naiven Worten Emmas spricht; nur daß an Stelle des Märchenprinzen hier eine Märchenkönigin ist. Wer weiß, in den Märchen sind die Königinnen immer böse und die Aschenbrödel zetteln keine Revolution an.

Am 16. Oktober 1793 wurde Marie Antoinette enthauptet. Am 11. September war im Hafen von Neapel das englische Schiff Agamemnon unter dem Kommando von Kapitän Nelson, der eine Nachricht für Sir Hamilton brachte, eingelaufen. Southey schreibt in seinem *Leben Nelsons*: „Sir William sagte nach seinem ersten Gespräch mit ihm zu Lady Hamilton, daß er ihr nun einen kleinen Mann vorstellen würde, von dem man nicht sagen könne, daß er sehr schön wäre, aber der, glaubte er, eines Tages die Welt in Erstaunen versetzen würde".

Mit dem Auftritt Nelsons, der sofort von der blühenden Schönheit Emmas bezaubert war (im Gegensatz zu Acton litt er im Verlauf der langen Seereisen jener Zeit unter der Abwesenheit von Frauen), bildete sich jenes Dreieck – Hamilton, Emma, Nelson –, an dessen einzigartige Kraft sich Maria Carolina leidenschaftlich klammern sollte, in der (ruinösen) Hoffnung, den Mord an der Schwester zu rächen. (Unter das Porträt von Maria Antoinette in ihrem Arbeitszimmer hatte sie geschrieben: „Je poursuivrai ma vengeance jusqu'au tombeau", „Ich werde meine Rache bis zum Grabe verfolgen".)

Die Zusammenarbeit zwischen Nelson und Acton nahm für die Bourbonen keinen glücklichen Anfang: Am Abend der Ankunft, als Nelson im Königspalast zum Abendessen eingeladen war und zur Rechten des Königs saß (neben ihm Emma, die ihm dolmetschte), verlangte er Truppen zur Unterstützung der englischen Garnison, der es zwar gelungen war, den Republikanern den Hafen von Toulon zu nehmen, die sich aber in einer schwierigen Lage befand. Acton versprach sechstausend Mann, worauf Nelson ausrief: „Jetzt bin ich nur Kapitän, doch wenn ich am Leben bleibe, werde ich den Wipfel des Baumes erreichen".

Maria Carolina war endlich beruhigt: Das Königreich von Neapel erklärte den Franzosen den Krieg. Doch die Expedition war eine Katastrophe: Nelson wurde von einem anderen jungen und vielversprechenden Kapitän, Napoleon Bonaparte, besiegt, und die Neapolitaner verloren sechshundert Mann und fünfzehn Kanonen.

In der Zwischenzeit begannen in Neapel die jakobinischen Verschwörungen. Am 24. Januar 1795 schrieb die Königin: „Wir sind gerade dabei, eine jakobinische Verschwörung zu entdecken und die Anführer einzusperren. Das ist gut für unsere Sicherheit, aber es tut weh, soviel Falschheit und schmerzliche Undankbarkeit (...). Nur daran zu denken, stößt mich ab (...)".

Tatsächlich gingen die liberalen und revolutionären Verschwörungen und Bewegungen in Neapel viel mehr von den Adeligen (insbesondere von jenen, die Maria Carolina zur Freimaurerei überredet hatte, um dem sehr katholischen Spanien ein Gegengewicht zu bieten) als vom Volke aus. Wer immer eine auch nur geringe Kenntnis der geschichtlichen Prozesse hat, weiß, daß die erneuernden Ideen schwerlich auf einem Boden totaler Unterdrückung, Elend und Unwissenheit gedeihen können, aus denen sich, wenn es zur Verzweiflung der Massen kommt, Revolten entfesseln, die fast immer verloren und unnötig blutig sind: Marx hätte von einer zu errichtenden „Einheit (...) jener, die denken, und jener, die leiden" gesprochen, und man sieht keinen Grund, warum ein Historiker unserer Tage wie z. B. Harold Acton so tun kann, als wüßte er dies nicht und schreiben kann, daß die neapolitanischen Jakobiner nichts anderes als Snobs waren: „Die Jungen aus guter Familie fanden es elegant und modern, *fortschrittliche* Ideen zu bekennen; es ist eine Unterhaltung, mit dem Feuer zu spielen, wenn die Gefahr, sich daran zu verbrennen, ganz gering ist. Natürlich hätte man die unwissenden Massen unterrichten müssen, doch es kam ihnen nie in den Sinn, daß dies ein langer und schwerer Weg, wenn nicht eine gar fromme Illusion gewesen wäre. Der größte Teil interessierte sich nicht für die Masse (...)". (Aber Eleonora de Fonseca Pimentel verfaßte in der kurzen Zeit der Parthenopeischen Republik Artikel im Dialekt, damit sie für das Volk verständlich sind.)

Schon vor der Eroberung Toulons fühlte sich die Königin auf jede Weise von allen Seiten belagert, verloren, ja sogar in äußerste Armut gestürzt: „Wir haben uns unseres ganzen Silbers entledigt und wir und unsere Kinder haben jetzt nicht einmal mehr einen einzigen Leuchter und auch keine Kaffeekannen; es gibt gar nichts mehr. Der König hat auf dreihundertzweiundneunzig Pferde und dreihundert Hunde verzichtet und seine Jagdreviere stark reduziert (...). Er verkauft gerade Roccabella in Posilippo. Gestern ließ er die wilden Tiere in der Menagerie töten. Er ist äußerst sparsam, um die umfangreichen Ausgaben für den Krieg zahlen zu können. Ich schreibe Euch beim Licht einer Blechlampe. (Der Empfänger des Briefes ist, wie gewöhnlich, Marchese del

Gallo). Apropos, kauft mir vier Toilettegarnituren aus schwarzlackiertem Blech und schickt sie mir, wenn Ihr könnt: Meine armen Kinder haben gerne auf alles verzichtet (...)".

Nach Toulon sollte sich Ferdinand aus dem Konflikt zurückziehen, aber nicht Maria Carolina. Sie gab der Notwendigkeit zu verhandeln erst nach, als auch Österreich von Napoleon erobert wurde. Das Zusammentreffen des Gesandten des Königs von Neapel, des Fürsten von Belmonte, mit Napoleon war demütigend. Der französische General stellte unannehmbare Bedingungen. Und Maria Carolina schreibt an Gallo: „Ich glaube, daß er unter anderem von mir auch verlangen wird, wieder meinen Platz als Frau außerhalb des Staatsrates einzunehmen (...)". Und doch bezauberte sie bereits der ungestüme Ruf, den sich Napoleon erworben hatte (sie liebte, das wurde schon gesagt, die Sieger): „Persönlich hasse ich die Partei, die Buonaparte dient und ihn unterstützt (...), ich hege jedoch aufrichtige Hochachtung und tiefe Bewunderung für ihn. Seit mehreren Jahrhunderten ist er der größte Mann, den wir gehabt haben (...)". (Aber er gehörte nicht ihr. Jenes Kriegsgenie sollte Maria Carolina niemals von Angesicht zu Angesicht treffen, auch wenn er sie in ihren letzten Lebensjahren wie ein Alptraum beherrschen sollte).

Und sie besteht eifrig darauf: „Ich bewundere ihn, und mein einziges Bedauern ist, daß er einer verachtungswürdigen Sache dient. Ich wäre froh, wenn die Republik fiele, aber ich möchte, daß Buonaparte bliebe, denn er ist wahrhaftig ein großer Mann". Dann vergleicht sie Napoleon mit dem Gatten, den ihr das Schicksal bestimmt hatte: „Und wenn man nur Minister oder Herrscher mit armseligen und beschränkten Ideen sieht (...)". Schließlich, als sie ihrer Widersprüche gewahr wird, „es mag seltsam erscheinen, daß ich dies sage (...)", läßt sie ihnen freien und ungebremsten Lauf, als ob sie (die Ideen, die einander widersprechenden Gefühle) verrücktgewordene Pferde wären: „Ich hoffe, daß seine Pläne mißlingen und seine Unternehmungen schiefgehen, aber gleichzeitig wünsche ich ihm Glück und Ruhm (...)". Und hier, in den letzten Zeilen ihres Briefes, wird sie zur Kannibalin! „Wenn er stirbt, müßten sie ihn zu Pulver verarbeiten und jedem regierenden Herrscher (lies: Ferdinand) eine Dosis davon verabreichen und zwei davon jedem ihrer Minister. Dann gingen die Dinge vielleicht besser."

In der Folge sollte zwischen Napoleon und Maria Carolina ein Briefwechsel stattfinden, der, wenn man ihn heute, auch im Lichte der neuen Analysen der *Beziehung Frau und Politik* prüft, eine ergiebige Reihe von Anlässen zu Überlegungen bietet.

Doch jetzt befinden wir uns im Jahre 1798, für die Königin von Neapel rückt das erste Exil in Sizilien näher. Und doch hatte dieses Jahr für Maria Carolina einen großen Triumph: den Sieg Nelsons in Aboukir über Napoleon (1. August 1798). Lady Hamilton beschreibt die Erregung der Königin, als ihr die Nachricht überbracht wird: „Sie weinte, küßte ihren Gatten und die Kinder, sie ging im Zimmer auf und ab, brach erneut in Tränen aus, dann umarmte und küßte sie neuerlich alle, die in ihrer Nähe waren und rief: 'Mutiger Nelson! Oh Gott, segne und beschütze unseren tapferen Befreier! Oh Nelson, Nelson! Was schulden wir dir nicht alles' (...)." Ihrerseits beschloß Emma, sich „a la Nelson" zu kleiden: „Sogar mein hellblauer Schal ist ganz mit vergoldeten Ankern bedeckt!", und Sir William schrieb dem Triumphator: „Kommt um Gottes willen, teurer Freund, sobald Euch dies Euer Dienst gestattet. Ein schönes Zimmer steht in meinem Hause für Euch bereit, und Emma sucht das weichste Kissen aus, das es gibt, damit Ihr Eure müden Glieder ausruhen könnt (...)".

In Wirklichkeit war es der Gelehrte, der Sammler, der dem Helden das schönste Stück seiner Sammlung übergab, der Mann des Geistes, der dem Mann der Tat zum größeren Ruhme der gemeinsamen Sache – des großen Sieges „ihres" Vaterlandes Großbritannien – ein Geschenk machte. Benedetto Croce wundert sich als echter Abruzzenbewohner über die „Blindheit" Hamiltons gegenüber der Liebschaft seiner Frau, Lady Hamilton, mit Nelson: „Sir Hamilton hatte scheinbar nie einen Verdacht über die Art der Beziehungen, die der Freund mit seiner Frau unterhielt: Im Testament hinterließ er Nelson ein Porträt Emmas und zwei Gewehre 'als Zeichen der großen Wertschätzung, die ich für Sie, den tapfersten, loyalsten und wirklich starken Charakter, welchen ich jemals getroffen habe, hege' (...)".

Aber der englische Botschafter war in keiner Weise „blind"; er schätzte diesen Mann höher als irgendeinen anderen und bot ihm das beste, was er hatte: eine Frau. Nochmals bestätigt das Geschenk das tiefe Einverständnis, die *Kameraderie*, die Bruderschaft (psychische Homosexualität), die es unter Männern (und unter den besten) gibt: Bevor sie zwanzig Jahre alt war, war Emma von Lord Grenville an Sir Hamilton „verkauft" worden, jetzt wurde sie von Hamilton an Nelson „verschenkt". Bei dieser zweiten Transaktion agierte Emma als ein Geschenk und als solches an großzügigere Emotionen gebunden, jedoch (und anders als beim ersten Mal) als Hauptperson: Nelson gefiel ihr, auch wenn er, wie ihr dies fünf Jahre zuvor Sir Hamilton sofort angekündigt hatte, nur „ein Männlein" zu sein schien, klein, mager, mit einem versehrten Arm. Aber dies machte die männliche Verführung *charmanter*, sie erinnerte an den Krieg und an seinen nicht zu leugnenden Eros. Er war fünfunddreißig Jahre alt, genauso alt wie Lady Hamilton (während Hamilton wirklich zu altern begann), er war damals unbestreitbar der berühmteste Mensch in Europa, genauso wie Napoleon, den er zu besiegen gewagt hatte. Mehr war nicht nötig, als am 22. September die Vanguard im Hafen von Neapel beim Klang der englischen Hymne *Rule Britannia*, gespielt von den Militärkapellen, einlief und festlich anlegte, umgeben von tausend entgegenfahrenden Schiffen, und Emma als erste an Bord kam: Sie fiel in den Armen des Helden in Ohnmacht!, der (mit gespielter oder echter Naivität) diese Episode seiner Frau mit den folgenden Worten schildert: „Ihre Durchlaucht sprang auf das Schiff und rief: 'Oh Gott! Ist das möglich?'. Und sie fiel mir mehr tot als lebendig in die Arme".

Nach Emma gratulierte der König persönlich dem englischen Admiral; schließlich gingen die großen Herrschaften alle an Land, umflattert von Tausenden in Käfigen gehaltenen Vögeln, die von den neapolitanischen Fischern freigelassen worden waren. Die offiziellen Feiern wurden für den 29. September, den Geburtstag Nelsons, angesetzt. Die Königin war zu ihrem großen Bedauern krank (die Freude über den Sieg Englands, die traumatisch den Schmerz über den Tod ihrer jüngsten Tochter überlagerte), außerdem konnte die königliche Familie von Neapel, die Frankreich offiziell keinen Krieg erklärt hatte, nicht im Palast die

Niederlage Buonapartes feiern. So war es nochmals Lady Hamilton, die sich um alles kümmerte: Sie verteilte an die eintausendachthundert Gäste Knöpfe mit den Initialen des Admirals (eine „Erfindung" von ihr, die sich bis in unsere Zeit bei den amerikanischen Präsidentenwahlen am Leben gehalten hat) und ließ eine Marmorsäule errichten, die sie selbst zu Beginn des Empfanges feierlich enthüllte und auf der die Namen aller Offiziere der *Vanguard* eingraviert waren. Die Königin war durch ihren Lieblingssohn, den kleinen neunjährigen Prinzen Leopold, vertreten, der ein von seiner Mutter zu Ehren Nelsons verfaßtes Gedicht vortrug: Der letzte Vers lautete: „Lieber Nelson, lehre mich, so wie Du zu werden".

Schließlich erholte sich Maria Carolina und konnte den Admiral empfangen, in einer Privataudienz zu einem Gespräch unter vier Augen: „Sie ist wahrhaftig", schrieb er, „würdig, eine Tochter Maria Theresias zu sein (...). Dieses Land wird sich noch einmal mit seinem System, alles aufzuschieben, zugrunde richten: Die Königin sieht das und denkt wie wir (...)". Nelson wollte, daß das Königreich Neapel dem Krieg gegen Frankreich beitrete. Und er war beharrlich: „Wieviel kostbare Zeit wird an den Höfen von Neapel und Wien verloren! Drei Monate würden ausreichen, Italien zu befreien, aber dieser Hof ist so indolent, daß er den günstigen Augenblick verstreichen läßt (...). Es ist ein Land von Spielleuten und Dichtern, Huren und Briganten (...)".

Wer weiß, ob der Admiral Emma, die durch ihr Blut und ihre Nationalität nicht weniger englisch als er war, aus dem Katalog der neapolitanischen Huren ausnahm oder ob er sie hingegen darin einbezog, gequält von seinem protestantischen *Unterbewußtsein*, wo nun Gewissensbisse gegenüber seiner Gattin (die er einige Jahre später zur Scheidung zwingen sollte) begannen.

Sicher, er und Maria Carolina waren völlig einer Meinung, auch in ihrer gemeinsamen rassistischen Verachtung der Neapolitaner. Die Königin hätte auf die beharrlichen Wünsche Nelsons positiv antworten wollen: „Die mutigsten Maßnahmen sind die sichersten", wiederholte er ununterbrochen gegenüber dem König und Acton. Aber das Heer hatte keinen der Lage gewachsenen Kommandanten, und die Königin, der es nicht gelungen war, von ihrem Schwiegersohn, der österreichischer Kaiser geworden war, zu erreichen, daß ihr Heimatland gegen Napoleon die Feindlichkeiten eröffnet hätte, erreichte von ihm das, was sich bald als ein echtes „trojanisches Pferd" entpuppen sollte: den General Mack. Die Königin empfing ihn wie einen (zweiten) Retter, und als sie ihn Nelson vorstellte, sagte sie: „General Mack, sie sind für uns zu Lande, was Nelson, mein Held, zur See gewesen ist". Ohne Frankreich den Krieg zu erklären, beschloß das neapolitanische Heer, gegen die Franzosen, die unter Verletzung des vom Directoire unterzeichneten Vertrages auch Rom und die Papst-Staaten besetzt hatten, vorzugehen. Die Königin ritt in der Etappe mit, auch sie bekleidet mit einem „Nelsonblauen" Amazonenkostüm und einem mit einer langen weißen Feder geschmückten Generalshut.

Der Einzug in Rom war ein Triumph. Der französische General Championnet hatte beschlossen, sich ohne Abfeuern auch nur eines einzigen Schusses zurückzuziehen. Ferdinand und Maria Carolina ließen sich jubelnd im Palazzo Farnese nieder, den sie als ihr Eigentum betrachteten (der Palazzo des Michelangelo gehörte in der Tat der Mutter Karls III.), und forderten den Papst auf, nach Rom zurückzukehren. Aber Championnet hatte sich nur zurückgezogen, um seine Streitmächte zu konzentrieren und aus einer besseren strategischen Position über die ungeordneten Kolonnen von Mack herzufallen. Die königliche Familie mußte schmachvoll am 7. Dezember 1798, zwei Tage, bevor die Franzosen nach Rom zurückkamen, flüchten. Der König hatte die Königin in einem Wagen mit einer Handvoll bewaffneter Männer und deren Leutnant, dem Prinzen von Migliano Loffredo, vorausgeschickt. Endlich fanden sie auch für Ferdinand einen Wagen; Loffredo erzählt, daß der König ihn auf der Reise nach Caserta voll Angst bat: „Halten sie Ihre Knie nahe bei den meinen! Lassen Sie mich nicht allein".

Für Maria Carolina war die Demütigung schrecklich. Sie schrieb an Lady Hamilton, daß Macks Truppen sich wie die Kaninchen aufführten: Sie, die Tochter Maria Theresias, war nicht nur zum Träumen erzogen, sondern auch zur Erlangung militärischen Ruhms, und zahlreiche Mitglieder ihrer Familie haben sich im Krieg

ausgezeichnet, und jetzt ... „Die Szenen von Varennes", schrieb sie, „mit allem, was nachher kam, könnten sich hier wiederholen." Wieder nach Rom zurückgekehrt, appellierte Ferdinand an das Volk: „(...) Die Franzosen, bei denen ich alles getan habe, um in Frieden zu leben, drohen, in die Abruzzen einzudringen. Ich werde mit einem mächtigen Heer (sic!) hineilen, um sie auszurotten, aber in der Zwischenzeit mögen sich die Völker bewaffnen, die Religion unterstützen, den König, der das Leben sichernde Vater, verteidigen, der bereit ist, seines zu opfern, um seinem Volk, die Altäre, das Eigentum, die Ehre der Frauen, das freie Leben zu sichern (...)".
Man weiß nicht, ob man diesen Aufruf Ferdinands demagogisch oder pathetisch bezeichnen soll. Sicherlich ist die Schreckensreaktion der königlichen Familie grotesk, die im Moment, als die neapolitanischen *Lazzari* sich unterm Palast schreiend versammelten, fürchtet, in Stücke gehauen zu werden und die Flucht nach Palermo vorbereitet: „Sie wollen uns als Geiseln behalten", schreibt Maria Carolina an Emma, „und uns zwingen, mit diesen Missetätern zu verhandeln".

Doch wer waren die Missetäter? Und was schrien die Lazzari? Hier ist die historische Version der Vorfälle, die das Vorspiel zur Errichtung der kurzlebigen Parthenopeischen Republik waren, trotz der späteren Analysen ziemlich zweideutig: Ob es nun die Historiker des Risorgimento (Colletta, Cuoco, selbst Croce) sind oder spätere wie Harold Acton, der jene Zeit aus entgegengesetzter politischer Sicht untersuchen wollte, gelingt es ihnen nicht, ein klares und definitives Bild dieser Zeit zu zeichnen. Die *Lazzari* waren Monarchisten, sicher – wie die *Neuen Lazzari* Monarchisten sein sollten, die den Savoyen auf dem Weg ins Exil Sympathie und Rührung bezeugten und dann für Achille Lauro stimmten –, aber die Bourbonen trauten zweifellos den Launen des Volkes nicht, da sie sich so sehr fürchteten, daß sie unmittelbar darauf die Flucht planten. „Der König hat", schreibt Harold Acton, „an die instinktive Emotion appelliert, die mit gewaltiger Kraft gegen die republikanische Invasion explodieren mußte (...). Eine riesige Menge versammelte sich vor dem königlichen Palast, verlangte Waffen zu ihrer und des Königs Verteidigung und die Erlaubnis, die Jakobiner und die Franzosen zu töten. Das Schau-

spiel einer solchen Massenagitation konnte die königliche Familie gewiß nicht in Sicherheit wiegen (...). Am Morgen darauf wurde Ferrari, der königliche Kurier, der gegen einen französischen Spion ausgetauscht worden war, unter den Balkon des Königs gebracht und von der Menge, die 'Tod dem Jakobiner!' schrie, zerstückelt.
Der König erschrak, als er das unschuldige Opfer erkannte, dessen blutender Körper als Beweis der Loyalität des Volkes aufgerichtet wurde."
Der englische Historiker fügt hinzu, daß die Schriftsteller der Parthenopeischen Republik behaupteten, daß „die Königin und Acton diese Grausamkeit angeregt hätten, und zwar in erster Linie, um sich eines Komplizen zu entledigen (...)".

In der Tat hatte Maria Carolina versucht, eine eigene Geheimpolizei zu gründen, die, nach dem, was sie als den „Verrat" des Ministers Medici bezeichnete, einer Art Großinquisitor, dem Vanni (der sich dann in diesen Tagen umbrachte) anvertraut wurde. Maria Carolina, und nur ihr – jedenfalls in geringerem Maße als ihrem Gatten – wurden einige Hinrichtungen an jungen parthenopeischen Republikanern niemals verziehen, und es ging gegen die Königin ein Gedicht um (gewiß nicht aus dem Volk, sondern in jenem Idiom geschrieben, welches Croce als „literarisch letztklassig" beurteilen wird trotz „des revolutionären Geistes"):

„Ungeheuer, im Eis geboren,
Qual und Schrecken unter uns'rem Himmel,
das meinem Vaterland
großes Leid und grausame Pfeile schickt?
Nun komm', Unwürdige, und sieh,
wie ein Volk leidet
in den großen und schrecklichen Abgründen
deiner gräßlichen und schrecklichen Vergehen (...)".

Also – entweder weil sie nicht verstanden hatte oder weil sie die besten Gründe hatte, sich auf nichts zu verlassen, beschloß die königliche Familie, sobald als möglich zu fliehen. Und diesmal war es die mutige österreichische Königin, die ihren Gatten zur Flucht veranlaßte. Zweifellos beherrschte die Erinnerung an das Ende ihrer Schwester Marie Antoinette weiterhin wie ein Alptraum

ihre Nächte. Der Anblick des Volkes, und insbesondere des neapolitanischen Volkes, das sie niemals lieben gelernt hatte, verursachte ihr ebensolchen physischen Abscheu und Schrecken wie ihr der König in der lange vergangenen, jedoch niemals vergessenen Hochzeitsnacht verursacht hatte.
Sie reduzierte deshalb (provisorisch) die Politik auf die Strategie einer „guten Familienmutter" und schrieb an Lady Hamilton: „Teure Milady, ich treibe Mißbrauch mit Ihrer Güte und der unseres tapferen Admirals. Lassen Sie die großen Kisten in den Laderaum (der Vanguard) werfen, die kleineren kann man leichter unterbringen. Unglücklicherweise habe ich eine sehr zahlreiche Familie. Eine derartige Angst wirft mich in Verzweiflung und meine Tränen fließen immerfort. Ein solch unerwarteter Schlag hat mich erschüttert, und ich glaube, nie mehr gesund werden zu können: Er wird mich vernichten und ins Grab bringen (...). Ich bin bestürzt und verzweifelt, da all dies unser Befinden, unsere Lage und alles, was unsere Denkungsart, meine und die meiner Familie, für das ganze Leben dargestellt hat, völlig verändert. Ich weiß nicht, wo mir der Kopf steht (...). Heute abend werde ich weitere Kisten und Kleider für meine zahlreiche Familie schicken, denn es ist für das ganze Leben (...)". Und schließlich: „Ich zittere beim Gedanken an die von einem Volk begangenen Fehler, das sich nicht vor einem Feind verteidigen kann, das jedoch nicht vor einer entfesselten Liederlichkeit zurückschreckt. Mit unserem Befreier (Nelson) treffen wir jegliche Vorbereitung. Ich rechne mit ihm und vertraue mich ihm mit den zehn unschuldigen Mitgliedern meiner Familie an (...)".

Der Held von Aboukir, der Mann, vor dessen Porträt der kleine Prinz Leopold jeden Abend hinknien und beten mußte (auf Befehl seiner Mutter), war durch die alles verzehrende Egozentrik Maria Carolinas eine Art königliche „Kinderfrau" geworden. Ein wenig aus alter Seemannsgewohnheit (der Kommandant eines Schiffes ist immer alles zusammen, Inhaber der absoluten Macht an Bord und „Familienmutter" seiner Mannschaft), ein wenig aus Rechtschaffenheit und Pflichtgefühl (er war es gewesen, der die Bourbonen in jenes Abenteuer mit unglücklichem Ausgang hineinzog) und hauptsächlich, weil er Emma nichts abschlagen konnte, befaßte sich der Admiral persönlich und minutiös mit der Einschiffung der Königlichen Familie und deren Gefolge. Um neun Uhr am Abend des 21. Dezember 1798 gingen Maria Carolina, Ferdinand und ihre Kinder in Begleitung von Nelson durch einen geheimen Gang, der vom Königspalast direkt zum Hafen führte, an Bord seines ruhmreichen Schiffes *Vanguard*. Die Arbeiten zur Einschiffung der Bourbonen und ihres Hofes dauerten die ganze Nacht; außer der *Vanguard* wurden zwei übel zugerichtete Kriegsschiffe der neapolitanischen königlichen Flotte, die Archimede und die Sannita (deren Mannschaften sich um die Hälfte reduziert hatten, da es die andere Hälfte vorzog, bei den Familien in Neapel zu bleiben), ein portugiesisches Kriegsschiff, ungefähr zwanzig Handelsschiffe und zwei griechische, gemietete Schiffe, benützt. Die Bourbonen flüchteten mit dem Kronschatz, Juwelen, Silber und Geld im Wert von zwei Millionen und fünfhunderttausend Pfund Sterling. Doch an Bord der *Vanguard* mußte die Königin mit den Hofdamen und allen Kindern die Admiralskabinen teilen, während der König und die anderen Männer auf Deck lagerten. Im Morgengrauen des 22. Dezember war der Konvoi noch nicht ausgelaufen, denn das Wetter kündigte einen Sturm an, weiters wurde die *Vanguard* von Schiffen voller bekannter Neapolitaner belagert – dem Kardinal, den Richtern, den Gemeinderäten –, die kamen, um Ferdinand IV. anzuflehen, sie nicht zu verlassen. Wie sehr das Volk wirklich teilhatte an diesem Liebesbeweis (den Ferdinand als verspätet erachtete und unwillig zurückwies), ist nicht leicht festzustellen: Der Historiker Carlo De Nicola sollte in seinem *Neapolitanischen Tagebuch 1798 – 1823* betrübt schreiben: „Wenn ein vom ganzen Volk so sehr verehrter Fürst so gesprochen hat, werden die Nachkommen glauben, daß das Vertrauen des Königs zu den Neapolitanern schlecht erwidert worden sei. Und doch ist es ganz sicher, daß ihm jeder von ihnen ergeben war und das Leben für ihn hingegeben hätte.

Wer konnte ihn so stark beeinflussen, daß er gegen ein Volk, das ihn anbetete und den Titel eines *ganz treuen* verdient hatte, solch ein strenges Urteil aussprechen konnte?". Die Anspielung auf Maria Carolina und vielleicht auch auf Acton, der nicht weniger verhaßt war als sie, ist offensichtlich.

Endlich, in der Nacht des 23. Dezember lief der Konvoi trotz des sich anscheinend nicht beruhigen wollenden Sturmes aus. Nach einem Blick zum Himmel bemerkte der König zu Sir Hamilton: „Wir werden ziemlich viele Schnepfen haben, Cavaliere, es ist jetzt die Jahreszeit dafür, und wir werden Vergnügen daran haben (...)".

„Es war eine schreckliche Reise", schreibt ein englischer Passagier, „die schlechteste, welche Nelson jemals gemacht hat. Die Passagiere waren alle geschwächt, ausgenommen Lady Hamilton, seiner Mutter und eines Dieners der Königin. Die Botschafterin kümmerte sich abwechselnd um die Königin und die kleinen Prinzen, gab ihnen ihre Leintücher und ihre Decken und sah aus wie die zu ihrer Hilfe dem Meeresschaum entstiegene Venus. Es ist verständlich, daß Nelson stolz auf sie war (...). Sie war ihre Sklavin geworden, und die ganze Zeit, die sie an Bord waren, kam sie nie ins Bett."

Einer der kleinen Prinzen, Karl Albert, starb am Heiligen Abend unter schrecklichen Krämpfen in den Armen Lady Hamiltons.

Aber die Königin hatte keine Angst vor dem Meer (sogar Sir Hamilton hatte zwei geladene Pistolen bereit, „um uns umzubringen", sagte er zu Emma, „denn ich will nicht im Rachen der Fische enden (...)". Sich oder sie umzubringen?). „Ich habe lange genug gelebt", schreibt hingegen Maria Carolina, „vielleicht zwei oder drei Jahre zu lang (...)". Und einige Tage nach der Ausschiffung in Palermo an den Marchese del Gallo: „Ich werde Ihnen sagen, daß das Volk von Palermo zufrieden schien, als es uns sah, aber nicht allzu enthusiastisch. Der Adel ist auf der Hut und verläßt niemals unsere Gemächer (...). Mein Herz sagt mir, daß, wenn sich der Kaiser nicht beeilt zu handeln (...), wir binnen vier Monaten aus Sizilien fortgejagt werden, vielleicht wird es noch tragischer. Wir bieten diesen Geiern alle Juwelen, Kleider, Spitzen, also alles an, und vielleicht lassen sie uns wieder in Frieden leben oder sterben (...)".

Kurz und gut, Maria Carolina hält die Sizilianer, vielmehr den Adel der Insel mehr oder weniger für eine Versammlung von Wilden, die man mit Halsketten und Stanniolpapier, mit der von den Kolonisatoren in Afrika geübten Taktik im Zaum halten kann. Ihre Abneigung gegen Palermo ist noch stärker als jene, die sie immer gegen Neapel gehegt hat, ja im Vergleich dazu scheinen ihr sogar Neapel „oder jede andere unserer Provinzen (...)" das Paradies auf Erden zu sein. „Das Wetter ist sehr kalt", klagt sie, „hier schneit es, sodaß alle Straßen und Dächer weiß sind, was für Palermo außergewöhnlich ist. In meinem ganzen Leben war mir noch nie so kalt, in unseren Zimmern schließen weder Fenster noch Türen gut (...)".

Felicita Alliata die Villafranca (*Cose d'altri tempi*, Palermo, 1949) erzählt, daß Maria Carolina, die im Verlauf ihres zweiten Exils zu Gast in der prächtigen Villa Valguarnera war, Jalousien an den Fenstern anbringen ließ (in Sizilien waren diese nicht gebräuchlich) und sie, als sie abreiste, mitnahm. „Sie war eine kleinliche und knauserige Frau", behauptet die Autorin, die jedoch als Abkömmling des sizilianischen Adels, des traditionellen Gegners der Bourbonen, dem Verdacht nicht entgehen kann, daß sie zumindest ein bißchen parteiisch ist. Jedenfalls hatte Karl III. von Bourbon (der Vater Ferdinands), ein aufgeklärter Fürst und Reformator, einen Vizekönig in der Person des Domenico Caracciolo auf die Insel geschickt, der mit den Ideen der französischen Enzyklopädisten erzogen worden war. Sizilien weigerte sich jedoch, verwaltungsmäßig mit dem Königreich von Neapel vereinigt zu werden, die Barone, die das Parlament feudalen Ursprungs beherrschten, wollten weder Prestige noch Macht verlieren, und das Volk, das die Monarchie als eine *ausländische* erachtete (und sie war es mit allen ihren Auswirkungen), sah in den Adeligen die Verteidiger der nationalen Autonomie.

Als Ferdinand in Palermo ankam, wurden – laut Felicita Alliata – er, die Königin und der Hof von den Palermern, „die stolz darauf waren, noch einmal einen König in ihrer Hauptstadt zu haben, wo so viele gekrönt worden waren, großartig aufgenommen. Dieses Mal hatte Ferdinand viele Versprechungen gemacht und, um vom Parlament eine Schenkung von 300.000 Scudi zu erhalten, Verträge unterschrieben, die er dann, wie er es üblicherweise handhabte, nicht einhielt. Die Palermer vergaßen nicht (...)".
Die Idee, vom sizilianischen Parlament Geld zu erbitten, war (ich versäume nicht, es zu sagen) von Maria Carolina. So viel „Selbst-

kritik" – wie man heute sagt – sie in ihren ersten Briefen aus dem Exil auch geübt hat („Ich glaube nicht mehr an die Größe, den Ruhm, die Ehre. Mein Stolz ist mein Ruin gewesen"), wobei sie versprach, daß sie sich nie mehr für Politik interessieren würde („Mein einziger Wunsch ist, abseits in einem Winkel zu leben, in Sorrento oder Pozzuoli"), faßte sie doch sehr bald wieder Mut, gerade so viel, wie man braucht, um erneut zu handeln: „Der König ist glücklich, daß er gerettet ist und macht dumme Einsparungen an unseren Ausgaben (...). Aber wir müssen alles ganz neu schaffen, Marine, Artillerie, alles (...). Mein Rat wäre der, daß er das sizilianische Parlament zusammenrufen sollte, um als Herrscher und Vater zu ihm zu sprechen und dort alles, was er braucht und die Notwendigkeit, uns mit allen Mitteln zu verteidigen, darlegt und einige geringfügigere Vergünstigungen und Privilegien gewährt (...). Bald werden wir trotz unseres Verzichts in finanziellen Schwierigkeiten sein (...)". Wiederum treffen bei Maria Carolina die Sorgen der Familienmutter und die der „Politikerin" aufeinander: „Meine kleinen Töchter sind alle krank (...). Was meine Schwiegertochter anbelangt, stirbt sie an der Schwindsucht (...). Die Revolution breitet sich in Kalabrien aus: Das Gift dringt überall hin, und wir werden seine Opfer sein (...)".

Doch gerade aus Kalabrien wird Maria Carolina eine kurzzeitige Rettung erfahren.

Und an diesem Punkt der Erzählung werde ich versuchen, die drei Frauen – *die Königin, die Abenteurerin und die Revolutionärin – gleichzeitig* handeln zu lassen, die den Vorhang vor jenem neapolitanischen 18. Jahrhundert tragisch fallenließen, das mit Festen und den raffiniertesten Vergnügungen begann.
Maria Carolina, Emma Lyons und Eleonora de Fonseca Pimentel verkörpern und vertreten (meiner vorsätzlich willkürlichen Ansicht nach) in der Geschichte jene *Wendung zum Weiblichen hin,* die ich bis jetzt verfolgt habe.
Die Bühne Neapels erweitert sich in jenem schicksalsträchtigen Jahr 1799 in der Tat vorübergehend bis zur Conca d'Oro von Palermo: Und während in Neapel „der Traum" einer Republik seine fiebrigen und unsicheren Tage erlebt, werden in Palermo

Verschwörungen und Komplotte (auch in den Salons) geschmiedet, um sie zu stürzen. Wie wird dies enden?

NEAPEL
Eleonora de Fonseca Pimentel

Gerade bei der Analyse ihrer Gedichte wird Benedetto Croce schreiben: „Aber wenn die Leidenschaft für die Politik neu und zukunftsweisend war, war ihre Literatur alt; und es war ihr nicht gegeben, sie geschickt durch neue Phantasien, neue Rhythmen, neue Worte zu ersetzen. Damals bot sich die singende und metastasianische Form der Poesie als gelehriges Instrument den revolutionären Gefühlen an, einer politischen und gesellschaftlichen Revolution und nicht einer literarischen. Literarisch gesprochen waren die Jakobiner noch primitiv".

Auch wenn es so ist: Eleonora war keine neue und vielleicht nicht einmal eine große Dichterin, aber der Mechanismus (kann ich ihn als „sadistisch" bezeichnen?), mit dem der große neapolitanische Kritiker die Dichterinnen (die Zani und auch die Fonseca Pimentel) zuerst entdeckt oder wiederentdeckt und dann zerstört, ist seltsam. Geheimnisse der männlichen Seele! Jedenfalls, wenn den Meister, wie es sein heiliges Recht ist, die Literatur mehr interessiert als die Frau, die Dichterin mehr als die Revolutionärin (vielmehr war es bei Eleonora eine offensichtliche Ausnahme, legitimiert durch den Patriotismus des Historikers des Risorgimento), ist das, was uns an der Persönlichkeit der Pimentel einnimmt (wohlgemerkt am Ende des Buches), eher der mühsame Prozeß der intellektuellen Frau an der Schwelle der industriellen Revolution, die sich zuerst *emanzipiert* und erst dann ein politisches Bewußtsein erwirbt.

Eleonora wird im Jahre 1752 in Rom als Tochter eines adeligen portugiesischen Ehepaars geboren; als Kind übersiedelt sie mit den Eltern nach Neapel, ist hier als Sechzehnjährige bereits Mitglied der Accademia dei Filateti und tritt dann der Arcadia bei. Sie schreibt Gedichte wie alle Adeligen ihrer Zeit und befaßt sich außer mit Literatur auch mit wissenschaftlichen, juristischen und ökonomischen Studien. Sie plant eine öffentliche Bank, die den Armen ohne Wucher Geld leihen soll, und entwirft einen *Plan für die Erziehung junger Mädchen*. Sie übersetzt (aus dem Lateinischen) und kommentiert eine Dissertation von Nicola Caravita gegen die Ansprüche des Päpstlichen Hofes gegenüber dem Königreich von Neapel (und offenbar wird sich jemand finden – in diesem Falle der Attaché der Apostolischen Nuntiatur in Neapel –, der den Verdacht hegt, daß das Buch, „wenn man auch eine Frau aufscheinen lasse, zur Gänze vom bekannten Abt Cestari stammt, der zusammen mit anderen die Konversationsstunden mit dieser literarischen Dichterin besucht").

Sicherlich mag Eleonora von 1767, als sie für die Hochzeit von Ferdinand und Maria Carolina ein Hochzeitsgedicht schreibt, bis 1790 (dem Datum, an dem ihre Übersetzung des Caravita erscheint) einem oberflächlichen Beobachter als dieselbe erscheinen: eben als eine harmlose literarische Dichterin und, wie alle ihresgleichen in jenen Jahren (auch ihre männlichen Kollegen), als eine glühende Monarchistin. Harold Acton unterstellt spöttisch, daß auch sie bei den „Lobhudlern" der San Leucio-Kolonie war, welche die von Ferdinand IV. vorgeschlagenen Gesetze als „eine Rückkehr zu einem imaginären Goldenen Zeitalter" erachteten: Aber der marxistische *Traum einer Sache* schwankt immer (und fast drei Jahrhunderte historischer Erfahrung beweisen dies jetzt) zwischen der „Rationalität" einer guten Reform und dem *Absoluten* der Utopie. Warum gibt man gerade Eleonora die Schuld? „Wenn man die Rhapsodien im Stile Metastasios der Eleonora Pimentel oder die Dithyramben des Luigi Serio liest (...), merkt man, daß niemand hätte voraussehen können, daß sie später die glühendsten Verleumder des Königs werden sollten (...)". Niemand zweifellos (in Anbetracht von Eleonora), weil es damals wie auch heute niemand genügend ernst nimmt, sich für das *Privatleben* einer Frau zu interessieren, deren Name mit dem Bleistift an den Rand der Geschichte geschrieben steht.

Denn während Eleonora, wie uns der Autor der *Bourbonen* sorgsam mitteilt, „eine Reihe von Sonetten zur Feier der Geburten der königlichen Kinder" schrieb, hatte sie selbst zwei Fehlgeburten wegen der Fußtritte, die ihr ihr Gatte, pünktlich wie eine Uhr, jedesmal in den Leib verpaßte, wenn er wußte, daß sie schwanger war. Es ist nicht so, daß der brutale und cholerische

Hauptmann Tria de Solis, Offizier der Armee Ihrer Majestät, keine Kinder gewollt hätte; im Gegenteil, er wollte viele Kinder, und gesunde, und daher konnte er nicht gestatten, daß die Mutter sie schon in ihrem Schoß dadurch vergiftete, daß sie ihr Gehirn durch Lesen und Schreiben anstrengte, wo sie doch nur „hübsche Wäsche für die erwarteten Kinder sticken" sollte. Nach der zweiten Fehlgeburt verlangte Eleonora fest und furchtlos die kirchliche Annullierung der Ehe; in einer freizügigen, jedoch bigotten Gesellschaft wie jener des neapolitanischen Adels war ihre Geste (ihr Mut) skandalös; der Prozeß, der vor der Nuntiatur von Neapel verhandelt wurde, war lang und demütigend (nicht mehr und nicht weniger als die modernen Prozesse vor der Sacra Rota, die erst durch den neuen Kodex des kanonischen Rechtes so gut als möglich in Konkurrenz mit der endlich in die italienische Gesetzgebung eingeführten Scheidung vereinfacht und verkürzt wurden).

Damals begann im Herzen der jungen Frau die Revolte gegen die Kirche zu gären, was später zur deutlichen Abneigung der Intellektuellen gegen deren Übermacht werden sollte. Also keine Beständigkeit der monarchistischen Gefühle! Aber ein oberflächlicher Beobachter – oder ein „seriöser" oder „wissenschaftlicher" – wie könnte er dies verstehen? Eine Monarchistin mit fünfzehn Jahren (so alt war sie bei der Hochzeit Maria Carolinas) und eine Monarchistin mit achtunddreißig (als sie das Werk Caravitas veröffentlichte), und dann plötzlich – wird das die Menopause gewesen sein? – eine Jakobinerin und Revolutionärin in einem solchen Ausmaß, daß sie mitten auf dem Marktplatz aufgehängt wurde! Versuch', sie zu verstehen, die Frauen.

Eleonora erreichte nach Jahren die Annullierung, doch der Handelsbeauftragte Portugals in Neapel, Herr De Souza, zieht es vor, sie als „ehrsame Witwe" zu bezeichnen, um sie (auf seine Weise!) vor der Anklage des „Revolutionarismus" (man schrieb schon 1798, die Pimentel war schon festgenommen) zu verteidigen.
Übrigens war der wilde Hauptmann „Seinen Majestäten" nach Sizilien vorausgegangen (wohin er geschickt worden war, um eine Festung zu kommandieren) und der furchtsame De Souza konnte seinen, den Familienstand betreffenden Irrtum durch die

Kommunikationsschwierigkeiten in einem bereits aus der Ordnung geratenen Reich rechtfertigen. Sein Brief, aus dem man die Festnahme Eleonoras erfährt, ist jedoch ein solch bewundernswertes Meisterwerk an „diplomatischer Feigheit", daß es verdient, weitgehend zitiert zu werden; der Handelsbeauftragte wurde offenbar von seinem Minister, der wissen will, warum er ihm nicht die Rechtssache einer Frau portugiesischer Herkunft mitgeteilt und sie in ihrem Haus besucht hätte, zum Rapport gerufen.

„Ich habe geglaubt, daß es nicht günstig wäre", beginnt De Souza, „Euer Hochwohlgeboren über die Festnahme einer Frau, der Tochter eines portugiesischen Vaters und einer portugiesischen Mutter, zu informieren, weil ich nicht genau über die Fakten Bescheid wußte. Es handelt sich um Eleonora de Fonseca Pimentel, geboren in Rom: Als Kind kam sie mit der Familie nach Neapel, die sich hier zur Zeit des letzten Bruches des Hofes mit Rom niederließ. Sie ist die Witwe eines Infanteriehauptmannes der Armee Ihrer Sizilianischen Majestät und hat ein außerordentliches Talent und Geschick zur Poesie, ist versiert in Sprachkenntnissen und führt einen äußerst ehrbaren Lebenswandel. Am Morgen des fünften dieses Monats (5. Oktober 1798) wurde sie vom Minister, der im Moment die Funktion des Leiters der Kriminalpolizei hat, in Begleitung eines Offiziers, der Gerichtsbeamten und einer Polizeimannschaft in ihrem Hause überrascht. Es wurde eine genaue Hausdurchsuchung durchgeführt und es geht das Gerücht, daß eine große Menge verdächtiger Korrespondenz gefunden wurde (...). Sie ist daraufhin ins Gefängnis gebracht und ein strenges Verfahren gegen sie eingeleitet worden, da es gegen sie starke Beweise gab. Von all diesen Dingen weiß ich überhaupt nichts, da ich mich darauf beschränkt habe, sie manchmal bei ihr zu Hause zu besuchen, da ich ihrer Familie und ihren Eltern, meinen Landsleuten, seit dem Augenblick meiner Ankunft in Neapel, das ist nun mehr als dreißig Jahre her, in Freundschaft verbunden war. Diese Frau kam mir nie so vor, als ob sie rebellische Gefühle hätte oder simulierte. Ich beschränkte mich nach meinen altgewordenen Gewohnheiten darauf, einige Stunden in ihrem Hause zu verbringen, wo sich immer prominente Personen trafen, mit

welchen Konversation zu pflegen Momente unwiederbringlicher Unterhaltung schenkte.
Niemand in diesem Hause hat, soweit bekannt ist, jemals auch nur den kleinsten Grund gehabt, einen Verdacht über verborgene Intrigen zu hegen; und noch weniger ich, der ich immer zurückgezogen gelebt habe und jetzt absurderweise in den Verdacht schrecklicher Verbrechen verwickelt bin (De Souza wurde in der Tat von Minister del Gallo vorgeladen, um sich wegen Anklagen über eine Komplizenschaft mit Eleonora zu verantworten). In den Tiefen meines Gewissens habe ich mich nur wegen meines natürlichen Mitleids mit einer Unglücklichen, die sich vor meinen Augen immer als eine sehr ehrenwerte und hochstehende Person gezeigt hat, zu beschuldigen (...)".

Dem Marchese del Gallo, der ihn zum Rapport gerufen hatte, mußte der arme De Souza dann auch jenen „kompromittierenden Brief" erklären, den ihm Eleonora aus dem Kerker geschrieben hat. In dem Brief bat ihn die neapolitanische Revolutionärin, gefährliche Bücher aus ihrem Hause verschwinden zu lassen und den Freunden zu sagen, daß sie sie nicht verraten würde; außerdem bat sie ihn, ihr Wäsche und andere Gegenstände für den täglichen Gebrauch zu schicken. De Souza beteuerte Gallo gegenüber, daß er die Annahme dieses Schreibens ohne es auch nur zu öffnen verweigert habe, und daß die einzigen Briefe, die er von der Pimentel angenommen habe, harmlose Briefe an ihren Onkel und einen Cousin in Malta wären, beide sehr angesehene, über jeden Verdacht erhabene Personen.

Dieser Cousin ist vielleicht die einzige Liebe Eleonoras. Als sie erst vierundzwanzig Jahre alt war (und kaum getrennt vom Ungeheuer, das ihr Mann war), richtete Eleonora an ihn, ihren geheimnisvollen Cousin, ein kleines Scherzgedicht im Geschmack ihrer Zeit:

„Cousin, seit zwei Monaten schreibt Ihr nicht,
und dies ist bei Euch ungewöhnlich.
Vielleicht habt Ihr von Malta schon
den Dunst um den Kopf und den Katarrh?
Cousin, und doch kennt Ihr mich, daß,
wenn in mir ein bißchen Wildheit

mit stechenden Strahlen zum Gewitter wird,
Ihr Rhodos und Smyrna verschwinden sehen werdet (...)".

Lebhaft, brillant oder, wie sie sich selbst bezeichnet, prickelnd war Eleonora geboren, um zu leben und nicht, um zu überleben: Ihre sofortige Trennung vom Hauptmann Tria de Solis und ihre Konfrontation mit dem kirchlichen Prozeß zur Annullierung der Ehe war die von ihr mutig durchgeführte *Emanzipation der Frau, die politische Emanzipation* sollte ihre natürliche Folge sein.

Als im Jahre 1792 der Franzose Latouche als Kommandeur der republikanischen Flotte mit seinen Schiffen im Hafen von Neapel einlief, befand sich Eleonora auf einem der „Boote" (wie Harold Acton mißbilligend anmerkt), die „rings um die Neuankömmlinge, die fraternisierungswütige Jakobiner mitbrachten, auf und ab schaukelten". Die Revolution des Jahres 1798 sollte sie für immer (so wie sie sich vorher einfangen hatte lassen) den harmlosen literarischen Koketterien der Arcadia entziehen; zum Unterschied von den anderen zu Revolutionären gewordenen Aristokraten mischte sich Eleonora jedoch unter das Volk, sie kannte seine Stimmungen, sie analysierte den aus dem Bauch kommenden „Monarchismus" der *Lazzari* als Frucht des Elends und der Unwissenheit, die besonders von der Kirche bei den Massen kultiviert wurde. Zu dieser Zeit wimmelte Neapel von Predigern, die von der Kanzel und auf den Plätzen gegen die „aus Paris kommenden Ungläubigen" wetterten und die Flammen der Hölle all denen versprachen, die sich ihnen auch nur näherten. Und Eleonora ging in die Kirchen, um zuzuhören, ihre schöne, dunkle und entschlossene Gestalt in den Umhang der Frauen des Volkes gehüllt, und antwortete den Predigern sarkastisch. Oder aber, da sie eine schöne Altstimme hatte und Mandoline spielen konnte, ging sie auf die Plätze, wo Erwachsene und Kinder hinliefen, um das Theater der Pulcinella zu sehen, und improvisierte Freiheitsballaden im neapolitanischen Dialekt. Als sie sie am 20. August 1799 hängten, werden die wilden Volksverse, die an das Ereignis erinnern, sagen:

„Hier kam Donna Lionora,
die paarweise und zu dritt tanzte
und nun als Verräterin mitten auf dem Marktplatz tanzt
mit dem Kopf nach unten (...)".

Nein, Eleonora war es nicht gelungen, das Volk, das sie liebte, zu erobern. Und wie hätte dies eine intellektuelle Frau, getrennt vom Gatten, revoltierend gegen die Kirche und in jedem Sinne eine „Verräterin" der verfassungsmäßigen Ordnung, deren Übertretung seitens einer Frau sogar noch heute vom Proletariat nur ungern verziehen wird, tun können?

25. Januar 1799: Der König ist geflohen, die Parthenopeische Republik wird geboren, aber leider gegen das Volk. Marx sollte fünfzig Jahre später die *Lazzari* „Lumpenproletariat" nennen, sie, die sich verraten und vom König den Händen des vorrückenden französischen Heeres überlassen fühlten und selbst die Verteidigung der Stadt übernahmen.

Nachdem sie sich der Waffen der zusammenbrechenden napoleonischen Truppen bemächtigt hatten, besetzten die *Lazzari* die strategischen Punkte der Hauptstadt: das Castel Nuovo (Maschio Angioino), Castel dell'Ovo und Sant'Elmo. Die revoltierende Menge stellte Kanonen in Capodichino, Capodimonte und auf der Maddalena-Brücke auf. Priester und Mönche mit dem Kruzifix in der Hand segneten die Gewehre und hetzten zum Massaker an den französischen Ketzern und den jakobinischen Verrätern auf. Jeder, der mit kurzem Haar und seltsamen (nicht „herrschaftsgemäß", auch wenn man ein „Herr" war) Kleidern herumging, riskierte, massakriert zu werden, und viele wurden es. Acton selbst schreibt: „Die Menge drang in den Palast des Herzogs von Torre ein, dessen Barbier das Gerücht verbreitet hatte, daß er mit dem Feind in Verbindung stehe. Das Haus, das eine sehr große Bibliothek enthielt (Palazzo Filomarino, das der Wohnsitz von Benedetto Croce werden sollte), wurde von oben bis unten geplündert; der sich passiv verhaltende Herzog und sein Bruder, Don Clemente Filomarino, wurden an Stühle gebunden, umgebracht und ihre Körper verbrannt. Dies war eine der vielen Gewalttaten, welche diejenigen, die noch das Gesetz respektierten, dazu brachten, sich die Ankunft der Franzosen herbeizuwünschen, damit die Ordnung wiederhergestellt würde, da dies niemand anderer tun konnte".

Dies ist vielleicht der Grund, warum der Prinz von Moliterno und der Herzog von Roccaromana, die die *Lazzari* durch Akklamation als Kommandanten der neuen antifranzösischen Volksarmee gewählt hatten, auf die Seite der Republikaner hinüberwechselten. Oder gehörten auch sie insgeheim jener Gruppe von Adeligen an, die zusammen mit den Intellektuellen, den gebildeten Bürgern und den Studenten mit dem ganzen leidenschaftlichen und rationalen Schwung der Utopie die drei nunmehr mythischen Worte der Botschaft der französischen Revolution, *„Liberte – Egalite – Fraternite"*, ins Neapolitanische übersetzen wollten?

Als Mann verkleidet, ist auch Eleonora bei den Verschwörern, denen es in der Nacht vom 20. auf den 21. Januar gelingt, ins Castel Sant'Elmo einzudringen. Mit einer List, gewiß: Sie schikken Nicola Caracciolo, den Bruder des Herzogs von Roccaromana, voraus, der behauptet, zusammen mit einer Gruppe anderer Adeliger, Feinde Frankreichs, gekommen zu sein, um dem Volk zu Hilfe zu eilen, während Moliterno und Roccaromana ihrerseits die neapolitanischen Massen in die Kathedrale zur Besichtigung des Wunders von San Gennaro eskortierten. Am 21. Januar weht die französische Fahne auf der Festung von Sant'Elmo, und Championnet zog, von einem als Eremiten verkleideten Patrioten benachrichtigt, in Neapel ein. Laut Stendhal sagte er zu den vierundzwanzig Mitgliedern der provisorischen Regierung: „Frankreich, das Neapel mit Waffengewalt erobert hat, schenkt es wegen der Desertion des Königs den Neapolitanern, zusammen mit der Freiheit und der Unabhängigkeit". Der Bürgerkrieg auf den Straßen dauerte noch drei Tage. Schließlich hatte Championnet die Idee, die Volkswut auf den Königspalast zu lenken! Er öffnete ihn einfach zur Plünderung ... Inzwischen bildete er eine Ehrenwache für San Gennaro und wiederholte gegenüber den Neapolitanern, daß „eure Freiheit die einzige Entschädigung ist, welche Frankreich von euch wünscht (...)". Und fügte hinzu: „Von diesem Augenblick an nimmt die französische Armee den Namen Neapolitanische Armee an und schwört feierlich, eure Rechte zu unterstützen und euch eure Freiheit mit Waffengewalt zu erhalten".

Die neue Fahne der Parthenopeischen Republik war gelb, rot und blau. Überallhin wurden Freiheitsbäume gebracht, und der Klerus war bei den Zeremonien anwesend und versicherte seine Treue gegenüber der Republik. „Drei Tage nach dem Einzug der

Franzosen in Neapel", schreibt der Maler Hackert in sein Tagebuch, „waren alle *Lazzari* zu Lämmern geworden."

„Persönlich", schreibt H. Acton, „war Championnet der mitleidigste der französischen Generäle und ehrlich mit seinem Wunsch, Neapel die Freiheit zu bringen (...). Aber er war vor allem ein Franzose und wußte, was seine Regierung von ihm erwartete. Er verlangte von der Hauptstadt eine Entschädigung in der Höhe von zwei Millionen Dukaten (...)". Die provisorische Regierung reagierte, indem sie den „Bürger General" daran erinnerte, daß er weder „Eroberer" wäre noch daß die Neapolitaner von einem Heer erobert wurden, dessen „schwache Bataillons nicht ausreichten, diese große Stadt zu unterwerfen und sie auch nicht ohne die Hilfe der Patrioten halten könnten (...)".

Die Regierung bereitete eine Verfassung vor, reformierte den Kalender nach dem Modell des französischen, setzte das Recht der Erstgeburt (und hier entstanden die ersten Gegensätze mit den Aristokraten) und den Zehnten an die Kirche ab. Aber die Lücke zwischen den Intellektuellen und den Massen konnte nicht in einem einzigen Augenblick gefüllt werden. „Die republikanische Regierung", schreibt Stendhal, „existierte in Wirklichkeit nur in Neapel und in einigen von der Hauptstadt protegierten Provinzen. Der Enthusiasmus erreichte seinen Höhepunkt bei allen, die lesen konnten (...)". Eben, nur bei ihnen. Eleonora de Fonseca Pimentel war die einzige, die sich deshalb Sorgen machte: Es war ihr die Leitung der ersten Tageszeitung von Neapel (das bis dahin keine Zeitungen hatte) anvertraut worden, und im *Monitore Repubblicano* (das ist der Name der Zeitung) rief sie weiter die Ihren dazu auf, sich dem Volke verständlich zu machen: „Das Volk mißtraut den Patrioten", schrieb sie, „weil es sie nicht versteht (...)". Sie versuchte, einige Artikel im Dialekt zu schreiben, doch es mußte bei den *Lazzari* jemand gefunden werden, der sie zumindest lesen konnte.

Villa Palagonia in Palermo
Maria Carolina und Emma Lyons

Inzwischen machte in Palermo Lady Hamilton, die sich in der märchenhaften Villa Palagonia mit Admiral Nelson und dem

nunmehr altersschwachen Botschafter befand („eine grünspanfarbene Mumie, die sich bewegt“, bemerkte eine geistreiche Dame, die bei ihnen zu Gast war), der machtlosen und wegen der Nachrichten aus Neapel wütenden Königin Mut. Die politische Verschwörung, und es war eine, fand an einem Ort statt, eben in der nun zu beschreibenden Villa. Hören wir Felicita Alliata die Villafranca, die diesen Ort wieder ins Leben ruft, jenen „phantastischen Traum, den man Alptraum nennen kann, umso mehr, als heute (die Alliata schreibt im Jahre 1948) nur mehr Monstren davon übrig sind!“. Und sie fährt fort: „Die Villa Palagonia inspirierte und entsetzte Wolfgang Goethe im Frühjahr des Jahres 1787. Viele andere Schriftsteller sprechen davon: Brydone, Riedesel, Honel, De Saint-Non (...). Rezzonico beschreibt sie so: 'Es sieht aus wie das Schloß Circes oder irgendeiner anderen Zauberin, die mit Lemuren, Larven und Schmetterlingen die Loggien, Dächer, Bögen und Alleen bevölkert und so die Pilger mit seltsamen Höllenspielen und grotesken, in Paaren oder Gruppen erscheinenden Menschen, Tieren und Ungeheuern erschrecken und verzaubern will (...)'. Und Palmieri di Micciche: '(...) Wenn du die Kraft hast, dies auszuhalten, siehst du einen Mann, der auf zwei Köpfen und einem Fuß geht und ein Auge auf dem Hals hat (...), siehst du einen Stierkopf auf dem Körper eines Menschen mit einem Fischschwanz (...)'.
Der verrückte Ferdinand, Prinz von Palagonia, der Schöpfer all dieser schrecklichen Dinge, sagte, 'daß nur er auf der Welt die Fähigkeit hätte, die Schöpfung der Tiere, die von Gott, Unserem Herrn, unvollständig gelassen wurde, zu ergänzen'.
Die Legende berichtet, daß all diese Ungeheuer Karikaturen von Persönlichkeiten dieser Zeit waren (...). Fast alle scheinen Mitglieder eines großen Orchesters zu sein und halten und spielen phantastische Instrumente (...)“.

Felicita Alliata schreibt weiter: „Ich kann mich erinnern, wie ich mich als Kind freute, wenn ich die Salons der Villa Palagonia besichtigen durfte, die nicht alle geschmackvoll sind, aber phantastisch in ihrem Barock und den Überresten von so viel Prunk. Die Gewölbe von einigen waren mit Spiegeln verkleidet (...). Im Hauptsalon hingen – und ich glaube, hängen noch immer – Porträts von großem Wert; aus den Gesimsen ragten halbe Figuren aus verschieden gefärbten Marmorarten hervor, die Stoffe und Brokate imitierten (...). Ich verlor mich bei den Perücken (...). An Möbeln gab es nur entlang der Wände Diwane und Fauteuils in rotgoldenem Brokatsamt, gerahmt in Achatsteinverzierungen aus vergoldetem Kupfer (...). Es gab und gibt vielleicht noch ein längliches Vestibül mit sehr großen schönen Fenstern, die gebogen aus der Fassade herausragten und dessen Wände wunderbar feine Reliefs in einem eleganten Rokoko aufwiesen; hier gab es kleine Konsolen, auf denen früher einmal Gruppen aus Meißner Porzellan standen, wo Teller zwischen den Verzierungen aufgehängt waren (...), einige grandiose Konsolen mit vergoldeten Reliefs und Voluten waren noch auf ihrem Platz (...). In der langen, bogenförmig überdachten Allee mußten sich zahlreiche Statuen und Brunnen in den Reihen der trockenen Zypressen befinden (...). Viele Statuen und wertvolle Marmorgegenstände sind seit geraumer Zeit ausgewandert (...), so legendäre Reichtümer wie z.B. eine Toilettengarnitur aus massivem Gold, über die ich in meiner Jugend die Alten schwärmen hörte (...)".

Mit Hilfe jener „Toilettengarnitur", von der bis heute die Erinnerung von Frau zu Frau überliefert worden ist und die Lady Hamilton gehörte, finden wir uns und auch die schöne Abenteurerin in der ironischen Aussage eines ihrer Gäste (und Landsleute) im Jahre 1799 wieder: „Unsere Vorstellung bei der bezaubernden Emma, Lady Hamilton, war etwas zeremoniös und mit einem bemerkenswerten szenischen Effekt vorbereitet. Wir hatten uns schon vor Minuten hingesetzt (...), als der Cavaliere sich zurückzog, jedoch kurz danach wieder eintrat, an seinen Arm oder besser an seine Schulter gelehnt die interessante Melpomene, deren rabenschwarze Zöpfe um ihre rundliche Figur und ihren großen Busen wogten. Was für ein Modell für eine römische Matrone wäre sie gewesen! Aber leider ging es der armen Emma gar nicht gut: Sie starb, sagte man, aus Schmerz über den Verlust ihres geliebten Neapel! Und doch überwogen auf ihren Wangen die Rosen vor den Lilien und berechtigten zur Annahme, daß der Schmerz nicht tödlich war (...). Sie begann, leise zu sprechen, breitete vor uns

einen ganzen Katalog ihrer Kümmernisse aus und bedauerte ihre arme Königin (...). Wir waren zum Essen eingeladen, während es der Dame leid tat, uns nicht in ihr 'kleines Haus' (einen Palast mit mindestens fünfzig Zimmern) einladen zu können (...). Der Held vom Nil näherte sich aus einer Ecke, wo er geschrieben hatte (...). Ich beobachtete, daß zwischen ihm und seiner Freundin ein paar sehr bezeichnende Blicke hin und her gingen (...)". Später „wurde ein Ausländer gemeldet, der ein Telegramm vom russischen Kaiser brachte, der Bote war ein Türke. Lady Hamilton riet Lord Nelson mit ihrem üblichen Taktgefühl, sich, um ihn zu empfangen, einen Pelz anzuziehen und den Zweispitz mit der *Aigrette* aufzusetzen (...). Der Muselmane trat ein; sobald er das Kostüm des Admirals sah, warf er sich zu Boden, machte den großen 'Salam', und dies war genau die von der Botschafterin vorgesehene Szene, welche sie mit theatralischem Effekt vorbereitet hatte (...). Lady Hamilton kokettierte mit Hilfe eines der Botschaft angehörenden griechischen Dolmetschers die ganze Zeit mit dem Türken, einem rohen und wilden Ungeheuer (...). Das einzige Vorkommnis während des Essens, das einer Erinnerung wert ist, war, daß sich dieser Krieger mit Rum einen Rausch antrank (...). Dieses Ungeheuer, das den Ehrenplatz an der Seite Lady Hamiltons einnahm, unterhielt sie mit der Erzählung seiner Heldentaten: 'Mit dieser Waffe', sagte er und zog den Säbel, 'habe ich zwanzig französischen Gefangenen an einem einzigen Tag den Kopf abgeschlagen! Seht her, da ist noch Blut darauf (...)'. Als dies übersetzt worden war, funkelten die Augen der Dame vor Vergnügen und sie sagte: 'Oh, lassen Sie mich das Schwert, das eine solch ruhmreiche Mission vollendet hat, genau betrachten!'.
Das Schwert wurde ihr gezeigt, sie nahm es in ihre schönen, mit Ringen über und über geschmückten Hände und, als sie das darauf getrocknete Jakobinerblut betrachtete, küßte sie es und reichte es an den Helden vom Nil weiter!". Zum Abschluß bemerkt der Erzähler: „Man muß Mitleid haben mit dem armen Nelson! Kein anderer Mann wurde jemals so beschwindelt und getäuscht!".

Also, nun sind wir am richtigen Punkt angelangt: Emma, die Blutrünstige, die die großen Männer überlistet und blendet und sie ganz verworfen macht.

„Die Schauspielerin in ihr", schreibt H. Acton, „hinderte sie daran, nur eine einfache Zuschauerin zu bleiben, so sehr, daß sie eine besondere Befriedigung dabei empfand, wenn sie eine neue Rolle spielte (...)". Aber war es nicht eine Rolle, in welche die Ex-Proletarierin schlüpfte, um ihrer Königin wirklich „blindlings" zu dienen?

Türken, Russen und in erster Linie „der Held vom Nil", alles mußte versucht werden, um die Falten der Frau mit königlichem Blut zu glätten, die sie auserwählt hatte. (Viele Jahre später, alt und völlig verschuldet, brachte sie, ihre Besessenheit, sich mit der angebeteten Maria Carolina zu identifizieren, dazu, zu behaupten, daß Horatia, die Tochter, die sie selbst von Lord Nelson bekam, von Maria Carolina von Österreich, der Königin von Neapel, zur Welt gebracht worden wäre!)

Und Maria Carolina, die Mut gefaßt hatte, schrieb: „Die Russen versprechen uns fünfzehntausend Soldaten, die Türken werden uns genauso viele schicken, und zwar in Kürze. Die englischen Flotte (lies: Nelson) wird uns ihre Ausschiffung erleichtern (...)". Vom Lande her kam hingegen eine seltsame Persönlichkeit, Kardinal Ruffo, ein kalabrischer Fürst, der, wie Stendhal schreibt, „das einzige Gehirn der monarchistischen Partei war und, als er sich in Reggio Calabria (genaugenommen in Punta Pezzo an der Meerenge von Messina) ausschiffte, nicht einen Augenblick verlor, um einen Feldzug gegen die neapolitanische Republik zu organisieren".

Das christliche Heer des Heiligen Glaubens (so hatte der Kardinal die durch grundlegende Bedürfnisse motivierte und in Aberglauben und Unwissenheit gehaltene Ansammlung von Menschen getauft, aus der sich später das Brigantentum des Südens ableiten sollte) war immer am Rande der Meuterei, doch Ruffo „gelang es aus reiner Charakterstärke, auf sie einen außerordentlichen Einfluß auszuüben und er erreichte ein fast magisches Prestige (...)". Die Königin regte ihn aus Palermo an: „Ich höre, wieviel Eure Exzellenz für uns tut, so mutig, standhaft und intelligent, und ich weine vor Verzweiflung darüber, daß ich Euch Neapel nicht vor unserer Abreise anvertraut habe (...). Man kann wirklich sagen, daß Sie Wunder vollbringen (...). Aus dem Nichts schaffen: Das ist es, was Eure Exzellenz mit Seiner kleinen Armee gemacht hat (...)".

Inzwischen, in der Parthenopeischen Republik ...

Marktplatz in Neapel
Eleonora de Fonseca Pimentel

Die Franzosen, die von den Österreichern zur Verteidigung der Lombardei gerufen worden waren, bereiteten sich darauf vor, Neapel zu verlassen. „Ein elementares Gefühl der Menschlichkeit", bemerkt Stendhal, „hätte sie dazu bringen müssen, die neapolitanischen Patrioten darauf aufmerksam zu machen, daß sie bald allein sein würden und ihnen die Mittel zur Verteidigung zu geben. Nichts von alldem: Als die Regierung der Republik eine Delegation zu Abrial, den das Directoire vertretenden Kommissar, der bereits nach Capua übersiedelt war, schickte, um zu erfahren, welche Absichten die Franzosen hätten, rief letzterer aus: 'Euch verlassen, wir? (...) Unsere treuen republikanischen Freunde verlassen? Eher werde ich Euch einzeln auf meinen Schultern in Sicherheit bringen!'"
Und er machte die Geste des frommen Äneas. „Diese Worte", sagt schließlich der französische Schriftsteller streng, „haben die Zivilisation des Königreiches von Neapel um mindestens dreißig Jahre verzögert".

Vielleicht ist da eine Spitze paternalistischen Chauvinismus' in der Überlegung Stendhals (die Revolutionen, heute wissen wir das besser als früher, werden nicht exportiert; niemand kann irgendwem die Freiheit „schenken", weder Völker untereinander noch Einzelpersonen). Aber es ist sicher, daß die Parthenopeische Republik damals sich selbst überlassen wurde, ausgeliefert ihren internen Feinden und denjenigen jeglichen Kalibers, die von außen Druck ausübten: von den Türken bis zu den Briganten des Kardinals.

„Die Demokratie und die wahre Freiheit machen die Menschen

gut, nachsichtig, liebevoll und großherzig", schrieb Eleonora glühend im *Monitore Repubblicano.* Aber die Tage der Republik waren gezählt, und es ist sicherlich leicht, wie Harold Acton über die naiven Anstrengungen der Republikaner Neapels sagt, für sich eine Demokratie und eine Freiheit zu erfinden, wonach die Massen nicht einmal den Wunsch verspüren konnten, den sie noch niemals gekannt hatten und der ein Gefühl für die eigene menschliche und zivile Würde voraussetzte, das ihnen bis zu diesem Moment niemand anerzogen hatte. „Über die Tatsache hinaus, zu versuchen, den ungläubigen und unbekümmerten *Lazzari* gewaltsam den Begriff der Menschenwürde und der Tugend der republikanischen Idee einzuschärfen", schreibt Acton dann, „erfinden sie täglich neue Reglements (...). Eleonora Pimentel schlug vor, daß die volkstümlichen Marionettenvorführungen republikanische Themen wählen und patriotische Hymnen singen sollten und protestierte (mit Recht), als auf der Bühne des San Carlo dressierte Pferde vorgeführt wurden. Das Theater soll ein rein erzieherisches sein: Die Tragödien des Alfieri wurden besonders studiert, die Türen eines Theaters nach einer Vorstellung des Aristodemus del Monti zugemauert, der des Antipatriotismus geziehen wurde (...)".

Die lebhafte, ironische Eleonora, von der Revolution in eine Art unersättliche Person verwandelt? Sicher, die Republik war im Umsturz begriffen und eine Regierung von „Intellektuellen" lancierte Aufrufe, damit das Volk ins Theater käme, um einer Tragödie des Alfieri, *Timoleone,* zu lauschen: „Patrioten von Neapel", besagte das Manifest, „kommt zahlreich, um eure Herzen zu stärken und eure Energien zu erneuern! Um es euch zu erleichtern, bietet der Direktor des Theaters euch allen heute Abend, den 24. Mai, freien Eintritt; diejenigen, welche zu zahlen wünschen, werden ihren bedürftigen Brüdern helfen, unter die die Summe verteilt wird. Bürger, die ihr euer Land liebt, bringt Künstler, Verwandte, Freunde! Es wird eine eurer würdige Aktion sein".

„Trotz des *Timoleone,* trotz Eleonora Pimentel (die beste und intelligenteste aller Patrioten, eine glühende Idealistin mit sehr wenig Erfahrung, was Männer anbelangt), trotz der Mönche, die auf die Straßen geschickt wurden, um Freiheit zu predigen, fühlte das

Volk, daß die Regierung heuchlerisch war (...)", schreibt Harold Acton.

Der *Monitore Repubblicano* erschien unerschrocken weiter. Und Eleonora gab zu: „Zermürbt von den ungleichen Kämpfen ist die republikanische Blüte der Jugend als Opfer mörderischer Rebellen gestorben (...)". Die Episoden der Gewalt griffen auf den Straßen Neapels um sich, aber der Paroxysmus der Utopie, der im Temperament jener außergewöhnlichen Frau nicht die festlichen Farben verloren hatte, veranlaßte sie dazu, das marxistische „Reich des Glückes" so zu beschreiben, als ob es schon wirksam wäre. „Sonntag abend sangen sie den 'Sieg der Franzosen' im Nationaltheater, und es gab einen Ball im Teatro Fondo, für den der Eintrittspreis von fünf auf drei Carlini herabgesetzt wurde, um dem Volk die Teilnahme daran zu ermöglichen (...)".

Doch das Heer Ruffos lag schon vor den Toren, verstärkt durch Russen und Türken, während die englische Flotte vor den Inseln kreuzte. „Die Patrioten", schreibt Stendhal, „flüchteten in die Festungen. Jene von Vigliena in der Nähe der Maddalena-Brücke, die von den Medizinstudenten verteidigt wurde, fiel als erste. Als die Sieger hereinkamen, schlachteten sie die Studenten – einen nach dem anderen – ab. Aber die letzten wollten vor ihrem Untergang einen ruhmreichen Tod: Sie zündeten das Pulver, und vierhundert Royalisten und alle Patrioten mit Ausnahme von zweien starben durch die Explosion." Acton erzählt seinerseits: „Die wegen des ununterbrochenen Beschusses der Schlösser halb verhungerte und verbitterte Bevölkerung war so entfesselt wie eine Horde aus den Käfigen entkommener Tiger und betrachtete alle Jakobiner als ihre Beute (...). Die Opfer wurden entkleidet, es wurden ihnen die Gliedmaßen abgehackt, ihr Fleisch gebraten und verschlungen (...). Die Damen, die Sympathien für die Republikaner gezeigt hatten, wurden auf der Straße verfolgt und auf schändliche Weise beschimpft; einige wurden ausgezogen, um zu sehen, ob auf ihren Körpern der Baum der Freiheit eintätowiert war (...)". Die Gemetzel entsetzten sogar Kardinal Ruffo selbst, der Lord Acton schrieb: „Sie haben mir bis jetzt 1.300 Jakobiner gebracht, von denen ich nicht weiß, wie ich sie in sicherem Gewahrsam halten soll (...). Davon haben sie in meiner Gegenwart mindestens 50 niedergemetzelt und 200 verletzt, ohne daß ich sie daran hätte hindern können. Als sie sahen, daß ich von diesem Schauspiel entsetzt war, trösteten sie mich, indem sie mir sagten, daß die Toten wirklich Oberschurken wären und die Verletzten entschiedene Feinde der menschlichen Rasse, überhaupt, daß das Volk sie sehr wohl gekannt hätte. Ich hoffe, daß dies wahr ist, und so beruhige ich mich ein bißchen (...). In der Zwischenzeit rauben und plündern ungestraft alle, auch die Emigranten, die gekommen sind, um für den König zu kämpfen, und achtzig verfluchte Türken (...)". Und der Kardinal schloß: „Ich weiß nicht, wie die Bedingungen (des Waffenstillstandes) sein werden, aber sicherlich sehr milde, aus tausend Gründen (...)".

Doch die Königin – und genau wie sie der König – hetzten ihre „Retter" dazu auf, kein Mitleid zu haben: „Der König verhandelt nicht mit den rebellischen Untergebenen", ein historischer Satz, auch wenn man nicht genau weiß, ob ihn Ferdinand ausgesprochen hat oder der feine Sir Hamilton. Was die Königin betrifft, schrieb sie eine Unmenge Briefe. „Neapel rebelliert und seine undankbaren Bürger dürfen keine Bedingungen stellen; die Ordnung muß wiederhergestellt werden in dieser monströsen Stadt, zum Beispiel, indem man die Getreuen belohnt und die Bösen bestraft"; oder aber: „Man wird kein Mitleid brauchen, und es wird notwendig sein, zu verjagen und zu zerstören, zu vernichten und zu deportieren (...)"; und auch: „Weder Waffenstillstand noch Pardon noch Bedingungen für die verbrecherischen Neapolitaner: Tod für die Anführer, Deportation für die anderen. Man muß das Land von dieser Infektion reinigen"; schließlich: „Keine Verhandlung mit unsererern rebellischen Vasallen!".
Am 24. Juni lief das Schiff von Lord Nelson mit Lady Hamilton und dem Botschafter, ihrem Mann, an Bord feierlich im Hafen von Neapel ein. Emma war von der Königin mit der gewissenhaftesten Wachsamkeit, „daß Gerechtigkeit geübt werde (...)", betraut worden. Und schon am 25. Juni schreibt sie ihr: „(...) Es ist unmöglich für mich, einen solchen Haufen rebellischer Plebs mit Milde zu behandeln (...). Die Rebellen müssen die Waffen abgeben und auf Wunsch des Königs fortgehen; dann müssen wir meiner Meinung nach mit den Anführern ein Exempel statu-

ieren (...). Man wird davon genau Notiz nehmen, und dabei sein werden die Gemeindeverwaltung, die Bandenanführer, die Klubmitglieder und die wildesten Schmierer (...). Dasselbe müßte man mit den Frauen machen, die sich während der Revolution kompromittiert haben, und all dies ohne Mitleid".

Schmiererin und Frau – und ein Umstand erschwert den anderen –, auch das Schicksal Eleonoras war besiegelt. Durch zwei andere Frauen. Hat also Harold Acton recht, wenn er sagt, daß der Verrat der Kapitulationsübereinkommen vom 26. Juni 1799 zwischen Kardinal Ruffo und dem englischen Admiral Foote einerseits und den Patrioten und Franzosen andererseits mit dem üblichen *cherchez la femme* der Geschichte erklärt werden kann? „*Cherchez la femme*", schreibt der englische Autor, „ja, in diesem Fall sogar *les deux femmes*: Die Königin, besessen von der Revolution, und die luxuriöse Hofdame, die Botschafterin geworden war; alle beide mit einem unterschiedlichen Grad an Charme. Aber es war vor allem dank der Leidenschaft Nelsons für die Botschafterin, daß so bedauerliche Vorfälle passiert sind. Die wollüstige Nähe Emmas wirkte sich auf ihn aus wie eine hinterlistige Suggestion, sodaß er ehrlich von der Billigung durch Gott überzeugt war." Die schmeichelhafte Freundschaft der Königin und die Anbetung eines berühmten Helden hatten Emma exaltiert gemacht und in schwindelerregende Höhen versetzt. Sicherlich kann nicht der ganze „Verdienst" der wilden Repression von 1799 der zarten und morbiden Verwicklung von Gefühlen (jeglicher Art) zwischen Emma, Nelson und Maria Carolina zugeschrieben werden. Das Volk der *Lazzari* sowie das anarchistische Heer des Kardinal Ruffo, verstärkt durch die „verfluchten Türken", hatten schon ihren Teil geleistet, und der wilde Lärm des Volkes, der die *Hinrichtung* Eleonoras auf der Piazza del Mercato am 20. August, in dieser glutheißen Jahreszeit, begleitete, war zweifellos das schmerzlichste Element für die Revolutionärin, mehr als das Bewußtsein, daß sie das Opfer der Intrige von zwei Frauen war, die, bewußt oder nicht, einmal und für immer die Solidarität des Geschlechtes gegen eine komplizenhaften (und jedenfalls subalterne) Ausdruck der Macht ausgetauscht hatten.

„Hier kam Donna Lionora,
die paarweise und zu dritt tanzte,
und nun als Verräterin mitten auf dem Marktplatz tanzt
mit dem Kopf nach unten (...)."

Als Eleonora Pimentel aufgehängt wurde, drangen „die Schreie des gemeinen Volkes zu den Sternen" (Carlo De Nicola, *Neapolitanisches Tagebuch*). Der Platz im Herzen der Stadt, den man noch heute an seinen beiden Obelisken-Brunnen erkennen kann und wo am stärksten das Alte und das Neue vermischt sind, Ruinen und Glas-Zement, war seit 1268, als hier Konradin von Schwaben zu Tode verurteilt wurde, für Hinrichtungen ausgerüstet: die Adeligen wurden auf einem „Ehebett" enthauptet, die Plebejer aufgehängt. Eleonora erlitt – wie übrigens die anderen Liberalen auch (während des ganzen Jahres 1799) – den Tod der „Plebejer": Sie fuhr durch die Straße bis zum Schafott, unter dem Lärmen jener *Lazzari,* von denen verstanden zu werden ihr nicht gelungen war. Bevor sie dem Henker ihren Hals zuwandte, zitierte sie mit klarer und fester Stimme einen Vers des Vergil: „Forsitan et haec olim meminisse juvabit" („Vielleicht wird es eines Tages gut sein, sich auch daran zu erinnern").

Aber dieser Tag war noch weit entfernt, der Tag, an dem sie die Frauen als eine der ihren anerkennen sollten. Eine, die aus übermäßiger Leidenschaft Fehler macht; aus intellektueller Leidenschaft, will ich sagen, und daher unverzeihlich für eine Frau.

Der aufgehängte Körper Eleonoras baumelte am Galgen, der Henker und sein Helfer, der *Fußzieher,* hingen sich zum Gaudium des Publikums mit einer Kette daran, einer unter dem anderen, und *die Schreie des gemeinen Volkes drangen zu den Sternen.* Den ersten Sternen einer klaren Augustnacht.

Maria Carolina sagte später, daß sie über das Erhängen der Marchesa Pimentel nichts wußte. Jenen Sommer hatte sie in Wien verbracht. (Der König wollte sie nicht um sich haben: „Ich glaube, daß ich ihm nicht mehr sympathisch bin und er mich auch nicht mehr braucht", schrieb sie in einem ihrer zahllosen Briefe.)

Lady Hamilton bemerkte, daß „die Marchesa" es nicht verstand, sich – im Gegensatz zu ihr – beim Volk beliebt zu machen; so schrieb sie am 19. Juli jenes schrecklichen Sommers ihrem alten

Freund Lord Grenville: „Die Königin ist nicht gekommen. Sie hat mich als ihre Stellvertreterin geschickt, weil ich hier sehr populär bin; ich spreche den neapolitanischen Dialekt und werde wie Sir William als Freundin des Volkes betrachtet".

Die Bühne ist nun leer und blutbefleckt. Die weibliche Verführung genießt ihren x-ten vorläufigen Triumph *gegen* eine Frau, die sich geweigert hat, sich der einzigen ihrem Geschlecht erlaubten Waffe zu bedienen. Und die Stätten des grandiosen 18. Jahrhunderts in Neapel, getränkt von jenem *Frauenparfüm* gemischt mit dem Blut und dem zarten Aroma der Intelligenz, scheinen wieder in der Zeit zu versinken. Versuchen wir, sie noch einmal einen Augenblick lang zu durchwandern, bevor sie entschwinden, ausgelöscht von den Schichten tausend anderer Tatsachen, Begebenheiten und Personen durch das Bemühen, die drei Persönlichkeiten – Maria Carolina, Emma Lyons, Eleonora de Fonseca Pimentel – die bezüglich des *Weiblichen* das Ende des Jahrhunderts besiegeln, zu verfolgen. (Auch wenn erstere, die Königin, noch fünfzehn Jahre lang sehr turbulent leben wird, der Zusammenstoß mit Bonaparte, das zweite Exil in Palermo, schließlich das *Diktat* der Engländer, die sie von der Insel wegbringen, dann der Tod, allein und ungeliebt von allen, im Schloß von Hetzendorf in Österreich am 4. September 1814. Auch wenn Lady Hamilton, die „Witwe" des Admirals Nelson, ohne ihn jemals geheiratet zu haben, seinen Tod in der Schlacht von Trafalgar – 1805 – um weitere neun Jahre überlebte, so viele, wie ihr genügten, sich wieder ins Elend zu stürzen, ihre *Korrespondenz mit Nelson* zu veröffentlichen und zu versuchen, dem *Märchen* der Liebschaft zwischen dem Admiral und der Königin, aus welchem Horatia entstammen sollte, Glaubwürdigkeit zu verschaffen.)

Besuchen wir sie also wieder, diese Orte, beginnend mit dem Königsschloß von Caserta, dessen „apologetischer" Rahmen (das Adjektiv stammt von Mitarbeitern) die erste, von einer sechzehnjährigen Königin an ihrem Frauenkörper erlittene Demütigung und Gewalt barg. Ob Maria Carolina auch jene brutale und vulgäre *erste Nacht* in Rechnung gestellt hat – eine Bilanz zwischen *Soll* und *Haben,* die sich siebenundvierzig Jahre später als konkursreif herausstellen sollte; wer kann es sagen? Sicher ist jedenfalls, daß die riesige – und ungeheure – von Luigi Vanvitelli für Karl III. geplante Bourbonenresidenz unter ihrer Herrschaft ihre glänzendste Zeit erlebte. Vielleicht hatte die „kleine Königin", in der schon eine geheime Neigung zum Größenwahn schlummerte, wirklich an die megalomanische Vorhersage geglaubt, die ihr Schwiegervater in den ersten Stein des Baues hatte einmeißeln lassen: „Dieser Palast, diese Schwelle und das Geschlecht der Bourbonen mögen bestehen bleiben, bis dieser Stein aus eigener Kraft in den Himmel zurückkehrt". Auf alle Fälle – und trotz des Ehegatten, der sich hier befand – könnte niemand verneinen, daß sie ihrerseits durch Kinderkriegen und Dirigieren der Minister, Monarchen und Generäle oder dem Versuch, dies zu tun, wirklich ihre ganze Persönlichkeit eingesetzt hat.

Als Maria Carolina in einer heißen Mainacht nach Caserta kam, war der geplante Bau des Vanvitelli noch unvollendet, und für immer sollte zu seiner Verwirklichung unter anderen Details auch eines fehlen, das symbolisch erscheint: Die Statuen der Gerechtigkeit, der Größe, des Friedens und der Milde an den Seiten des Eingangs an der Hauptfassade (die sich über gut 243 Fenster erstreckt).

Ferdinand gefiel das Schloß besonders als ein Ort, wo er in heiligem Frieden, mehr als in Neapel, wenigstens zwei seiner Hauptleidenschaften ausleben konnte: die Jagd und das Fischen. Deshalb beauftragte er Vanvitelli, als er den Thron bestieg und deshalb auch Caserta in Besitz nahm, im Park (120 Hektar) vor allem zwei große Fischbecken aufzustellen; das Größere Fischbecken wird aus den Wassern gespeist, die aus den Schlünden dreier riesiger weißer Delphine sprudeln, und das Große Fischbecken ist fast ein See mit einer kleinen bewaldeten Insel in der Mitte, auf die auch ein Pavillon für die höfischen Picknicks gebaut wurde. Der ganze Park ist eine Sinfonie aus Wasser, Springbrunnen, Kaskaden, Bäche und Brunnen; der Äolsbrunnen, der Brunnen der Venus, die Adonis anfleht, und ein anderer – eine zusammengestellte und gedrängte barocke Gruppe –, bei dem man die ganze Darstellung des Mythos' der Diana und des Atheon verfolgen kann.

Maria Carolina trug ihrerseits zu der wunderbaren bühnenähnlichen Anlage durch Schaffung des Englischen Gartens bei. Es sind

gut 25 Hektar seltener Vegetation, verschönert durch zwei kleine Seen, wobei der eine durch eine Statue der eben aus den ihr Spiegelbild darstellenden Wassern emporsteigenden Venus verschönert wird, der andere von einem Tempel in römischem Stil. Im Inneren des Schlosses erkennt man den Stempel Carolinas besonders bei der Bibliothek mit über 10.000 Bänden, wo keiner vor ihr daran gedacht hatte, eine einzurichten. Dann gibt es hier die berühmte, innen vergoldete Badewanne in einem Raum, der kurioserweise neben ihrem „Arbeitszimmer" und nicht neben dem Schlafzimmer liegt, das, als Zimmer der Königin, nicht existiert! Zum Unterschied zu den britischen Höfen gab es also an Schlafzimmern der königlichen Bourbonenpaare nicht zwei, sondern nur eines, jenes des Königs. Und man kann wirklich nicht sagen, daß in Caserta, in einem Palast mit 1.200 Zimmern, die Königin das berühmte Woolfsche *Zimmer ganz für sich allein* nicht besessen hätte; es ist unleugbar, daß sie, solange es Ferdinand gefiel (und zwar bis zum ersten sizilianischen Exil), gezwungen war, immer und überall zusammen mit einem unangenehmen Ehemann zu schlafen. Wie jeder gemeine Sterbliche (jede sterbliche Frau), die unglücklich verheiratet ist.
Gewiß, im Unterschied zu den gemeinen Sterblichen hatte sie zwei Jahre nach ihrer Eheschließung, am 27. Juni 1769, die Ehre, das außergewöhnliche, ebenfalls von Vanvitelli für das Königsschloß von Caserta entworfene Aquädukt zu eröffnen. Mit einer Länge von 40 Metern durchbohrt es 5 Berge und überquert drei große Brücken (deren eine, sie heißt della Valle, über einen halben Kilometer lang ist und als Kunstwerk gilt).

In Neapel ließ sich das junge Paar, wie gesagt, im Königsschloß von Capodimonte nieder; auch hier ein märchenhafter Park von 120 Hektar, welchen Karl III. gestalten und sogar einen Hügel zerschneiden ließ (aber als er König von Spanien wurde, schloß er die Fabrik in Capodimonte, die er hier erbaut hatte. Maria Carolina eröffnete sie wieder, und die erste Statuette, die sie bei den Kunsthandwerkern bestellte, war jene – ein kleines Meisterwerk –, die ihre Mutter, die Kaiserin Maria Theresia von Österreich, darstellte).
Im Unterschied zum Königsschloß von Caserta, das mit seiner

vierkantigen, durch vier riesige Höfe charakterisierte Bauweise und der Einfachheit durch die Dachziegel und den Tuffstein, aus denen es erbaut ist, ein bißchen die Abneigung Stendhals erklärt, ist das Königsschloß von Capodimonte ganz heiter. Ursprünglich geranienrot, die helle Farbe, die im neapolitanischen Städtebau dominiert, läßt das Gebäude noch heute mit seinen warmen Tönen den Hochmut des neoklassischen Stils wieder festlich aufleben. Auch der Ort, die Landschaft ist hundertmal schöner als in Caserta: Von der Kreuzung der sieben fächerartigen, durch den Park führenden Alleen sieht man das Meer, wic auch von den hohen Fenstern des Königsschlosses, in dessen Sälen und Salons ein sehr reichhaltiges Museum eingerichtet ist und sich die vollständige Sammlung von dreitausend Stück Porzellan und Majoliken aus Capodimonte befindet.

Es ist schwierig, in einem Museum die Wegstrecken einer Frau zu rekonstruieren, aber es ist hier, wo Angelika Kauffmann die Königin zusammen mit ihrer noch jungen Familie porträtiert hat; das Porträt ist in einer als Museum eingerichteten Galerie (ein Teil der sogenannten Sammlung der Bank von Neapel) erhalten. Für die Hochzeit von Ferdinand und Maria Carolina arbeiteten Scharen von Kunsthandwerkern ohne Unterlaß und bereicherten und verschönerten das von Medrano für Karl III. geplante Gebäude (der König wollte hier die von seiner Mutter Elisabeth geerbte Farnese-Sammlung aufbewahren).

Hier im Königsschloß von Capodimonte hatte die österreichische Königin auf Rat ihres Bruders, des Kaisers Joseph, einen Kreis vorwiegend deutscher Künstler versammelt: Hacker, die Kauffmann, Tischbein. Hier focht sie ihre ersten Schlachten gegen den Marchese Tanucci aus.

Wenn man aufmerksam und geduldig die gewaltige und kostbare Menge an Gobelins, Bildern, Skulpturen erforscht, ist es hier auch möglich, die Gesichtszüge von vielen kleineren und größeren Protagonisten der Geschichte der Bourbonen zu finden; da sind alle, er, der Nasenkönig (Ferdinand IV.) nicht ausgenommen, porträtiert von Canova im wenig realistischen Gewand eines römischen Imperators, jedoch mit einer Nase, welche äußerst und auf das genaueste realistisch ist.

Die Übersiedlung von der Residenz in Capodimonte in den Königspalast war zweifellos eine Wende nach oben der von Maria Carolina unternommenen Ausweitung ihrer Macht: „Aber hier", sollte sie später Lady Hamilton anvertrauen, „war ich immer seltener eine glückliche Frau". In diesem 1600 von Domenico Fontana für den Vizekönig Ferrante die Castro geplanten Gebäude hinterließ eine andere Carolina (und ihre verhaßteste Feindin, Napoleons Schwester Caroline Murat) ihre Spuren; tatsächlich gelang es Caroline in der kurzen Zeitspanne, in der Murat König von Neapel war, der Ausstattung und auch dem Bau des Palastes selbst einen den Tuilerien ähnlichen Pariser Stil aufzudrängen, der für immer bleiben sollte.

Nach ihrer Rückkehr vom ersten sizilianischen Exil hatte die österreichische Königin andere Dinge im Kopf als die „ornamentalen" Gedanken und Sorgen einer Hausfrau. Ihr einziges manisches Ziel war der Sieg über Napoleon. Aber er starb, bevor er sie sah, und jedenfalls war sie gezwungen, Neapel 1806 zum zweiten Mal zu verlassen – dieses Mal für immer. So wird und bleibt der Königspalast der Ort, an dem für die Frau der Macht unwiderruflich ein langer und bewegter Sonnenuntergang beginnt: die nächtliche Flucht durch einen geheimen Gang, der direkt zum Meer führt, im stürmischen Dezember des Jahres 1798, der Anblick einer aufgeregten Menge, der *Lazzari*, die ihr unter ihren Balkons Treue schwören und dabei in ihr Abscheu und Angst hervorrufen. Und dann neuerdings die Flucht.
Daher spricht heute im kilometerlangen und insgesamt festlichen Neapolitanischen Palast nichts von Carolina, nicht einmal das Teatro San Carlo, in dem auch die „kleine Königin" (wir haben es gesehen) ihre ersten und kurzlebigen Triumphe ihrer verführerischen Persönlichkeit feierte: Das Theater brannte tatsächlich im Jahre 1816 ab, zwei Jahre nach ihrem Tod in Österreich.

Und Lady Hamilton? Nachdem vom erhabenen deutschen Dichter ihre Schönheit „in einem Innenraum" beschrieben wurde (Palazzo Sessa in der Cappella Vecchia-Gasse), dem höchstens als letzte Wohnstätte die Villa Hamilton in der Gaiola die Posilippo (die heute zerstört ist) hinzuzufügen ist, verbleiben nur noch, ihre Wege „außen" zu betonen und anzumerken: Der Hügel in Posi-

lippo, zu jener Zeit fast noch auf dem Lande, jedoch bereits belebt von den exklusivsten mondänen Rendezvous; die langsamen Spazierfahrten in der Kutsche (offene Kutschen wegen des milden Klimas in Neapel), während sich das Volk drängte und lief, um das Gratis-Schauspiel des Reichtums der anderen, der Herren, zu genießen, indem es in einer „natürlichen" Weise die Rollen (Reiche und Arme eben) akzeptierte.
Nachher, nach der Französischen Revolution, sollte es nie mehr dasselbe sein. Auch wenn es in Neapel gut mehr als dreißig Jahre, die Stendhal beschreibt, brauchen würde, bis die Lazzari lernen sollten zu erkennen, wer von den beiden, Emma Lyons oder Eleonora Pimentel, wirklich „die Freundin des Volkes" gewesen ist.

Denn das, was mich beunruhigt bei dieser phantastischen Rekonstruktion dieses an der Geschichte von drei Frauen verfolgten Epilogs des neapolitanischen 18. Jahrhunderts, ist die Unmöglichkeit, genau zu erfahren, ob in jenem entscheidenden und unwiderruflichen Augenblick, als sich ihre Erlebnisse miteinander verknüpften und der durch die Tötung Eleonoras auf der Piazza del Mercato markiert ist, wenigstens eine ihrer „Feindinnen" dort befand, um mit eigenen Augen zu sehen (und ohne die Blicke abzuwenden) und mit eigenen Ohren zu hören (ohne sie entsetzt mit den Händen zuzuhalten). Maria Carolina war in Wien, aber Emma? Emma beglaubigten die Historiker in der Endphase ihres Aufenthaltes in Neapel (mit dem ersten Jahr des neuen Jahrhunderts sollten der Botschafter und sie nach London übersiedeln) Wollust und Freude beim Zuschauen der blutigen Hinrichtungen der Rebellen, deren Ursache jedoch niemand zu erklären versucht. Man sagt zum Beispiel, daß sich Lady Hamilton, als der Leichnam Caracciolos, des „verräterischen" Prinzen, Admiral der neapolitanischen Flotte und glühender Republikaner, im Gewässer von Santa Lucia wieder auftauchte, in das sie ihn, mit einem Stein um den Hals, hineingeworfen, nachdem man ihn auf dem Hauptmast der Vanguard aufgehängt hatten, mit dem Boot hinbringen ließ, um mit ihren eigenen Augen das schreckliche Schauspiel dieses aufgeschwemmten und grünlichen Körpers im Blau des Meeres zu sehen. Und der englische Diplomat Charles Look erinnert sich, daß am selben Tag auf dem Schiff Nelsons zum Mittagessen ein gebratenes Spanferkel serviert wurde; aber als der Diener es zu zerschneiden begann, fiel Lady Hamilton in Ohnmacht und, nachdem sie das Bewußtsein wiedererlangt hatte, sagte, daß es ihr den Körper Caracciolos ins Gedächtnis gerufen hätte. „Jedoch", fügt der boshafte Look hinzu, „nachdem ihr das Schwein sehr gut schmeckte, aß sie reichlich davon, und besonders das Hirn (...)".

Und wo war Emma, als sich Castel Sant'Elmo ergab und sich unter den Gefangenen – die von den Engländern und Kardinal Ruffo das Ehrenwort hatten, am Leben zu bleiben – auch Eleonora befand?

Laut Verona und Corelli überredete Emma „mit Liebkosungen Admiral Nelson" – was auch in ihrem Vaterland Aufsehen erregte –, „das britische Ehrenwort zu brechen". Castel Sant'Elmo, die Festung der Anjou, erweitert und neu aufgebaut von Pedro von Toledo, ergab sich am 10. Juli 1799: Der Widerstand der Patrioten hat sich hier also länger hingezogen als anderswo, und zwar bis fünfzehn Tage nach der Unterzeichnung des Waffenstillstandes. Die mächtigen Bastionen, der teilweise in den Felsen gehauene Bau, der tiefe Graben erlaubten, sie tapfer zu verteidigen. Können wir uns vorstellen, daß unter den Patrioten männlichen Geschlechts (die einzigen, die in den Büchern genannt werden), Domenico Cirillo, Francesco Pignatelli di Strongoli, Giovanni Bausan und anderen, auch Eleonora gewesen ist? Jedenfalls wurden sie nach Unterzeichnung der Kapitulation, die den Besiegten die Wahl erlaubte, „sich auf neutrale Schiffe zu begeben, um nach Toulon zu reisen, oder ohne die Gefahr der Verfolgung mit ihren Familien in Neapel zu bleiben", in die Schiffe verstaut (alle, auch diejenigen, die gewünscht hatten zu bleiben): „Zusammengepfercht wie die Neger", schreibt Stendhal, „auf Tartanen (einmastigen Fischerbooten) und Feluken (offenen Ruderschiffen) und jeder anderen Art von kaputten Schiffen, es wurden ihnen von den Lazzaroni, die sie gefangengenommen hatten, ihre Kleider ausgezogen, sie bekamen fauliges Wasser voller Würmer zu trinken, sie wurden den Strahlen der brennend heißen Sonne ohne den Schutz eines Hutes ausgesetzt (...). Jeden Morgen seit ihrer Gefangenschaft auf hoher See, sahen die Unglücklichen die prachtvolle Yacht Lord Nelsons mit Lady Hamilton und vierundzwanzig, die *Rule Britannia* singende englische Matrosen zu wundervollen kleinen Kreuzfahrten zwischen Baja, Pozzuoli, Ischia und anderen wundervollen Orten der neapolitanischen Küste wegfahren. Die Neigungen zur Zügellosigkeit Nelsons, vom Hang Lady Hamiltons geschürt, entschieden über ihr Geschick (...)". Und er fährt nach der Aufzählung der illustresten Namen der getöteten Revolutionäre fort: „(...) Man fand einen besonderen Gefallen daran (auch Lady Hamilton?), Eleonora Fonseca, eine wegen ihres Genies und ihrer Schönheit bemerkenswerte Frau (...), aufhängen zu lassen".

Man fand einen ganz besonderen Gefallen daran ...
Es ist mir eine alte Fotographie der Piazza del Mercato vor dem Ersten Weltkrieg – vor den Bombardements also, die sein ursprüngliches Aussehen fast zur Gänze zerstörten (und nur seine Brunnen und seine Kirche bewahrten) – in die Hände gefallen: Da sieht man sie, halbkreisförmig, auf der einen Seite die Obst-und Gemüsestände, in der Mitte Kinder, die „französischen Krieg" spielen (könnt Ihr Euch an das alte Spiel erinnern, das es nach mehr als zwei Jahrhunderten noch immer gibt?), schließlich die Kirche von S. Croce al Mercato und die beiden graziösen Rokokobrunnen, um die Szene abzuschließen. Wo war in jener Nacht Lady Hamilton? Von welchem der Balkons der hohen, prächtig rötlichen Paläste beugte sie sich heraus, um zu betonen (unbewußtes Minderwertigkeits- oder Schuldgefühl), daß sie und nur sie allein – nicht Eleonora – die „Freundin des Volkes" sei? Und andererseits die Schreie der Lazzari, „die zu den Sternen drangen", haben sie es ihr nicht bestätigt und gleichsam einen Gefühlsüberschwang vermittelt, einen Schauder zusammen mit Entsetzen und Lust? Sie hatte gewonnen. Aber *gegen* wen?

IV. Eine Bilanz und eine Aufforderung

Zu Beginn, als ich mich an die Arbeit gemacht habe, schien es mir, daß das Verfolgen eines italienischen Reiseplans *des Weiblichen* – vom Mythos zur Geschichte – unmöglich wäre: Es ergab sich, daß die Seiten der Reiseführer (und dieses Buch ist auch ein Führer oder zumindest ein Buch über Reisen in Zeit und Raum) leer und verlassen von jeglichen Frauennamen waren. Dann sind „sie" aus jener Leere, jenem Dunkel (in dem ich im Bemühen, ihnen zu folgen, getappt bin) aufgetaucht; die Gründerinnen von Locri Epizefiria, das Geschlecht der Amazonen-Königinnen von Caulonia unter der Anführerin Kleta und ihre mutmaßlichen Erbinnen, die *Bagnarote*. Ein anderes Mal in Kalabrien auf der Suche nach den Göttinnen: Persephone und ihre lokresischen Kulte, die Votivfiguren und Hera Lacinia in Crotone. Und schließlich, bevor wir Kalabrien verlassen, am Hang zum Tyrrhenischen Meer Skylla, „die schrecklich bellt". (Oder aber die musikalische Skylla, die Tochter des Königs Nisa, die auf den Purpurflügeln des Vogels Cyris, in den sie durch die Gleichgültigkeit des Minos verwandelt wurde, hierhergelangt ist?)

Ein Schritt entfernt vom Meer, und nun Sizilien, das Land der Mythen, vielleicht zum ersten Mal (nehme ich an) in bezug auf seine weiblichen Gottheiten und Kulte erforscht. Die Entdeckung der Göttinnen in Sizilien würde sicherlich nicht hier enden (wenn man Zeit und Geld hätte), aber nun ist es günstig, sich – mehr oder weniger als blinde Passagiere – auf dem Schiff des Odysseus einzuschiffen, um zu den Aiolischen Inseln zu gelangen und dort die sechs, friedlich in ihren „geschnitzten Betten" (so schreibt Homer) an der Seite ihrer Brüder-Gatten eingeschlafenen Töchter des Aiolos zu entdecken. Hier kann man lernen, daß der Inzest zur Zeit des Homer keine Sünde war; aber die Römer moralisierten die 'Dinge', und die Frauen traf es (auch in der Sage) am ärgsten: Zwang zum Selbstmord.

Von einem Schiff zum anderen, von einem Epos zum nächsten, hier ist wieder von neuem Odysseus, der dem verführerischen Hinterhalt der Sirenen die Stirn bietet: Aber wo soll man die Sirenen lokalisieren? Auf den Li Galli-Klippen gegenüber von Positano, in Ventotene zwischen den Pontinischen Inseln oder in Capri? Auch Sorrent will seinen Teil, und Neapel? Neapel, die glückliche Stadt, die Hauptstadt Großgriechenlands, gegründet auf dem Strand, wohin das Meer den Körper der wunderschönen Sirene Parthenope spülte: Sie war zusammen mit ihren beiden Schwestern ertrunken, weil ihr Werk, die Verführung Odysseus', gescheitert war. Ist das möglich?

Am Ende des ersten Teils des Buches habe ich eine Land- und eine See*karte*, die vier italienische Regionen – Kalabrien, Sizilien, Kampanien, Latium – berührt und in ihren Mäandern einige Strecken aufzeigt, wo man die Anwesenheit von weiblichen Gottheiten, Halbgöttinen, „Monstren" oder ganz einfach Frauen der fernen Vergangenheit (die Vorfahrinnen) aufspüren kann, genug, um eine ungewöhnliche Tour daraus zu machen, eine Bade- und Kultur-Gruppenreise mit freiwilliger Lektüre der Dichter (Homer, Vergil), wenn man nicht gerade schwimmen geht. Und am fernen Horizont würde sich vielleicht Heimweh nach einer Zeit abzeichnen, in der die Freiheit und die Macht der Frauen allen (eine vielleicht vorausgeahnte) „Glückseligkeit" garantierten, von der sogar das Bedauern in Vergessenheit geraten ist.

Mit dem zweiten und dritten Teil hingegen ist das Vagabundieren durch die Geographie und die Geschichte eines Italien *der Frauen*, wenn es auch (wie ich mir wünsche) angenehme, kuriose, sogar aufregende Anlässe für kurze oder lange Ferien verspricht, problematischer, verbeißt sich mit größerer Wahrscheinlichkeit ins Heute: Frauenporträts – von den Punischen Kriegen bis zur Parthenopeischen Republik (1799) – verwickeln uns in eine Reihe von stets aktuellen Fragen. Ich fange vielleicht ganz schematisch an, doch mit den wichtigsten Dingen, und zwar: Wie viele waren Opfer, Besiegte, Verliererinnen und im Gegensatz dazu, wie viele waren Siegerinnen, „solche, die es uns gezeigt haben"? Die Rechnung, die erste tatsächliche Bilanz zwischen *Nutzen* und *Verlust,* die sich aus der Tatsache ergibt, als Frau geboren zu sein, kann nur summarisch sein; um einige Gewißheit darüber zu erlangen, muß man notwendigerweise das Leben dieser Frauen zusammenhängend betrachten. Und dann: Siegerinnen *gegen was für* Besiegte? Oft, allzu oft über andere Frauen. Die Dinge verliefen bei allen gleich. Die Komplizenschaft mit dem Patriarchat hat ihnen die Illusion des Gewinnens zusammen mit der direkten Verantwortung für den Tod anderer Frauen verliehen.

Nein, diese „Rechnung" zwischen Gewinnerinnen und Verliererinnen funktioniert nicht, sie ist wahrhaftig zu summarisch: Wohin könnte man in der Tat Johanna I. von Anjou, die Königin von Neapel, tun, die ohne Wimpernzucken ihren ersten Mann liquidiert, Päpste beschwindelt, das Volk bezaubert, die aber, erstickt durch ein Federkissen – also vornehm und charmant ermordet – stirbt?

Nein, das einzige, was man wahrscheinlich tun kann, ist, zu versuchen, über die von mir in diesem Buch sicherlich nur skizzenhaft dargestellten Frauen mehr zu erfahren und die anderen, zweifellos unter den schweren Steinen der Geschichte Ruhenden, in den von uns jeden Tag besuchten Städten lebendig Begrabenen aufzuspüren, damit uns aus der Vergangenheit eine Stimme, eine Erinnerung, ein weiterer Frauenname erreicht. Suchen wir sie; und das ist alles.

Bibliographie

Lidia **Beduschi**, *Leggende e racconti popolari della Lombardia.*

Enzo **Bernardini**, *L'Italia preistorica.*

Libero **Bigiaretti**, *Questa Roma.*

Ada **Boni**, *La cucina romana.*

Adele **Cambria**, *L'Italia segreta delle donne.*

Stefano **Caroti**, *L'astrologia in Italia.*

Lino **Cascioli**, *Storia fotografica del calcio italiano* (premio CONI 1982).

Lino **Cascioli** e Carlo **Mariani**, *Storia fotografica dell'automobilismo italiano.*

Anna Claudia **Cenciarini** e Maurizio **Giaccaglia**, *Rocche e castelli del Lazio.*

Adolfo **Chiesa**, *Come ridevano gli italiani.*

Maria Cristina **Citroni**, *Leggende e racconti popolari dell'Emilia Romagna.*

Dino **Coltro**, *La cucina tradizionale veneta.*
Leggende e racconti popolari del Veneto.

Sergio **Delli**, *I ponti di Roma.*
Le piazze di Napoli.
Le strade di Roma (premio „Un libro per Roma", 1976).

Vittorio **d'Erme**, *La palude dei Papi* (premio Fregne, 1982).

Vittorio **d'Erme**, Renato **Mammuccari** e Paolo Emilio **Trastulli**, *Le paludi Pontine, un mondo scomparso.*

Cesare **Falessi** e Maurizio **Pagliano**, *Storia fotografica dell'aviazione italiana.*

Guido **Ferraro**, *Leggende e racconti popolari della Liguria.*

Claudio **Finzi**, *Le città sepolte della Sardegna* (premio Formia Mattej, 1982).

Giovanni **Gigliozzi**, *Francesco e la Povera Dama. Chiara d'Assisi: il romanzo d'una vita.*

Michael **Grant**, *Gli imperatori romani. Storia e segreti.*
Storia di Roma antica.

Marco **Guidi** e Fabio **Raffaelli**, *Passeggiate in Emilia Romagna.*

Pier Giovanni **Guzzo**, *Le città scomparse della Magna Grecia.*

Aldo **de Jaco**, *Napoli monarchia „milionaria" repubblicana.*

Livio **Jannattoni**, *Lazio rustico e sconosciuto* (premio Fregene, 1979).
Osterie e feste romane.
Roma fine ottocento. Trilussa dal madrigale alla favola.
Roma sparita negli acquarelli di Ettore Roesler Franz

Brunamaria **dal Lago Veneri** e Elmar **Locher**, *Leggende e racconti del Trentino-Alto Adige.*

Giampiero **Manfredini**, *Liguria sconosciuta.*

Alberto **Manodori**, *Anfiteatri, circhi e stadi di Roma.*

Fabio **Martini** e Stefania **Nardini**, *Roma nascosta.*

Georgina **Masson**, *Cortigiane italiane del Rinascimento.*

Sabatino **Moscati**, *Nuove passeggiate laziali* (premio Europa Editoria e Turismo, 1983).
Nuove passeggiate romane. Storie e paesaggi da riscoprire (premio Fregene, 1980 e premio Formia, 1980, Targa d'oro).

Paolo **Portoghesi**, *Roma, un'altra città* (premio Fregene, 1981).

Alessandro Molinari **Pradelli**, *Gli antichi mestieri di Bologna.*
Osterie e locande di Bologna.
Osterie e locande di Firenze (premio Chianti Ruffino Antico Fattore, 1983).

Mauro **Quercioli**, *Le mura e le porte di Roma.*

Filipo **Raffaelli** e Fabio **Raffaelli**, *Passeggiate in Toscana e Umbria.*

Armando **Ravaglioli**, *Roma ieri e oggi. Immagini a confronto.*

Claudio **Rendina**, *I Dogi. Storia e segreti.*
I Papi. Storia e segreti.

Tiziano **Rizzo**, *I ponti di Venezia.*

Bartolomeo **Rossetti**, *I bulli di Roma.*
La Roma di Bartolomeo Pinelli

Giovanni Maria **de Rossi**, *La riscoperta di Roma antica.*
Le Torri costiere del Lazio.
Torri medievali della Campagna Romana.

Gianfranco **Scarpari**, *Le ville venete.*

Santino **Spartà**, *I campanili di Roma.*

Romolo A. **Staccioli**, *Storia e civiltà degli Etruschi* (premio Formia Mattej, 1982).

Stephan **Steingräber**, *Città e necropoli dell'Etruria.*

Mario **La Stella**, *Antichi mestieri di Roma.*

Loredana **Stucchi** e Mario **Verdone**, *Le maschere italiane.*

Alessandro **Tagliolini**, *I giardini di Roma* (premio „Un libro per Roma", 1980).

Cecilia Gatto **Trocchi**, *Leggende e racconti popolari di Roma.*
Magia e medicina popolare in Italia.

Dolores **Turchi**, *Leggende e racconti popolari della Sardegna.*

Marcello **Vannucci**, *Lorenzaccio. Lorenzino de' Medici: un ribelle in famiglia.*

Gastone **Venturelli**, *Leggende e racconti popolari della Toscana.*

Athos **Vianelli**, *Le piazze di Bologna.*
Le strade e i portici di Bologna.

Carlo **Zaccagnini**, *Le ville di Roma.*

Luciano **Zeppegno**, *I rioni di Roma.*
Le chiese di Firenze.
Le chiese di Milano.
Milano sparita.

Luciano **Zeppegno** e Roberto **Mattonelli**, *Le chiese di Roma.*

Olivier Blanc

Olympe de Gouges

Aus dem Französischen von Sabine Oppolzer-Ohnmacht

Olympe de Gouges war eine der schillerndsten Persönlichkeiten zur Zeit der Französischen Revolution und gilt heute noch als Ahnfrau des modernen Feminismus.

1748 in ärmlichen Verhältnissen in Südfrankreich geboren, zieht sie mit 17 Jahren (bereits als Witwe) nach Paris und lebt dort als „femme galante". Sie liebt das städtische, luxuriöse Leben, fühlt sich angezogen von den kulturellen und gesellschaftlichen Ereignissen in den Salons und Frauenklubs und beginnt, selbst Theaterstücke und Romane zu schreiben. 1784 provoziert bereits die Aufführung ihres ersten Theaterstücks einen Skandal.

1788 nimmt sie Kontakte zur revolutionären Bewegung auf und schreibt ihren *Brief an das Volk*. Ungezügelt und heftig erscheint sie auf der politischen Bühne, wogegen die (männlichen) Zeitgenossen sich mit Spott und Verleumdung zur Wehr setzen. (*„Madame de G... war eine dieser Schriftstellerinnen, denen man am liebsten ein Rasiermesser schenkte; eine dieser Frauen, denen es unter größten Anstrengungen gelungen ist, so unweiblich als möglich zu erscheinen"*, Fleury 1835). Ihre Aufrufe, Stellungnahmen und Ansuchen an die Nationalversammlung klebten an allen Wänden von Paris, ja selbst in den Korridoren des Nationalkonvents.

1791 verfaßte sie als Pendant zu der Erklärung der Menschenrechte die berühmte *Erklärung der Rechte der Frau*. Auf die Vorwürfe ihrer männlichen Zeitgenossen, eine Frau habe in der Politik nichts verloren, antwortet sie mit dem Ausspruch: *„Wenn die Frauen ein Recht aufs Schafott haben, haben sie auch ein Recht auf die Rednerbühne"*. Für Olympe de Gouges bewahrheitet sich dieser Satz nur zur Hälfte: Sie wird als Verräterin verhaftet und am 3. November 1793 auf dem Schafott hingerichtet. Der Kommentar der Presse zu ihrem Tod: *„Sie wollte Staatsmann sein, und es scheint, als hätte das Gesetz diese Verschwörerin bestraft, weil sie die Tugenden, die ihrem Geschlecht entsprechen, vergessen hat"*.

Der Autor Olivier Blanc hat eine Fülle von Material ausgegraben: in Montauban, der Geburtsstadt Olympes; in Pariser Notariatsakten, die über ihre Einkünfte und Lieben Auskunft geben; in den Archiven der Comédie Française, in der ihre Querelen mit den Schauspielern aufgezeichnet sind, und in den Bibliotheken der diversen Versammlungen und Gremien, die ihre Petitionen, Streitschriften etc. enthalten. Er korrigiert das Bild dieser bisher als exaltiert und leicht verrückt geltenden Persönlichkeit und präsentiert uns die Geschichte einer hitzigen Frau, die den Charme des Unkonventionellen besaß und bereit war, für ihre Ideen bis zum Äußersten zu gehen.

PROMEDIA